신이 되려는 기술

신이 되려는 기술
: 위기의 휴머니티

지은이　　게르트 레온하르트
옮긴이　　전병근

이 책의 편집과 교정은 임인기, 출력과 인쇄는 꽃피는청춘의 임형준, 제본은 은정문화사의 양현식, 종이 공급은 대현지류의 이병로가 진행해주셨습니다. 이 책의 성공적인 발행을 위해 애써주신 다른 모든 분들께도 감사드립니다. 틔움출판의 발행인은 장인형입니다.

초판 1쇄 인쇄 2018년 3월 26일
초판 1쇄 발행 2018년 4월 9일

펴낸 곳　　틔움출판
출판등록　　제313-2010-141호
주소　　서울특별시 마포구 월드컵북로4길 77, 353
전화　　02-6409-9585
팩스　　0505-508-0248
홈페이지　　www.tiumbooks.com

ISBN 978-89-98171-41-4 03330

잘못된 책은 구입한 곳에서 바꾸실 수 있습니다.

틔움은 책을 사랑하는 독자, 콘텐츠 창조자, 제작과 유통에 참여하고 있는 모든 파트너들과 함께 성장합니다.

신이 되려는 기술
:위기의 휴머니티

Technology vs.
Humanity

게르트 레온하르트 지음

전병근 옮김

틔움

기술을 두려워해서는
휴머니티를 지킬 수 없다

필자는 2011년 3월 12일 서울대학교에서 열린 비영리 지식공유 행사인 TEDxSNU에서 '기술의 사회적 책임'이라는 주제로 강의한 적이 있다. 오늘날 기술이 우리 사회에 미치는 영향이 매우 크고, 기술의 정체와 특성을 잘 이해하고 이를 잘 활용하는 사람과 그렇지 못한 사람 사이에 경제적 부와 사회적 활동의 격차가 점점 심하게 벌어지고 있다. 이런 상황에서 기술을 만들어내는 사람들은 여전히 기술이 가지고 있는 사회적인 의미보다는 논문과 특허, 그리고 어떻게 비즈니스를 만들어나갈 것인지에만 관심을 갖는 현실에 내 나름대로 경종을 울리고 싶은 것이 이유였다.

지금까지 기술은 인간이 제어할 수 있고, 인간의 의도에 맞는 가치 창출을 위해 쉽게 쓸 수 있는 도구 정도로 생각해왔다. 특히 제조업이 중심인 현대의 산업사회 경제 시스템에서는 기술을 어떤 물건이나 서비스를 만들어주는 도구로 규정하고, 기술의 개발과 상업화 그리고 휴머니티를 연관 짓기보다는 특정한 산업군으로 취급해왔다. 그러나 이 시대 최고의 테크 칼럼니스트로 꼽히는 케빈 켈리는 『기술의 충격』에서 기술이 문화, 예술, 사회 제도, 법과 철학 및 모든 유형의 지적 산물을 포함하는 세계적이고 대규모로 상호 연결된 기술계인 '테크늄'으로 진화하고 있고, 테크늄이 더 많은 도구, 더 많은 기술을 창안하고, 자기강화의 연결을 부추기며 자기생성적인 일종의 생명체와도 같은 특성이 있다고 주장하기도 했다. 실제로 현재의 기술은 단순한 도구의 수준을 넘어서서 우리 사회 전반과 인간이라는 존재가치에 대해서도 완전히 새로운 시각을 제시할 정도로 커다란 영향력을 발휘하고 있다. 그렇기 때문에 기술이 발전하여 사회적 영향력이 커질수록 역설적이게도 인간과 휴머니티에 대한 관심도는 점점 높아진다. 특히 인공지능, 가상현실, 블록체인 등으로 대별되는 4차 산업혁명 시대가 되면서 많은 사람이 기술에 대한 제대로 된 이해를 바탕으로 한 인문학적 성찰에 목말라 하고 있다.

이런 시점에 정말 좋은 책이 나왔다. 『신이 되려는 기술』은 모바일화, 자동화, 로봇화 등 10가지 대전환을 기반으로 한 우리 사회와 휴머니티에 대한 새롭고 도전적인 시나리오와 문제점 등을 상세하게 정리하면서 명료하고도 다양한 화두를 던진다. 저자는 책에서 과학과 기술 발전을 추구하면서도 어떻게 이를 제어하고, 인간과 우리 사회에 통합할 수 있을지, 그리고 과학과 기술이 인간성에 봉사하고 인간의 번영을 심화할 수 있을지에 대해서 통찰력 넘치는 의견을 제시하고 있다.

우리 사회와 인간의 존재적 의미인 휴머니티를 지키려면 기술을 두려워하고 이를 막아서는 방식으로 접근해서는 안 된다. 도리어 우리가 먼저 기술의 행동을 이해하고, 기술에 어떻게 대응할지 판단할 수 있게 기술이 원하는 바를 파악하고 새로운 시대의 인류와 사회에 대한 건설적인 대안을 제시하려 노력해야 한다. 책은 결코 쉽지 않으며 논란의 여지가 있는 부분도 많다. 그렇지만 그런 만큼 읽고 나서 남는 여운도 크다.

새로운 시대의 인문학에 관심이 많은 독자, 인공지능이나 블록체인과 같은 새로운 기술에 관심이 많은 과학기술 분야에 종사하는 사람들 모두가 읽어보면 좋은 책이다.

2018년 3월
미래작가 정지훈

조금씩 그러다 갑자기

이 글을 쓴 날 아침 뉴스 두 건이 눈에 들어왔다. 하나는 마크 저커버그가 자신의 페이스북 포스팅에 올린 발표문으로 사용자 데이터 관리 소홀로 5000만 명의 정보가 유출돼 2006년 미국 대선 때 '선거 공작'에 활용된 의혹에 대한 해명이었다. 두 번째는 잡지 『와이어드』 신간호의 커버스토리다. 중국이 모바일 앱을 통해 수집한 데이터를 토대로 디지털 전체주의 체제로 고속 진입하고 있다는 심층 보도였다.

한쪽은 사기업의 무책임성이 드러나면서 여론이 들끓고 있는 반면, 다른 쪽은 별 잡음도 없이 앞으로만 나아가는 점만 다를 뿐 상황은 비슷하다. 사람들의 숱한 정보와 행적이 디지털 시스템의 데이터로 적립되고 있다는 사실이다. 심지어 사회신용 점수까지 매겨져 개인 평가에도 반영된다. 쉽고 편리한 기술을 별생각 없이 잘 사용하던 사람들은 둑이 터지듯 문제가 크게 불거질 때마다 화들짝 놀란다. '조금씩 그러다 갑자기'. 헤밍웨이의 소설 『태양은 다시 떠오른다』에 나오는 표현 그대로다.

2008년 미국에 머물 때였다. 세 가지 큰일을 겪었다. 미국의 첫 흑인 대통령 당선, 미국발 세계 금융위기, 그리고 실리콘밸리에서 시작된 IT 혁명. 하나같이 역사적인 사건이라 할 만했다. 오바마는 유세 현장에서, 취임식장에서 지지 열기를 실감했다. 금융위기 여파는 환율 폭등에 따른 생활고로 닥쳤다. 마지막으로 IT 혁명은 구글 검색과 애플 아이폰, 아마존 킨들, 트위터, 페이스북으로 이어지는 일상의 변화로 다가왔다. 예전에 없던 신기술이 열어줄 세상에 대한 기대로 들떴지만 굴지의 신문사들이 순식간에 쓰러지는 모습을 보며 조만간 국내에도 밀려닥칠 파도가 걱정되기도 했다.

10년이 지난 지금. 첫 흑인 대통령의 감격도 잠시, 역대 최악으로 꼽히는 백인 대통령의 당선으로 전임자의 행적은 하나둘 지워지고 있다. 세계 전역을 강타했던 금융위기도 오랜 진통 끝에 회복세를 보이는가 싶더니 다시 미국발 무역전쟁의 조짐이 보인다. 그런 와중에도 셋 중에 지금껏 가장 줄기차게 힘을 키워가는 것은 기술 혁명이다. 이제 스마트폰 없는 생활은 상상하기 어렵다. 뉴스를 비롯하여 필요한 정보에 지인의 근황, 소통까지 대부분 여기에 의존한다.

정치 권력도 부침이 있고 경제도 순환하지만 얼굴 없는 기술은 끝없이 누적될 뿐이다. 그것도 아주 숨가쁘게. 마치 곡예 비행기가 기량을 뽐내듯 갈수록 가파른 상승 곡선을 그린다. 이 책의 단도직입적인 제목에 끌린 것도 그 무렵이었다. '기술 대 휴머니티(Technology vs. Humanity)'. 나는 이 선명한 대비야말로 오늘날 세상의 변화를 가장 잘 보여주는 큰 그림이라고 생각했다. 저자 게르트 레온하르트는 고전철학을 공부한 인문학 전공자이면서 실리콘밸리에서 기술 스타트업을 창업해본 경험자다. 기술 분야의 구루들은 많지만 인문학적인 관심을 갖고 문제에 본격 접근하는 인물은 드물다는 점에서 관심이 갔다.

신기술에 대한 경탄과 장밋빛 전망이 속출하던 무렵 과감히 물살을 거슬러 이야기하는 책이었다. "기하급수적으로 모든 것을 삼키는 기술 변화에 직면한 인간이 어떻게 하면 인간성의 우위를 계속해서 유지할 수 있을까?" 이런 질문을 앞세운 저자는 현재 인간과 기술의 관계가 위험한 지경에 와 있다고 진단한다. 목적과 도구의 관계에서 역전이 일어나는 지점으로 빠르게 접근하고 있다는 것이다. 구체적으로 디지털화부터 모바일화, 자동화, 가상화, 로봇화에 이르는 10가지 대전환의 파도를 열거한다. 이것의 힘은 기하급수적으로 커지고 있을 뿐만 아니라 한번 진행되고 나면 돌이킬 수 없을 것이라는 점에서 치명적일 수 있다고 말한다.

저자는 이 과정에서 인간의 고유한 존재론적 특성을 잃게 될까 우려한다. 그는 기계적인 알고리즘으로 쉽게 규정하거나 파악하거나 복제할 수 없는 인간적 특성을 안드로리즘(androrism)이라 명명한다. 창의성과 연민, 상호성과 책임성, 공감 능력 같은 것들이다. 이런 특성은 기계의 놀라운 능력에 비하면 느리고 허약하고 비효율적으로 보여서 자칫 무가치한 것으로 밀려날 수 있다. 하지만 저자는 이런 것이야말로 우리가 절대적으로 지켜야 하는 것이라고 역설한다. 그것을 잃었을 때는 더 이상 인간이라 할 수 없기 때문이다.

저자가 특히 우려하는 점은 기술 변화의 속도와 수용 과정이다. 그것은 '조금씩 그러다 어느 순간 갑자기' 들이닥치는 식으로 전개된다. 서서히 디지털 중독과 비만에 빠져드는 과정에서 어느 순간 자신은 알지도 못하는 사이에 돌이킬 수 없는 지점까지 가게 된다는 것이다. 결국에는 인간적인 삶의 선택이나 사생활 보호의 자유조차 일부 초고소득자의 특권 내지는 사치품이 될 수 있다고 경고한다.

사실 기술 문명이 초래할 비인간화는 어제오늘 나온 이야기는 아니다. 일찍이 오스발트 슈펭글러도 『인간과 기술』에서 경고한 적이 있다. 그 뒤로도 주기적으로 경고음이 울렸다. 마르틴 하이데거의 기술 비판도 그중 하나이고, 더 가깝게는 캐나다 미디어학자 마샬 맥루한의 유명한 명제도 있다.

"인간이 도구를 만들지만 그 도구가 인간을 규정한다."

저자 역시 그런 기술비판론의 연장선상에 있지만 경고의 항목은 대단히 구체적이고 수위는 사뭇 심각하다. 이른바 임계점을 눈앞에 두고 있다는 것이다.

그렇다고 기술 발전 자체를 거부하거나 반대하는 입장은 아니다. 오히려 기술 혁신은 자연스러운 것이며 길을 막아서는 안 된다고 여러 차례 강조한다. 문제는 책임 있는 균형감이다. 그 균형의 감각이 쉴 새 없이 이어지는 기술의 마법 때문에 마비될 위험에 처했다는 것이 저자의 문제의식이다. 몇몇 기술 대기업이 일방적으로 주도해나가는 지금의 상황은 심각한 문제가 있다면서, 기술적으로 가능하다고 해서 무작정 실행에 옮겨서는 안 된다고 역설한다. 디지털 윤리의 공론화를 재촉하는 것도 그 때문이다.

눈앞의 현실은 다국적 기업 혹은 국가 간의 무한경쟁이 기술을 한 방향으로 가쁘게 몰아가는 것 같다. 저자는 시민공론장에 기대를 걸고 호소한다. 지금부터라도 사실을 제대로 알고 논의를 시작해서 여론을 형성하고 정책에 반영하자는 말이다. 그런 점에서 이 책은 어떤 이론서라기보다 많은 사람들이 잊고 있던 문제를 끄집어내 의식을 일깨우고 논의를 촉발하는 제안서에 가깝다. 어떤 입장에 서든 함께 생각해볼 만한 쟁점들이 잘 정리돼 있다.

괴테의 작품 중에 「마법사의 제자」라는 시가 있다. 영화 「판타지아」로도 알려진 이야기다. 마법사가 어느 날 외출한 후 제자가 스승의 마법을 흉내 내 신령한 힘을 부리기 시작한다. 듣고 외워둔 주문으로 빗자루가 목욕물을 길어 오게 하는 데 성공한다. 문제는 그다음이다. 욕조에 물이 찬 후에도 빗자루는 멈출 줄을 모른다. 아뿔싸, 제자는 정지 주문은 미처 익혀두지 못했다는 사실을 그제야 깨닫는다.

멈춰! 멈춰! / 아! 내 정신머리. 에구구! / 주문을 잊어버렸네! / 아! 저 빗자루 제자리로 / 돌려놓을 주문을 잊었네! / 어이쿠 저 빗자루, 뛰고 달리고 물 길어 오네! / …… / 아! 백 줄기 물이 / 내게 쏟아져 들어오네!

지금 우리 상태가 그렇지는 않은지 저자는 묻는다. 탐욕스러운 미다스 왕은 손대는 것마다 모두 황금으로 바꾸는 능력을 갖자 처음엔 기뻐했다. 하지만 급기야 사랑하는 딸까지 황금으로 바꿔버리고서야 후회한 비운을 기억하는가. 지금 기술과 인간의 관계가 그런 지경까지 가고 있지는 않은가.

이 책은 2016년 말에 출간됐지만 그사이 상황이 전개된 것만 봐도 저자의 진단과 우려가 기우가 아니었음을 알 수 있다. 페이스북이 심리학 전문가들을 동원해 사용자의 시선을 끌고 잡아둔다는 사실을 전 직원이 폭로하면서 사회 문제로 떠올랐고, 이른바 '디톡스' 운동이 목소리를 키워가고 있다.

이 책을 번역하는 중에 루이스 멈포드의『예술과 기술』을 읽게 됐다. 거기에 이런 대목이 나온다.

기술의 발전을 주관했던 착한 요정은 참된 선물 뒤에 따라오는 재앙을 예방하지는 못했다. 재앙은 외적인 것, 양적인 것, 헤아릴 수 있는 것에 대한 지나친 의존에서 비롯되었다. 그것이 우리의 내면적 생활을 궁핍하게 만들었기 때문이다. 자동 기계는 마치 공장에서처럼 우리 사회 전역에서 인간을 대신하려 하고, 인간이 결정할 것까지도 제멋대로 하려 든다. 자동 기계는 보다 잘 돌아가기 위해, 기계적 요구와 쉽게 타협하지 않으려고 하는 인간성의 부분을 모조리 마비시킨다.

멈포드가 내린 결론도 유사하다.

우리 시대의 가장 큰 문제는 현대인의 균형과 전체성을 회복하는 것, 자기가 만들어낸 기계의 무력한 동반자나 수동적인 희생자가 되는 대신 기계를 명령하는 능력을 획득하는 것, 서구인이 기계의 발전에 집중하려고 자신의 삶과 대체한 바로 그 순간에 잃어버린 개성, 창의성, 자율성 등의 기본 속성에 대한 존경을 우리 문화의 최심장부로 되돌려주는 것 등이다. 즉, 우리 시대의 문제는 기계의 일방적인 승리라는 최정점에서 어떻게 하면 인간이 자살하지 않게 막을 수 있느냐 하는 것이다.

멈포드의 강연은 1951년 5월에 이루어졌다.
지금 우리는 얼마나 달라졌는가.

2018년 3월
전병근

CONTENTS

추천사   4

옮긴이 서문   7

서론   15

제1장   미래의 서곡   25

제2장   기술 대 인간   49

제3장   대전환   75

제4장   자동화 사회   101

제5장   비인간 사물인터넷   131

제6장   마법에서 마니아를 거쳐 중독으로   141

제7장   디지털 비만 : 인간의 마지막 질환   183

제8장   예방 대 전향적 대응   199

제9장   우연성을 제거한 행복   209

제10장   디지털 윤리   243

제11장   지구 2030 : 천국일까 지옥일까?   267

제12장   결정의 시간   285

기하급수적으로 모든 것을 삼키는 기술 변화에 직면한 우리는 인간성의 우위를 어떻게 유지할 수 있을까?

지금 세계는 실로 혁명적인 변화의 시기에 진입하고 있다. 예상을 넘는 기술 변화의 규모와 속도에 많은 사람이 놀라고 있다. 기하급수적인 기술 발전은 우리에게 엄청난 잠재력을 선사하지만, 새로운 기회에는 그만큼 새롭고 큰 책임이 따른다.

인간성이 직면한 최대 도전

최근 벌어지고 있는 많은 사건의 충격도 조만간 닥칠 기술 변화의 눈사태에 비하면 미미한 것이 될 것이다. 다가올 기술은 지구상의 생명이 갖고 있는 모든 측면은 물론 인간성의 본질까지 재구성하려 들 것이기 때문이다.

과거 인류 사회가 경험한 급진적 변화는 언제나 하나의 핵심 요인에 의한 것이었다. 목재와 석기, 청동기, 철기, 증기, 전기, 공장 자동화, 인터넷 같은 것들이다. 하지만 오늘날 일련의 과학과 기술에 의해 한꺼번에 들이닥친 거대 변화들은 상업과 문화, 사회는 물론 우리의 생태와 윤리까지 재편할 것으로 보인다.

인간 번영을 심화하기 위한 선언

한 가지 분명히 해둘 것이 있다. 이 책은 급속히 밀려드는 기술 혁명에 대한 축하도 아니고 문명 붕괴에 대한 탄식도 아니다. 이 책을 읽는 분이 나 같은 영화광이라면 이미 할리우드의 유토피아적인 미래 전망과 디스토피아에 대한 경고를 충분히 접했을 것이다. 하지만 미래는 맹목적인 낙관론이나 소름끼치는 두려움 위에서 만들어지지는 않는다.

이 책의 목적은 과학과 기술의 발전을 어떤 식으로 인도하고 제어해서 우리가 추구하는 주요 목표를 완수하게 만들 것인지 토론을 진작하고 속도를 앞당기는 데 있다. 과학기술의 목표는 어디까지나 인간성에 봉사하고 인간 번영을 심화하는 것이 되어야 한다.

그럼에도 이런 주제에 관한 논의는 의기양양한 과학기술자나 진지한 학계 사람, 사려 깊은 분석가들 차원에서만 머물러 있을 뿐, 대다수 일반인은 인식조차 못하고 있다. 이 책을 쓴 목적은 이런 상황을 우려하기 때문이다. 나는 미래학자(futurist)이지만 최근의 변화 속

신이 되려는 기술

도를 보면 현재학자(nowist)가 돼가는 것 같다. 많은 사람들은 미래의 문제를 두고 자신의 이해 수준을 넘어서는 일이며 굳이 주목할 필요도 없다고 여긴다. 하지만 나는 미래의 문제가 이미 우리 앞에 닥친 것임을 알리고자 한다.

이 책은 앞으로 국제사회의 주요 사안이 될 토론을 촉발하기 위한 마중물로 기획됐다. 내 역할은 논쟁을 시작하고 활성화하는 것이라고 생각한다. 따라서 어떤 미래 청사진이나 행동 요령을 담은 지침서라기보다 정신을 담은 선언문이라 생각하고 책을 썼다. 나는 앞으로 강연이나 온라인 기고, 영화 제작 등을 통해서도 이 책의 주제들에 관한 이야기를 확장해나갈 것이다.

할 수 있다고 해서 꼭 해야만 하는 것은 아니다

전문가들은 현재 기술을 통해 무엇이 가능하고 그것을 어떻게 이룰 것인지를 두고 논쟁하고 있다. 하지만 한 걸음 물러나서 볼 필요가 있다. 그리고 이런 혁신 기술들이 인간성에 봉사하려면 어떤 역할을 했으면 하는지 보다 근본적인 탐구를 시작해야 한다. 무엇이든 우리가 할 수 있다고 해서 그것을 꼭 해야 하는 것은 아니다.

논의의 방향을 안내하기 위해 나는 지금 변화의 추동력이 무엇이며, 그것이 잠재적으로 우리에게 어떤 충격을 줄 것이고, 함축하고 있는 의미는 무엇인지 진단했다. 또한 분야를 막론하고 갈수록 빨라지는 과학과 기술의 발전 속도가 제기하는 많은 근본적인 질문들을 부각시켰다.

우리는 과학기술의 연구와 개발을 상업화하는 투자 계획을 세울 때도 의사결정과 관리의 중심에 인간 행복과 웰빙을 두어야 한다. 기술도 결국에는 목표를 이루기 위한 방법에 지나지 않기 때문이다.

나는 우리가 장래 기술 개발의 경로를 어떻게 택하는지에 따라 상황이 어떻게 바뀔 수 있는지 보여주는 다양한 시나리오를 제시할 것이다. 끝으로, 인류를 위한 최선의 경로 선택을 위해 논의의 출발점으로 삼을 만한 몇 가지 생각을 이야기하겠다.

본문은 다음과 같이 열두 개 장으로 정리되어 있다.

제1장 미래의 서곡

지금 우리는 기술 진화의 결정적 전환점에 와 있다. 지금의 변화는 누적적이면서 기하급수적일 뿐만 아니라 불가피한 것이며, 한번 진행되면 돌이킬 수 없는 것이 되고 있다. 지금이야말로 다가오는 도전들, 즉 인공지능부터 인간 유전자 편집에 이르는 기술의 본질에 물음을 던질 마지막 기회라고 주장한다. 균형을 찾는 것이 열쇠가 될 것이다.

제2장 기술 대 인간

기술이 인간을 모방하고 대체할 수는 있어도 결코 우리 자신일 수는 없는 이유를 설명한다. 기술에는 윤리가 없다. 따라서 기술이 이제 우리의 가장 사적인 삶의 영역과 생물학적인 과정에 개입하려는 것에 대해 시민과 기업 모두가 최우선 관심사로 협의해야 한다. 종교와 문화의 차이를 막론하고, 윤리의 본질은 인간이 의미를 나타내고 구별하는 데 있다는 것에서 출발해야 한다.

제3장 대전환

디지털 변환을 두고 흔히 전 산업과 공공 부문에 걸친 사실상의 패러다임 전환이라고 말한다. 사실은 기술 변화의 범위는 훨씬 더 넓다. 디지털화는 인간 삶의 면모를 영원히 바꿔놓을 10가지 대전환 중 하나에 불과하다. 모바일화, 자동화부터 로봇화에 이르는 10가지 대전환은 우리가 적응할 수 있을 만큼 천천히 진행되는 진화의 과정이 아니라, 파괴와 변화의 쓰나미를 촉발할 것이다. 기존 글로벌 상업 기반의 상당 부분이 소멸될 수도 있다.

제4장 자동화 사회

자동화는 노동직과 사무직을 포함한 인간 노동을 전복할 거라는 신화가 퍼져 있다. 하지만 이것은 심각하게 오도하는 면이 있다. 다가오는 자동화의 물결은 공장이나 공공 기반의 차원을 넘어 노화와 출산 같은 우리의 생물학적 과정까지 밀려들 것이다. 이전까지 있었던 변화의 물결에 적응하고 대응하는 데는 흔히 수십 년이 걸렸고, 그로 인한 점진적 사회 전환에도 우리는 익숙해져 있다. 하지만 이제는 한 종(species)으로서 인류가 기술이라는 얼굴 없는 힘에 주권을 넘겨줄 준비가 돼 있는지 고민해야 할 상황이다. 인류 역사에서 가장 막대한 규모로 자유의지와 개인의 통제력을 잃게 되는 상황에 우리는 대비하고 있는가?

제5장 비인간 사물인터넷

사물인터넷이 야기할 문제들을 살펴본다. 이것은 현재 디지털 변화의 순풍을 등에 업은 수많은 기업 전략가들이 내부에서 주고받는 지배적 담론이기도 하다. 우리를 본질적으로 인간일 수 있게 하는 것 (나는 이것을 '안드로리즘'이라 부른다)과 알고리즘 간의 차이를 이야기한다. 비인간 사물인터넷은 '조금씩 그러다 어느 순간 갑자기' 우리로 하여금 인간성을 버리고 더 기계적이 되어야 그나마 유의미한 존재로 살아남을 수 있게 만들지는 않을까? 컴퓨팅의 이동성이 고도화되고 심지어 체내에 복용하거나 이식할 수 있게 되면서, 그동안 우리가 인간 종으로서 누려온 독보적인 이점이 현재로서는 의심스러운 디지털의 인기에 희생되고 마는 것은 아닐까?

제6장 마법에서 마니아를 거쳐 중독으로

우리가 기술에 매료됐을 때 흔히 답습하는 진행 곡선을 검토한다. 그것은 마법에서 열광적인 마니아로 그리고 결국에는 중독으로 이어지는 곡선이다. 요즘은 과거에 비해 훨씬 더 많은 중간 매개를 거친 일련의 접촉을 통해 삶을 체험한다. 스스로는 즐겁게 산다고 생각할지 모른다. 실제로는 호르몬에 의해 조작되고 있을 뿐이다. 호르몬마저 점점 '기술 대기업'이 고용한 조달자의 표적이 되고 있다. 우리는 기술적 진보라는 허니문 파티에 취해 정신없이 즐기고 있다. 하지만 건강을 위해서는 다음 날 숙취를 걱정해보는 것이 좋다. 대가는 내일 치러야 할 수도, 영원히 치러야 할 수도 있다.

제7장 디지털 비만 - 인간의 마지막 질환

디지털 비만이 유례없이 빠르게 퍼지고 있는 현상에 대해 논한다. 우리는 쏟아지는 뉴스와 업데이트, 알고리즘이 지원하는 정보 속에서 뒹굴면서, 동시에 기술이 만들어낸 의심스러운 오락물 거품 속에 빠져 있다. 앞으로 새로운 기술과 디지털 참여형 플랫폼들이 더 거세게 밀려올 것을 감안하면, 지금 우리가 건강에 신경 쓰는 것처럼 디지털 영양 공급에 대해서도 생각해봐야 한다.

제8장 예방 대 전향적 대응

우리의 과제는 혁신을 미루지 않으면서도, 기하급수적으로 커지고 있는 기술의 위험을 '다른 누군가의 문제'로 떠넘기지 않는 것이다. 오늘날 신기술에 거는 도박을 위해, 다음 세대가 그 비용을 감당하도록 미뤄서는 안 된다. 이제는 기술의 어떤 부작용도 전례 없는 규모가 될 것이기 때문이다. 지금까지는 예방과 전향적 대응이라는 두 가지 원칙으로 대응해왔지만 이제 이것만으로는 불충분하다. 시나리오가 현실로 닥칠 때까지 기다리는 것은 선제 사격만큼이나 위험하다. 마치 레밍(lemming, 나그네쥐)들처럼 미지의 경계선으로 몰려가는 것처럼 보이는 트랜스휴머니즘(transhumanism)은 현재 우리가 택할 수 있는 대응 방식 중에서 가장 공포스러운 것을 대표한다.

제9장 우연성을 제거한 행복

돈은 중요하다. 하지만 여전히 더 큰 관심사는 행복이다. 철학과 문화를 막론하고 인간 존재의 궁극적인 목표는 행복이다. 행복은 여전히 정확한 계량이나 기술적인 복제가 불가능한 삶의 항목에 속한다. 기술 대기업들은 순간의 클릭에 의한 쾌락주의적 즐거움을 복제한다. 어떻게 하면 공감과 연민, 의식까지 포함한 보다 깊은 형식의 행복을 지켜낼 수 있을까? 행복은 행운, 즉 우발적인 사건에 관련돼 있다. 어떻게 하면 우리는 기술을 사용해 인간적인 삶의 위협 요소들을 제한하면서, 동시에 인생의 신비와 자발성도 보존할 수 있을까?

제10장 디지털 윤리

디지털 윤리는 기술이 인간의 모든 삶과 활동에 침투하면서 개인과 조직의 최대 논제로 부상할 것이다. 그럼에도 지금 우리는 디지털 권리와 책임에 대한 합의는 차치하고 논의를 위한 공통의 언어도 갖고 있지 않다. 지속가능한 환경의 문제만 해도 흔히 개발도상국들이

제1세계 책임으로 미루는가 하면 불황일 때는 늘 뒷전으로 밀려난다. 반면 디지털 윤리는 앞으로 우리의 정치·경제적 삶에서 중심적인 자리를 차지할 것이다. 인간 번영에 핵 확산보다 더 큰 위협이 될 수 있는 디지털 기술의 윤리 문제를 논의하기 시작해야 할 때다.

제11장 지구 2030: 천국일까 지옥일까?

누구나 인정하는 사실을 토대로 중·단기 미래를 상상해보면, 앞으로 우리의 일과 삶을 바꿔놓을 거대한 변화들을 그려볼 수 있다. 이런 지각 변동의 다수는 그 자체로는 반길 만하다. 가령 앞으로는 생계가 아닌 열정을 위해 일한다는 것이다. 하지만 우리가 당연시하는 소비에서 선택의 자유와 라이프스타일에서 독립적 자유의사 같은 것은 초고소득 개인들만의 특권이 될 수 있다. 천국이냐 지옥이냐, 지금 당신의 선택에 달렸다.

제12장 결정의 시간

지금이야말로 인간이 기술 적응으로 나아가는 결정적 시점이다. 기술이 응용의 차원을 넘어 삶 속에 더 깊이 통합되면서 삶의 윤곽을 잡아가는 시점이라는 말이다. 따라서 지금 당면한 문제를 다음 포럼이나 다음 세대로 미뤄서는 안 된다. 기하급수적 기술에 대해서도, 원자력과 같은 엄청난 힘에 부과하는 통제를 적용해야 할 때다. 이런 주장이 풍부한 대화를 통해 얻은 결론은 아니다. 대화의 시작을 위한 제안일 뿐이다. 이런 대화가 미디어와 학교, 정부, 그리고 우리 각자의 회의실에서 중요하게 다뤄져야 한다. 기술자와 기술관료들이 윤리적 책임을 다른 누군가에게 넘기면 되던 때는 지났다.

이 책을 통해 우리가 직면한 도전들을 깊이 생각할 수 있기를 바란다.

게르트 레온하르트
스위스 취리히

제 1 장

미래의 서곡

인간성은 변화의 요구에 직면할 것이다. 다가오는 20년간의 변화는 과거 300년간 겪은 것보다 더 클 것이다.

인간은 현재나 과거를 바탕으로 미래를 예측하는 경향이 있다. 이런 생각은 지금까지 이롭게 작동한 것은 무엇이든 형태나 형식을 좀 더 개선하면 미래에도 잘 돌아갈 거라는 가정에 기반을 둔 것이다. 하지만 지금 우리는 새로운 현실을 앞에 두고 있다. 기하급수적이고 조합적인 기술 변화의 충격이 점점 커지면서 미래는 현재의 단순 확장일 가능성이 아주 낮아졌다. 오히려 지금과는 완전히 달라질 것이다. 가정의 틀과 기반 논리가 변했기 때문이다.

나는 미래학자로서 다가오는 미래를 직관하고 상상하고 그 속에 몰입해서, 미래 세계에서 현재를 보는 관점을 제시하고자 한다. 그런 다음에는 미래로 나아가는 것이 아니라 미래에서 현재로 거슬러 오는 식으로 이야기를 풀어가려고 한다.

먼저 가까운 미래의 세상은 어떻게 변할지 이야기한 다음, 우리가 직면할 도전들을 살펴보고, 다음에는 우리가 작성해야 할 선언문의 초안을 제시할 것이다. 선언문은 기술이 낳는 마법의 소용돌이에 휩쓸린 나머지 인간성이 약화되기 전에 잠시 멈춰 생각해볼 것을 호소한다. 지금이야말로 미래는 그냥 우리 앞에 출현하는 것이 아니라 우리가 매일 만들어가는 것이며, 바로 이 순간 우리가 내리는 결정에 대해서는 앞으로 책임을 져야 한다는 사실을 상기해야 할 시기다.

역사적 변곡점

지금 인류는 역사상 가장 흥미진진한 시기에 살고 있다. 일반적으로 봤을 때 미래도 꽤 낙관할 만하다. 하지만 우리를 인간이게 하는 핵심 본질을 지키려면 지금 진행되는 기술의 지배를 보다 전체론적 (holistic)으로 보고 대응할 필요가 있다.

우리는 지금 과학과 기술의 여러 영역에서 일어나는 기하급수적 발전의 변곡점에 와 있다. 다음 측정기까지 발전 정도가 두 배로 증폭되는, 엄청나게 중요한 지점에 와 있다는 뜻이다.

기하급수적 변화의 중심에는 무어의 법칙이 있다. 1970년대에 생긴 무어의 법칙이란 간단히 말해 1천 달러로 살 수 있는 컴퓨터 칩 하나의 처리 속도가 대략 18~24개월마다 두 배로 증가하는 것을 말한다.[1]

기하급수적 발전 속도는 현재 인공지능을 활용한 딥 러닝(deep learning: 다계층 인공신경망 기반의 기계학습 기술)과 유전학, 소재과학, 제조업 같은 다양한 분야에서 두드러진다. 각각의 기하급수적 발전 단계에 소요되는 시간도 많은 영역에서 줄고 있다. 그 결과 지구상에서 일어나는 모든 활동에 걸쳐 근본적 변화가 일어날 잠재력은 점점 커지고 있다. 사실상 우리는 지금 긴 생명의 변화 곡선에서 어떤 일이 일어나고 있는지 가늠하기 어려운 단계를 지나왔다. 0.01에서 0.02로 혹은 0.04에서 0.08로 소규모 이동하는 단계가 아니라는 이야기다.

그나마 다행히도 증폭의 충격이 아직은 엄청나게 크지 않아서 그 결과가 우리의 이해력을 압도하고 행동 능력을 방해할 정도는 아니다. 알기 쉽게 설명하자면 대부분의 영역에서 기술은 지금 상대적 수행 등급에서 약 4에 와 있는데, 그다음은 산술적으로 커져서 5등급이 되는 게 아니라 기하급수적인 도약이 일어나면서 8등급이 된다. 따라서 지금은 기하급수적 증폭이 실로 심각하게 중요해지는 시점이다. 이제 기술은 에너지와 교통, 커뮤니케이션, 미디어부터 의약, 보건, 식품, 에너지에 이르기까지 사회 전 분야에서 기하급수적 변화를 낳고 있다.

자동차 산업의 최근 변화만 봐도 그렇다. 7년 전 전기차량의 주행 거리는 80km 미만이었다. 지금은 한 번 충전으로 480km 이상을 주행할 수 있는 최신형 테슬라와 BMWi8로 발전했다.[2,3] 전기차량 충전소도 과거엔 몇 곳 없었지만 이제는 뉴욕 시내만 해도 주유소보다 더 많아졌다.[4] 지난 수십 년간 전기차량의 대중적 확산에 최대 장애물이었던 배터리 효율성만 해도 거의 매달 혁신이 일어나고 있다. 조만간 전기차량의 충전 주기는 주 1회에서 월 1회로 길어지면서, 결국에는 연 1회만으로도 충분한 시대가 될 것이다. 그렇게 되면 지금처럼 고성능 가솔린 엔진을 장착한 대형 럭셔리 카에 관심을 가질 사람은 극소수가 된다.

인간 유전자 염기서열을 분석하는 비용도 극적으로 하락하고 있다. 2008년 약 1천만 달러에서 지금은 800달러 가까이로 떨어졌다.[5] 앞으로 기하급수적으로 더 강력해진 슈퍼컴퓨터가 클라우드로 옮겨가면서 모든 의료기관이나 연구실이 이를 사용할 수 있게 되면 어떤일이 벌어질까. 개인 유전자의 염기서열 분석 비용은 50달러 이하로 급락할 것이다.[6]

그다음, 약 20억 명의 개인 유전 정보가 안전한 클라우드에 (바라건대 익명으로) 업로드된 후에 연구와 개발, 분석에 사용되면 어떻게 될까. 이 일의 상당 부분은 슈퍼컴퓨터가 지원하는 인공지능이 수행할 것이다. 그 결과 앞으로 쏟아져 나올 과학적 성과물은 우리의 상상을 압도할 것이다. 그와 동시에 엄청난 윤리적 도전들도 야기될 것이다. 가령, 부자는 극적인 수명 연장이나 유전자 재프로그램, 노화, 심지어 죽음의 극복 가능성까지 누리는 반면, 가난한 사람은 여전히 말라리아 약조차 사기 힘든 상황이 벌어질 수도 있다.

이런 기하급수적 기술 발전의 양상을 감안하면, 우리의 미래를 단선적인 방식으로만 상상해서는 치명적인 가정에 이르게 된다는 사실을 알 수 있다. 그토록 많은 사람이 인간성을 능가하는 기술의 위험성을 깨닫지 못하는 것도 그런 가정에서 일부 비롯한다. 앞으로 닥칠 변화가 아직은 너무나 멀게 느껴져서 당장에는 별다른 해가 없어 보이기 때문이다. 지금 우리는 기술 변화의 곡선에서 4등급에 와 있을 뿐이다. 프라이버시의 점진적 상실이라든가 기술적 실업, 인간의 탈숙련화 같은 문제가 아직은 면전에 와 있지 않다. 하지만 이런 상황은 아주 빠르게 바뀔 처지에 있다.

가장 거대한 변환은 여러 기술의 조합적 혁신, 즉 몇 가지 대전환(megashift)과 파괴적 혁신의 요소들이 동시에 상승 작용을 일으키면서 생기는 것임을 알아야 한다. 제3장에서 우리는 앞으로 기업들이 인공지능과 이동성 그리고 클라우드와 함께 빅 데이터, 사물인터넷을 한데 결합해 극도로 파괴적인 신상품을 만들어낼 가능성에 대해 논의할 것이다.

그 어떤 것도, 그 누구도 앞으로 닥칠 변화에서 무사하지 못할 것이다. 선의에서 시작했지만 의도하지 않은 결과를 무시해서든 아니면 악의에서든 변화를 피할 수는 없다. 상상 밖의 기술 혁신이 우리 삶을 극적으로 개선하고 인간 번영을 진작할 수도 있지만, 어떤 것은 사회 구성망을 위협하고 궁극에는 인간성에 도전할 가능성이 크다.

1993년 미국의 컴퓨터 과학자이자 유명한 과학소설 작가인 버너 빈지는 이렇게 썼다.

30년 안에 우리는 초인간 지능을 만들 수 있는 기술적 수단을 갖게 될 것이다. 그 후에는 곧바로 인간의 시대는 끝이 날 것이다. 그런 일이 벌어지는 것을 피할 수 있을까? 피할 수 없다면 우리가 살아남을 수 있는 방향으로 상황을 이끌 수는 있을까?[7]

헬븐에 오신 것을 환영합니다!

지금 경제 시스템이 급변하는 추이를 보면 인간과 기계의 관계는 내가 '헬븐'(HellVen: 지옥을 뜻하는 Hell과 천국을 뜻하는 Heaven의 조합어)이라 부르는 상황의 기로에 서게 될 것이다. 어떤 면에서 세계는 천국에 가까울지도 모른다. 생계를 위해 일할 필요도 없고 기술로 대부분의 문제를 해결하면서 '스타트렉(Star Trek)' 경제라 불리는 보편적 풍요를 누릴 수 있는 세상 말이다.[8]

하지만 반대로 디스토피아에 직면할 수도 있다. 슈퍼컴퓨터와 네트워크로 연결된 봇(bots)과 초지능 소프트웨어 에이전트인 기계와 알고리즘, 사이보그, 로봇 혹은 그것을 소유한 사람들이 지휘 감독하는 사회 말이다. 그런 세계에서 능력이 증강되지 않은 인간은 잘해야 애완동물 혹은 사회가 감내할 수밖에 없는 성가신 존재 정도로 용인되거나, 최악의 경우에는 신적인 능력을 갖춘 은밀한 사이보그 집단의 노예로 전락할 수도 있다.

당신은 앞으로 살아서 당신의 이해력을 넘어서는 인공 공포물을 보게 될 수도

신이 되려는 기술

있다. _니콜라 테슬라[9]

이런 생각은 편집증적인 것에 불과할까?

먼저 우리가 일상에서 보는 것을 가지고 이야기를 시작해보자. 이제는 값싸고 어디서나 연결되는 디지털 기술 덕분에 우리는 생각과 의사결정은 물론 기억까지 모바일 기기와 그 배후의 스마트 클라우드를 통해 아웃소싱할 수 있게 되었다. 이런 '외장 두뇌'는 '나를 아는(knowing-me)' 단계에 이어 '나를 대표(representing-me)'하는 단계를 지나, '나 자신(being-me)'이 되는 단계로 빠르게 변신하고 있다. 현실에서 이미 그런 기술적 인공물들이 우리의 디지털 복사본으로 사용되기 시작했다. 그 정도로 별로 걱정이 안 된다면 외장 두뇌가 5년 안에 100배 가까이 증폭된다고 한번 상상해보라.

그때 가서 구글 지도 없이 낯선 도시를 여행하는 것은 불가능할 것이다. 오늘 밤 어디서 식사할지 결정할 수 없을 경우엔 여행 안내 앱인 트립어드바이저가 알려줄 것이다. 쏟아지는 이메일에 답장할 시간이 없다면 G메일의 새로운 지능형 비서가 대신 처리해줄 것이다.[10]

인간과 기계 융합에 관한 한 아직 우리는 2009년 브루스 윌리스의 영화 「서로게이트(Surrogates)」에 나오는 것처럼 우리 자신은 집에 있는 동안 복제 사이보그가 밖에서 우리를 대행하는 지경에 이르지는 않았다.[11] 또한 2015년에 방영된 AMC TV 시리즈물 「휴먼스(Humans)」[12]에서처럼 우리 대신 다양한 업무를 맡아서 처리하고 동반자가 돼줄 수도 있는 인간형 합성로봇을 살 수도 없다. 하지만 그리 먼 이야기도 아니다.

이 책에서 나는 장차 디스토피아적 시나리오가 전개될 가능성은 높지 않다고 보는 이유를 설명한다. 하지만 동시에 우리가 근본적인 선택에 직면할 것이라고 주장할 것이다. 기술이 우리의 삶과 사랑하는 이들의 삶 그리고 미래 세대의 삶에 어느 정도까지 영향을 주고 규정하도록 허용할지 결정하고 계획해야 하는 시기가 다가오고 있기 때문이다.

어떤 논평가는 변화를 막을 수 있는 시기를 이미 지나왔으며, 이런 변화는 우리가 '자연스러운' 진화에서 겪는 후속 단계에 지나지 않는다고 말할 수 있을 것이다. 그런 견해에 나는 강력히 반대하며, 어떻게 하면 다가올 인간과 기계 간 충돌에서 인간이 승자가 될 수 있는지 설명하려고 한다.

기술과 인간성은 수렴하고 있으며 우리는 전환점에 있다

이 책을 쓰기 시작하면서 세 가지 핵심 단어가 맨 먼저 떠올랐고 끝까지 머릿속에 남았다. 기하급수적(exponential), 조합적(combinational), 재귀적(recursive)이라는 단어다.

1. 기하급수적

기술은 기하급수적으로 진보한다. 물리학의 기본 법칙상 마이크로

칩이 지금보다 현저하게 더 작아지기는 어렵다. 그럼에도 기술의 발전은 일반적으로 무어의 법칙을 따르고 있다.[13] 진행 곡선은 우리가 이해하거나 예상하듯이 점진적이거나 단선적이지 않고 계속 기하급수적으로 상승하고 있다. 이런 양상은 우리가 현재 직면한 거대한 인지 격차를 보여준다. 즉 기술은 기하급수적으로 성장하는데 인간은 선형적 답보 상태에 있다는 말이다.

2. 조합적

여러 분야의 기술 발전은 상호 결합하면서 통합되고 있다. 기계 지능과 딥 러닝, 사물인터넷, 인간 유전자 편집과 같이 판도를 바꿔놓는 기술 들의 발전은 상호 교차하면서 증폭 효과를 낳고 있다. 각 기술은 더 이상 개별 분야에 국한되지 않고, 여러 분야를 가로질러 연쇄 작용을 일으키고 있다. 가령, 크리스퍼(CRISPR-Cas9) 같은 최신의 인간 유전자 편집 기술은 결국에는 암을 퇴치하고 수명을 극적으로 연장할 수도 있을 것이다.[14] 그 결과 기존 보건과 사회보장, 노동, 심지어 자본주의 자체의 작동 논리 전반이 뒤바뀔 수도 있다.

3. 재귀적

인공지능과 인지 컴퓨팅, 딥 러닝 같은 기술들은 결국에는 재귀적 (self-amplifying, 자기증폭) 개선으로 이어질 수 있다. 예를 들어, 자신을 재프로그램하거나 업그레이드하거나, 생명을 유지하는 파워 그리드를 통제할 수 있는 로봇이 이미 등장했다. 이것은 잠재적으로 '지능 폭발(intelligence explosion)'이라 불리는 상황으로 치달을 수 있다. 옥스퍼드대학에서 인공지능을 연구하는 닉 보스트롬 같은 인물은 언젠가는 거의 모든 영역에서 인간보다 빠르게 배우고 사고할 수 있는 인공지능 시스템(super-intelligence, 초지능)이 출현할 수 있다고 믿는다.[15] 지능지수(IQ) 500의 인공지능을 만들 수 있다면 IQ 5만인 인공지능을 만들지 못할 이유가 있을까? 그럴 경우에는 어떤 일이 벌어질까?

다행히 재귀적 초지능의 등장이 임박한 상태는 아니다. 하지만 이미 우리는 디지털 일상에 대한 끊임없는 추적, 상시적인 감시, 프라이버시 침해, 익명성의 상실, 디지털 신상정보 도난, 데이터 보안과 같은 문제들과 씨름하고 있다. 그 결과가 유토피아적이든 디스토피아적이든, 인간성의 미래를 좌우하는 기초 작업이 바로 지금 이곳에서 진행되고 있다고 확신하는 것도 그 때문이다.

그런 점에서 우리는 결정적인 분기점에 와 있다. 상상 이상의 무한한 힘을 갖게 될 기술이 풀려남에 따라 우리는 이전보다 훨씬 더 큰 예지력을 발휘해 보다 전체론적인 관점에서 훨씬 더 책임 있게 행동해야만 한다.

우리의 운명과 그것을 규정지을 수 있는 기술의 발전을 우리의 통제하에 두고 싶다면 더 이상 관망만 해서는 안 된다. 우리는 인간성을 영원히 바꿔놓을 기술을 개발하는 데 관심을 쏟는 만큼이나, 미래에 인간으로 존재하거나 그런 상태를 유지한다는 것이 무슨 뜻인지에 대해서도 관심을 기울여야 한다.

인류의 미래가 달린 중대한 결정을 자유 시장이나 벤처캐피털리스트, 혹은 기업의 기술자들이나 세계 최강의 군사 조직에 맡겨두어서는 안 된다. 이윤과 성장만을 최우선하는 산업 시대 패러다임이나, 1980년대에는 통했을 수도 있는 시대착오적인 기술 준칙에 인간성의 미래를 내맡겨서는 안 된다. 기술이 거대한 새로운 수입원과 막대한 수익을 창출한다는 이유만으로 실리콘밸리나 세계 최강의 기술 선진국이 '인간성의 관제센터'가 되어서도 안 된다.

다행히 아직은 우리가 90 대 10이라는 희망적인 확률의 상황에 있다. 기술이 제공하는 가능성의 90%는 인간성에 이롭게 활용될 것으로 보이는 반면, 10%는 이미 문제를 일으키기 시작했거나 부정적인 결과를 초래할 수 있다는 뜻이다. 이 정도의 균형만 유지할 수 있다면 혹은 98 대 2까지 끌어올릴 수만 있다면 그것을 위해 모든 노력을 기울여볼 가치가 있다. 문제가 될 수 있는 10%(비록 지금 시점에서는 대부분 의도하지 않은 것이겠지만)는 빠르게 50%로 불어날 수도 있다. 만약 우리가 이 기술들을 인간성에 봉사하도록 만드는 데 합의하지 못한다면 그 이상으로 불어날 수도 있다. 따라서 지금은 '일단 추진하고 어떻게 되는지 보자'라는 태도로 있을 때가 아니다.

판도를 바꿀 양대 기술인 인공지능과 인간 유전자 편집

기하급수적으로 변하는 기술의 영역에서 첫 번째 주요 힘은 인공지능이다. 인공지능을 단순하게 정의하면 지능적이고 자기학습이 가능한 기계다. 인간과 비슷하게 사고하는 기계(소프트웨어나 로봇)를 말한다. 인공지능의 능력은 일반적으로 무어의 법칙과 컴퓨터 파워의 성장 속도를 앞질러 다른 기술보다 고속 성장할 것이다.[16]

인공지능이 지닌 단연 최대의 위험은 사람들이 그것을 이해했다고 속단한다는 것이다. _엘리저 유드코우스키[17]

인공지능과 더불어 판도를 바꿔놓을 게임체인저는 인간 유전자 공학 기술이다. 인간 DNA를 변형시켜 질병의 전부는 아니더라도 일부에 종지부를 찍고, 우리 몸의 프로그램을 재구성하고, 잠재적으로는 죽음까지 극복할 수 있는 기술이다. 그런 유전적 재편집이 가능해지는 과정에서 결정적인 변수가 인공지능이기도 하다.

이 양대 게임체인저와 인접 과학 기술들은 20년 내에 인간의 가능성과 존재 방식에 막대한 영향을 미칠 것이다. 이해를 돕기 위해 나는 특히 인공지능과 딥 러닝에 설명을 집중할 것이다. 이 둘은 우리 미래와 직접 관련이 있을 뿐 아니라, 인간 유전자 편집과 나노 기술 그리고 소재 과학 같은 또 다른 게임체인저 영역의 발전에도 견인차가 될 것이다.

신이 되고 있다?

현재 구글의 기술 고문인 레이 커즈와일은 미래학자들의 사고 전반에 심대한 영향을 미치고 있는 인물이다. 하지만 이 책에서 나는 그의 견해에 자주 문제를 제기할 수밖에 없다. 커즈와일은 2025년까지 컴퓨터가 인간 한 명의 두뇌 처리 능력을 추월하고, 2050년까지는 모든 사람의 두뇌를 합친 능력과 맞먹을 수 있을 것이라고 예측한다.[18]

커즈와일은 이러한 기술 발전이 이른바 특이점, 즉 컴퓨터가 연산능력에서 마침내 인간 두뇌를 누르고 추월하는 순간에 이를 것이라고 말한다. 이때가 되면 인간의 지능은 점점 비생물적으로 되고, 기계는 독립적이 되면서 상당한 재귀적 능력을 발휘해 초기 설정된 프로그램을 넘어서게 되는데, 이것은 인류 역사에서 결정적인 순간이 된다. 커즈와일은 2015년 싱귤래리티대학에서 청중을 향해 이렇게 말했다.

우리는 진화하면서 점점 신처럼 되어간다. 진화는 정신적인 과정이다. 세상에는 아름다움과 사랑과 창의성과 지능이 있는데, 이 모든 것은 뇌의 신피질에서 비롯한다. 따라서 우리는 뇌의 신피질을 확장해감에 더욱 신처럼 되어갈 것이다.[19]

나 또한 컴퓨터가 인간 두뇌 수준의 능력을 갖게 되는 시점이 그리 멀지 않았다고 믿는다. 하지만 커즈와일 박사와는 달리, 우리가 무한한 비생물적 지능을 얻을 수 있는 가능성을 위해 인간성을 자진 포기해서는 안 된다고 생각한다. 그것은 아주 나쁜 거래이며 향상이 아니라 오히려 퇴보에 해당한다. 이 책에서 나는 왜 우리가 그 방향으로 가서는 안 된다고 확신하는지 설명한다.

현재로서는 컴퓨터가 커즈와일의 비전을 구현할 능력은 갖고 있지 않다. 컴퓨터 칩은 아직도 너무 크고, 네트워크는 그만한 속도를 내지 못하고 있는 데다, 전력 그리드 역시 그만한 능력에 필요한 기계를 지원할 정도는 못 된다. 하지만 이런 것들은 일시적 장애에 불과하다. 우리는 요즘 매일같이 과학계의 주요 혁신에 관한 소식을 듣는다. 게다가 수많은 기술 혁신은 공개도 되지 않은 채 세계 전역의 연구실에서 암암리에 일어나고 있을 것이 틀림없다.

따라서 우리는 특이점에 대비해야 한다. 개방적이되 비판적인 자세로, 과학적이되 인간적인 관점에서, 모험적이고 호기심 가득하되 주의력으로 무장한 채로, 그리고 기업가처럼 진취적이되 인류 모두를 생각하는 마음으로.

과학적 사실로 증명되는 공상과학 소설

과거 노동직과 사무직을 막론하고 인간 노동자만 할 수 있던 것들, 즉 언어의 이해라든가 복합적인 이미지의 인식 혹은 고도로 유연하고 탄력적인 신체의 사용도 이제는 머지않아 기계가 할 수 있을 것이다. 그때가 되면 우리는 삶의 모든 면에서 기계에 철저히 의존하게 될 것임에 틀림없다. 또한 증강현실(AR)과 가상현실(VR), 홀로그램, 임플란트, 브레인-컴퓨터 인터페이스(BCI) 같은 새로운 유형의 인터페이스와 함께 나노 기술 및 합성생물학 기술로 제작된 신체 부품을 사용해 인간과 기계가 빠르게 융합할 가능성이 높다.

만약 우리 혈관에 나노봇을 투입하거나 뇌에 커뮤니케이션 장치를 심는 것이 가능해지면, 어디까지를 인간으로 봐야 할지 범위는 누가 결정하게 될까? 만약 (나로서는 아직은 가정적인 상황으로 생각하고 싶은 일인데) 기술이 미처 윤리를 갖추지 않은 상황에서 (그래서는 안 된다고 생각하지만) 기계가 우리를 위해 모든 것을 운영한다면 우리의 규범과 사회계약, 가치 그리고 도덕에는 어떤 일이 벌어질까?

인공지능 전도사들의 주장에도 불구하고 나는 적어도 예측 가능한 미래에 관한 한, 기계 지능이 감성 지능이나 윤리적 관심을 갖지는 못할 것이라고 본다. 왜냐 하면 기계는 독자적인 존재가 아니라 어디까지나 복제자이며 모방자이기 때문이다. 결국에는 기계가 읽고 분석하고 나아가서는 우리의 가치 체계와 사회계약과 윤리, 믿음까지 이해할 수도 있을 것이다. 하지만 우리가 살고 있는 세계, 독일 철학자들이 '현존재(Dasein, 다자인: 국내 철학계에서는 흔히 '현존재'로 번역한다 - 옮긴이)'라고 부르는 그 속에 존재하거나 혹은 일부로도 존재할 수 없을 것이다.

그럼에도 우리는 우리를 인간이게 하는 모든 것(내가 안드로리즘 Androrism이라 부르는 것)보다 데이터와 알고리즘이 우위에 서는 세계에서 살게 되지는 않을까? (안드로리즘에 대해서는 뒤에서 명확히 설명한다.)

다시 말하지만, 4에서 8로, 16으로, 32로 두 배씩 연속 증가하는 것은 0.1에서 0.8로 늘어나는 것보다 충격의 차원이 다르다. 이 점이야말로 오늘날 우리가 직면한 힘겨운 도전이다. 따라서 우리는 기하급수적으로 달라질 내일을 상상해야 한다. 지금 인간의 이해 범위를 훨씬 넘어갈 정도의 복잡성을 띠는 미래의 관리자가 되어야 하는 것이다. 그러기 위해서는 우리의 상상력도 기하급수적이어야만 한다.

조금씩 그러다 갑자기

어니스트 헤밍웨이의 소설 『태양은 다시 떠오른다(The Sun Also Rises)』에는 기하급수적 변화의 본질을 완벽하게 묘사한 문장이 나온다.[20]

"왜 파산한 거지?"
"두 가지였어. 조금씩 그러다 갑자기."

미래를 규정해나가는 것들을 생각할 때는 기하급수성과 '조금씩 그러다 갑자기'라는 두 가지 요소를 이해해야 한다. 이 책의 핵심 메시지이기도 하다. '조금씩 그러다 갑자기'란 보잘것없는 데서 시작해서 엄청난 기회가 되거나 위협이 되는 것을 말한다. 그것은 어느 순간 갑자기 사라져 잊히고 말거나, 상상했던 것보다 훨씬 거대한 형태로 눈앞에 존재하게 될 것이다. 태양 에너지와 자율주행차량, 디지털 화폐, 블록체인을 생각해보면 된다. 이 모두는 구현되기까지 오랜 시간이 걸렸지만 불현듯 세상에 등장했고 지금 포효하고 있다. 역사는 너무 느리게 적응하거나 전환점을 내다보지 못한 이들은 아픈 결과를 겪는다는 교훈을 준다.

지금 관망만 하다가는 결국 도태되거나 무시당하거나 뒤처지거나 사라지고 말 확률이 대단히 높다. 따라서 우리는 급속히 디지털화하는 세계에서 우리를 인간이게 하는 것이 무엇인지 정의 내리고 그것을 유지하기 위한 다른 전략을 세워야 한다.

이런 문제는 시장에 의해 자율규제되거나 '보이지 않는 손'에 해결되지는 않을 것이다. 이윤과 성장을 좇는 자유시장은 인간성 대 기술의 대결을 더 힘겹게 만들 것이다. 지금 말하는 기술들이 바로 연간 수조 달러의 가치를 창출할 가능성이 크기 때문이다. 인간적인 특성이나 상호작용 혹은 특별함을 기술로 대체하는 것은 너무나 큰 사업적 기회가 될 것임에 틀림없다. 가령 캘리포니아의 휴먼론제비티(Human Longevity Inc.)라는 회사의 이사인 피터 다이어맨디스는 수명연장 사업이 3조 5000억 달러 규모의 글로벌 시장을 창출할 거라고 주장한다.[21] 이같은 유혹은 인간성의 미래에 대한 염려쯤은 하찮게 보이게 만들 우려가 크다.

관제탑을 넘어

결국 우리는 인간 종(species)의 생존과 번영에 대해 이야기하게 될 것이다. 지금 상황을 벤처캐피털리스트와 주식 시장, 그리고 군이 자기 식대로 주도하도록 놔둬서는 안 된다.

가까운 미래에 서로 대립하는 세계관들이 거친 싸움을 벌이고, 막대한 경제 이익이 걸린 패러다임들이 서로 격돌하게 될 것이다. 그것은 일종의 휴머니스트와 트랜스휴머니스트 간의 대결이 될 것이다. 이제는 원유나 다른 화석연료가 정치적·군사적 힘으로 중요성을 잃어가면서 미국과 중국은 이미 기술 군비 경쟁을 가속화하는 최전선에 뛰어든 상태다. 새로운 전쟁은 디지털 전쟁이 될 것이다. 인공지능과 인간 유전자 개량, 사물인터넷, 사이버 보안, 디지털 전쟁 같은 기하급수적인 게임체인저 경쟁에서 우위를 차지하기 위한 전투가 시작됐다. 유럽(특히 내가 살고 있는 스위스를 포함)은 그 중간에 끼어 인권과 행복, 균형, 윤리, 그리고 지속가능한 집단적 웰빙 같은 고상한 이슈에 더 관심을 쏟고 있다. 앞으로 설명하겠지만, 그런 관심사에 적절히 대처하는 것이 실제로 유럽에는 큰 기회가 될 것이다.

이미 일군의 오피니언 리더와 기업가, 과학자, 벤처캐피털리스트, 다채로운 기술 구루(미래학자도 포함) 들은 우리가 휴머니즘으로부터 서둘러 자진 탈피해야 한다고 목소리를 높이고 있다. 이런 기술진보주의자들은 우리가 '인간성을 초월'함으로써 진화의 다음 단계를 수용해야 한다고 재촉한다. 다음 단계란 생물학과 기술을 융합해 우리 정신과 신체를 개량하고 증강하는 것, 사실상 슈퍼휴먼이 되는 것을 말한다. 질병은 물론 죽음까지 정복하겠다는 야심이다. 이것은 유혹적이지만 금찍한 목표다.

트랜스휴머니즘에 대한 관심은 점점 높아지고 있는데, 지난 15년간 미래학자로 활동하면서 관찰해온 것 중 가장 곤혹스러운 장면이다. 이것은 기술적 수단을 사용해 인간성의 초월을 추구함으로써 행복에 이르겠다는 구상인데, 솔직히 말해 망상에 가깝다.

트랜스휴머니즘을 두고서는 두 입장이 대립한다. 트랜스휴머니즘의 주창자이면서 2016년 미국 대통령 선거에 후보로도 나섰던 졸탄 이스트반과 철학자 제시 베일리의 논쟁을 소개한다.

트랜스휴머니즘을 지지하는 이스트반은 2013년 소설『트랜스휴머니스트 왜거(The Transhumanist Wager)』에서 이렇게 썼다.

트랜스휴머니스트의 대담한 코드는 부상하고 말 것이다. 그것은 피할 수 없는, 부인할 수 없는 사실이다. 그것은 기술의 비민주적 본성과 우리 자신의 기술적 진화 과정에 내장돼 있다. 그것은 미래다. 좋든 싫든 우리는 미래다. 그리고 그것은 트랜스휴머니스트 과학자들의 용기와 지혜에 의해 올바르게 주조되고 인도되고 다뤄질 필요가 있다. 국가와 자원은 그 뒤에서 그들을 지원해야 한다. 그런 지원을 통해 우리가 그 방향으로 성공적으로 전환하도록 해야 한다. 그 압도적인 힘에 의해서든 아니면 그 힘을 활용하는 데 대한 두려움에 의해서든 우리 자신을 희생시키는 일은 없어야 한다.

당신은 당신의 자원을 기술에 투입할 필요가 있다. 그리고 우리 교육 체계에도. 우리 대학과 산업과 사상에도. 우리 사회의 가장 강력한 집단에도. 우리 사회의 가장 명민한 집단에도. 우리 사회의 최선의 집단에도. 그래야만 우리는 미래를 얻을 수 있다.[22]

이런 입장에 맞서 휴머니스트인 베일리는 『진화와 기술 저널』에 이렇게 썼다.

나는 트랜스휴머니즘이 현존재(Dasein, 인간 존재)의 근원적 가능성으로서의 죽음을 흐리려고 위협함으로써, 우리가 기술과 진리 그리고 궁극에는 인간존재 자체에 대해 자유롭고 진정성 있는 관계를 발전시킬 필요가 있다는 사실을 숨기고 마는 위험을 제기한다고 주장한다.

트랜스휴머니스트는 흔히 다음과 같은 주장을 편다. 지금 우리가 머무는 신체가 앞으로 수백 년 동안 살 수 있게 된다거나, 우리 의식을 여러 개의 신체로 내려받을 수 있을 거라는 주장이다. 어느 쪽이 됐든 (둘은 미묘하지만 중요한 차이가 있다) 인간의 경험을 신체화가 갖고 있는 유한성의 중요한 측면과 분리시킨다.

하이데거는 인간을 두고 '죽음을-향한-존재(being-toward-death)'라고 개념화했다. 여기서 진정한 자아는 (기술에 의한 틀 속에 넣어지는) '그들-자아(they-self)' 속에 함몰되지 않고 진정성을 되찾는 데서 중심적인 자리를 차지한다. 하지만 트랜스휴머니즘은 우리 자신의 필멸성에 대한 자각을 위협해 진정한 자아로의 부름을 차단할 뿐 아니라 그 필요성까지 막으려 든다.[23]

따라서 기술결정론이 해법이 될 수 없음은 명백하다. 지금 세상을 지배하는 실리콘밸리의 이데올로기는 "이 놀라운 신기술을 활용해 우리의 활로를 개척해서 즐거움을 누리고 많은 돈을 벌고 동시에 수십억 사람들의 삶을 개선하는 데 무슨 문제가 있는가"라고 말한다. 하지만 과거 러다이트(기계파괴) 운동만큼이나 안일하고 심지어 위험한 생각으로 판명 날 수 있음을 알아야 한다.

어떤 트랜스휴머니스트는 인간성의 미래를 데카르트식 심신이원주의 혹은 환원주의(세계와 사람을 거대한 기계로 보는 극도로 단순화된 환원주의적 시각)에 입각해서 보는 데 반해, 나는 기하급수적 휴머니즘라 부르는 사고 체계와 디지털 시대 철학의 개요를 제시해보려고 한다. 이 철학을 통해 우리는 균형 잡힌 진로를 찾을 수 있을 것이다. 그 길은 기술을 적극 수용하되 흡수되지는 않고, 기술을 목적이 아닌 도구로 활용하는 것이다.

인간성을 보존하려면 기술 개발에 투입하는 만큼의 에너지를 인간성 증진에도 쏟아야 한다. 우리의 불완전함과 비효율에도 세계가 계속해서 인간에게 좋은 곳으로 남아 있기를 바란다면, 새로운 기하급수적 휴머니즘에 필요한 것이 무엇인지 규정하는 데도 상당한 자원을 투입해야 한다. 조만간 우리가 작동 원리조차 이해 못하는 기계의 어깨 위에 올라탈 상황에서 우리를 슈퍼휴먼으로 만들어줄 거라 약속하는 기술에만 투자하는 것으로는 충분치 않다.

이런 문제에 보다 예방적으로 접근하지 않으면 장차 로봇과 인공지능, 생명공학 그리고 유전학 분야에서 기하급수적이고 통제되지 않은 지능 폭발이 일어나면서 인간 존재의 기본 원칙을 체계적으로 무시하는 상황으로 이어지지 않을까 두렵다. 기술에는 윤리가 없으며 윤리 없는 사회는 암울하다.

기술 대 인간성의 이분법은 지금 곳곳에서 문제로 떠오르고 있다. 거의 모든 것이 디지털화하고 자동화하고 가상화하고 로봇화할 가능성이 크다고 해도 그래서는 안 될 것이 있다. 그것이야말로 우리를 인간이게 하는 것이기 때문이다.

이 책에서 나는 현재 기하급수적이고 융합적인 기술이 앞으로 10년 내 우리를 어떤 곳으로 데려갈 것인지 살펴보고 거기에 어떤 문제가 걸려 있는지 집중 조명할 것이다. 그리고 지금 우리가 할 수 있는 것은 무엇인지 탐색해보려고 한다. 철학적·종교적 입장이 무엇이든, 기술은 이미 우리 일상 속으로 너무나 깊숙이 들어와 있으며, 이런 기하급수적 발전이 우리를 어디로 데려갈지, 그 이유는 무엇인지에 관한 새로운 종류의 대화가 필요하다는 데 여러분도 동의할 것으로 기대한다. 기술은 말 그대로 우리 신체와 생명 체계 안으로 들어오려는 상황까지 왔다. 인류는 지금까지 해왔던 대화 중에서도 가장 중요한 종족 회담을 해야 할 때다.

제 2 장

기술 대 인간

이제 걸음을 멈추고 잠시 인간성의 미래를 생각해보자.

인간의 인지 능력은 무엇보다 유전적 성향과 뇌 안에 있는 약 100억 개의 신경세포에 기초하고 있다. 이 모든 것을 기술로 개선한다면 단순히 수행 능력이나 연결성으로만 따져도 조만간 100배 정도의 표준편차 개선율을 달성할 수 있을 것이다. 그럴 경우 지금은 지능지수(IQ)가 70~130인 사람이 전체 인구의 약 95%지만, 개선 후에는 평균적인 인간의 IQ가 1000 이상으로 치솟는다는 뜻이 된다.[24]

이 정도 지능이면 구체적으로 어떤 능력을 발휘할지 이해하기는 어렵지만 그동안 우리가 봐오거나 상상할 수 있는 수준을 훨씬 넘어설 것임에는 틀림없다. 배아 단계의 인간 DNA를 직접 편집해서 인지 능력을 개량한다면 결국에는 인류 역사상 최고 수준의 지성조차 능가하는 인지 능력을 가진 개인들을 만들어낼 수도 있다. 2050년까지는 이런 과정이 이미 진행 중일 가능성이 크다. 기계의 운영 시스템을 개조하는 것과는 별개로, 기억과 자유의지에 대한 느낌이 있는 지각력 있는 존재(인간 - 옮긴이)를 재프로그램한다는 것은 어떤 의미일까? (2050년에도 아직 이것이 문제가 될 거라고 가정한다면)

우선 인간을 인간이게 하는 것은 무엇인지 살펴보자. 수많은 철학자들이 이 문제와 씨름해왔다. 하지만 이제는 기술 덕분에 인간을 증강하고 변형시키고 재프로그램하고 재설계까지 할 수 있는 지점까지 다가가고 있다. 그만큼 한층 다급한 문제가 됐다. 특이점(Singularity)과 트랜스휴머니즘 진영의 많은 목소리들은 우리가 인간과 기계, 기술과 생물학의 융합을 향해 가고 있다고 주장한다. 이것이 흥미진진한 일이든 아니든 실제로 그런 상황이 일어난다면 디지털 시대의 인간성이 무엇인지 규정하는 것은 훨씬 더 중요한 일이 될 것이다.

인간의 정수로서 윤리와 가치

이때 근본적인 도전은 기술이 윤리와 규범 및 믿음 같은 것을 알지 못하는데, 모든 인간과 사회가 효과적으로 작동하려면 그런 기술에 전적으로 의존해야 한다는 사실이다. 기계도 결국에는 우리의 사회적 혹은 도덕적 고려와 윤리적 곤경을 읽고 이해하는 법을 배울 수도 있을 것이다. 하지만 기계가 우리처럼 동정심과 공감 능력을 가진 전인적인 존재가 될 수 있을까? 사실 우리는 대체로 우리의 가치와 믿음, 사고방식에 따라 살아간다. 데이터와 알고리즘에 따라 사는

신이 되려는 기술

게 아니다. 결국에는 기계가 인간이 하는 방식을 분석하고 따라 하는 것까지 가능해진다고 해도 여전히 인간이 존재하는 방식과는 거리가 멀 것이다.

앞서 말했듯이, 우리는 현재 기술 발전 단계가 4에서 8, 그다음은 16으로 치솟는 기하급수적 곡선의 변곡점에 와 있다. 우리 앞에는 기술이 할 수 있는 것(상당히 많아 보인다)과 기술이 전반적인 인간 행복을 낳기 위해 해야 할 것 사이의 엄청난 간극이 존재한다. 우리가 자유의 부재나 불평등, 빈곤, 질병 같은 뚜렷한 불행에 대해서는 쉽게 이야기한다. 하지만 그런 차원을 넘어가면 행복에 대한 정의조차 불확실하고 보편적인 일관성도 없다(제9장 참조).

분명히 기계는 인간의 상호작용을 점점 더 잘 따라 할 수 있게 될 것이다. 하지만 그와 달리, 인간의 행복이나 자아실현, 충족, 감정, 가치와 믿음에 대해서는 알지도 못하고 신경도 안 쓴다. 기계는 논리와 합리적 행동, (미)완결, 효율 그리고 예스/노 같은 대답만 이해할 뿐이다. "행복을 알기" 위해서는 자신이 실제로 행복할 수 있어야 하는데 이것은 신체화를 통해서만 가능하다.

기술은 인간이 정말로 관심 갖는 것에 대해서는 전적으로 허무주의적이다. 기계는 기본 욕구 해소에서 시작해서 사랑, 소유, 자존감, 자아실현으로 올라가는 매슬로의 단계적 욕구 피라미드를 따라 상승하는 것이 가능하지 않을 뿐 아니라 그래서도 안 된다.[25] 물론 신경망과 딥 러닝을 적용한 인공지능이 최근 바둑[26]에서 인간 챔피언을 이

긴 것처럼, 자기학습을 통해 복잡한 일도 해낼 수 있음을 보여줬다. 기계가 자기학습을 통해 인간처럼 행동하는 법을 익히는 것도 이론적으로는 가능할 것이다. 그럼에도 시뮬레이션은 복제와는 다르다. 실제를 중재하는 것은 실제 그 자체와 같은 게 아니다.

기술은 윤리가 없다. 기술이 윤리를 가져서도 안 된다. 하지만 이 기하급수적 기술 발전의 시대에 인간의 뇌와 신체는 점점 기계와 같은 대상으로 취급된다. 소프트웨어의 육체적 버전이라는 뜻의 '웻웨어(wetware)'라는 말이 등장한 것만 봐도 알 수 있다. 컴퓨터가 독자적인 기계 윤리나 믿음을 모방하거나 발전시키도록 프로그램될 경우에는 어떤 일이 벌어질지 상상만 해도 오싹하다. 이것은 우리가 추구해야할 길이 아니다. 기계에 스스로 '존재(be)'할 수 있는 힘을 부여하려는 생각은 훗날 인간성을 해치는 범죄로 판명될지도 모른다.

기계 안에서 이뤄지는 출생과 성장

다소 거슬리는 사례로는 체외발생이 있다. 최근 들어 점점 논의가 잦아지면서 논쟁거리로 떠오르고 있는 개념이다. 말 그대로 여성의 신체 밖 인공자궁에서 아기를 기른다는 생각이다. 아마 앞으로 15~20년 안에는 실현될 수 있을 것으로 보이는데,[27] 오늘날 기술의 '무엇이든 할 수 있다' 식 태도가 가장 기본적인 인간적 고려보다 우선할 수 있음을 보여주는 좋은 사례다. 이런 미래형 방식으로 인간을 재생산하는 것이 여성에게는 임신과 출산의 부담을 덜어주고, 보다 효율적이며, 궁극에는 더 경제적일지도 모른다. 하지만 그런 식의 출산은 아기를 완전히 비인간화하고 해롭게 하는 일이 될 것이다.

이것이 인간성을 위해 좋은가? 기본적인 시험

기하급수적 변화가 인간성에 유례없는 위협을 가하는 상황에서 우리는 새로운 과학기술 혁신을 평가할 때 이런 질문을 던져볼 것을 제안한다.

- 이 아이디어는 관련된 어떤 사람의 인권을 위반하는가?
- 이 아이디어는 인간 관계를 기계와의 관계로 대체하려 하는가 아니면 인간 관계를 증진하는가?
- 이 아이디어는 인간성보다 효율성을 우선하는가? 필수적인 인간 상호작용과 같은 자동화하면 안 될 것을 자동화하려고 하는가?
- 이 아이디어는 전통적인 국내총생산(GDP, 이윤과 성장) 중심 사고를 가장 기본적인 인간 윤리보다 우선하는가?
- 이 아이디어는 인간의 행복 추구를 한낱 소비 활동으로 대체하는가?
- 이 아이디어는 핵심적인 인간 활동, 예컨대 성직자라든가 물리치료사의 일을 자동화하는가?

과학소설 작가 윌리엄 깁슨은 이렇게 말한 적이 있다. "기술은 도덕적으로 중립이다. 우리가 그것을 적용할 때까지는 그렇다."[28] 자주 인용되는 그의 날카로운 관찰은 기하급수적 발전으로 인간이라는 것의 정의가 점점 위협받는 지금 이 순간에도 대단히 적실하다.

90 대 10의 도전: 전환점

우리는 기하급수적 곡선의 변곡점에 있기 때문에 미래를 좌우할 독특한 기로에 서 있다. 이런 기술 발전의 결과가 90%는 긍정적이고 10%는 관리 가능한 위험이나 도전에 불과할 것인가? 아니면 우리의 통제를 벗어나 10 대 90의 디스토피아로 선회하고 말 것인가?

대부분의 기술 발전은 아직까지는 대체로 긍정적이다. 배터리와 태양광 기술의 계속된 발전 덕분에 세계는 지속가능성과 재생 에너지의 방향으로 큰 걸음을 내딛고 있으며, 최신 사물인터넷 기술의 응용으로 스마트 항구, 스마트 도시, 스마트 농업 같은 영역에서 거대한 변화가 일고 있다.

하지만 지금은 90%가 긍정적인 상황에 있다고 해도, 아직은 상대적으로 작지만 부정적인 결과도 빠르게 커지고 있다. 발명가나 과학자, 기업가, 또 다른 시장 참여자 들이 이 문제에는 관심을 충분히 기울이지 않고 있기 때문이다. 사물인터넷은 조심성 없이 잘못 대처하면 역대 최대의 감시망과 글로벌 팬옵티콘(panopticon, 원형 감옥)을 초래할 수도 있다.[29] 우리 자신이 기본적으로 언제 어디서나 모든 각도에서 관찰되고 감시되고 추적되면서, 결국 이런 활동에 대해 통제도

신이 되려는 기술

제소도 할 수 없는 신세로 전락할 수 있다. 기하급수적 기술은 인간성에 기여할 수 있는 잠재력도 놀랄 만큼 크다. 하지만 전체론적 관점에서 보지 않거나, 기술과 사업의 전반적인 목적이 인간 번영의 증진이어야 한다는 사실을 망각하면 그 잠재력을 낭비하고 말 것이다.

기술과 힘, 그리고 책임

힘은 결과를 낳게 마련이다. 바로 지금 우리는 급격히 커진 기술의 힘을 즐기느라 바쁘다. 하지만 의도하지 않은 결과와 그것이 사회 조직망에 야기하는 근본적인 변화에 대해서는 책임있게 행동하지 못할 때가 많다.

우리는 서로 연결되고 싶어 한다. 그래서 페이스북에 우리 자신을 알린다. 많은 사람들은 '좋아요'의 신호음이 울릴 때마다 즐거워한다. 우리는 글로벌 플랫폼을 신나게 무료로 이용하는 대신 개인 정보를 넘겨주는 파우스트적인 거래를 소셜 네트워크와 했다. 그러면서도 페이스북 같은 기업들이 우리에게서 수집해 간 디지털 부스러기로 벌이는 일들에 대해 진정한 책임을 묻지는 못하고 있다. 페이스북은 이런 문제를 축소하는 데는 대가다. 그들의 기반 사업 모델이 최고가를 제시하는 광고주에게 우리 정보를 파는 것임을 감안하면, 정보 통제권을 우리에게 넘길수록 자신들의 수익화에는 도움이 되지 않을 것이기 때문이다.

페이스북은 우리가 자신들이 만든 강력한 쾌락의 덫에 빠져 흥청

망청하기를 바란다. 그러면서도 책임은 우리 자신에게 있다고 느끼기를 바란다. 총기 사고를 두고 전미총기협회(NRA)가 내세우는 것과 같다. 기술을 악용하는 일부 사람들을 계속 지적할 뿐, 기술회사 자신들은 책임이 없다는 태도를 유지한다. 이런 태도야말로 NRA가 "총기는 사람을 죽이지 않는다. 사람이 사람을 죽인다"고 주장하는 것과 같다. 자신들이 조장한 문제를 두고 자신의 책임은 부인하는 정말 손쉬운 방식이다.

또한 우리는 교통 상황을 예상하거나 다음 약속을 업데이트할 때 구글 맵이나 구글 나우, 구글 홈(로봇 비서처럼 대화할 수 있는 가정용 기기) 같은 것을 사용한다. 이럴 때도 마찬가지로, 기술회사가 우리의 메타-데이터(비록 대충 익명 처리된 것이긴 하지만)를 수집해서 마케팅회사에 팔거나, 해외정보감시법(FISA)이라는 행정수단을 가진 정부 기관에 넘기는데도 책임을 물을 수단은 별로 없다. 조만간 우리 대부분이 모바일 기기에서 말로 조종할 수 있는 지능형 디지털 비서(IDA)를 사용할 것이 확실시되지만 그 배후에서 일어나는 일에 대해 책임지는 사람은 아무도 없는 상황이 될 것으로 보인다. 이런 기기들은 끊임없이 우리 말을 듣겠지만 우리는 통제권이 없는 상황 말이다. 우리는 책임 있는 계획도, 기기에 대한 감독권이나 믿을 만한 수단도 없이 생각하는 기계를 만들어가고 있다.

우리는 자동화된 클라우드에 기반을 둔 지능형 대리인 소프트웨어 봇이 회의 조직이나 식당 예약 같은 모든 종류의 업무를 대행할

　　　　　　　　　　　　　신이 되려는 기술

수 있는 세상으로 진입하는 중이다. 봇이 내린 결정이 어떻게 산출됐는지는 이해도 못하면서 봇이 우리 생활에서 맡는 역할은 점점 커져갈 것이다.

그런데도 우리는 이런 기술의 사용과 충격에 대한 선견지명이나 조심성은 전반적으로 찾아보기 어렵다. 이런 상황에 처한 주된 이유는 그런 기술을 만들고 파는 사람들이 결과의 책임 문제는 대체로 외부효과(externality: 어떤 경제 주체의 행동 과정에서 다른 경제 주체에게 발생한 의도하지 않은 혜택이나 손해)로 돌리고 있다는 점이다. 우리 미래를 위해서는 전적으로 지속가능하지 않은 태도다. 이걸 보면 석유회사들이 아주 오랫동안 공해와 지구 온난화 문제를 자신들 사업의 외부효과로 치부하고 책임은 외면해온 것이 떠오른다. 두말할 것도 없이 우리 미래에 대한 이런 식의 태도는 나쁜 생각이며 공멸을 부를 가능성이 크다.

더 늦기 전에 인간의 존재 방식을 극적으로 바꿔놓을 수 있는 기술을 이윤과 성장 이상의 차원에서 생각해야 한다. 이런 도덕적 정언명령은 핵무기 시절보다 더 절박해졌다. 원자폭탄을 공동 발명한 과학자들 중 한 명인 로버트 오펜하이머 박사는 히로시마와 나가사키에 원자폭탄이 투하된 후에 이런 말을 했다. "이제 나는 죽음, 세상의 파괴자가 되었다."[30] 힌두교 경전인 『바가바드기타』를 인용해 인간 진화의 완전한 새로운 국면을 알린 것이다. 바로 지금 우리는 부지불식간에 훨씬 더 큰 무언가를 경험하고 있다.

인공지능은 핵분열과 마찬가지로 양면적인 기술이다. 핵분열은 도시를 밝힐 수 있지만 태울 수도 있다. 그 무시무시한 힘은 1945년 이전만 해도 대부분의 사람들이 상상조차 할 수 없었다. 인공지능의 발달과 더불어 우리는 바로 지금 1930년대에 와 있다. 우리가 핵분열이 등장했을 때처럼, 급작스럽게 AI가 도입된 후에도 살아남을 수 있을지는 의문이다. _제임스 배럿 『파이널 인벤션, 인공지능, 인류 최후의 발명』[31]

기술은 인간이 추구하는 목적이 아니라 방법이다

기술은 아무리 마법 같아도 단지 무엇인가를 달성하려고 사용하는 도구일 뿐이다. 기술은 우리가 추구하는 목적이 아니라 방법이다. 기술이라는 단어는 그리스어 어근인 테크네(techne)에서 나왔다. 이 말은 '참(the true)에서 아름다움(the beautiful)을 산출하는 것'[32]이란 뜻으로, 그런 도구를 사용해 장인과 예술가의 기술이 좋아지는 것을 의미한다. 고대 그리스 철학자들은 기술을 인간의 타고난 활동에 가까운 무엇으로 봤다. 우리는 늘상 도구를 발명하고 개선하는데, 그렇게 하는 것이 인간의 본성이라는 것이다.

하지만 오늘날 우리는 도구와 목적의 상호관계에서 충격적인 역전이 시작되는 미래를 향해 가고 있다. 철학자이자 미디어 이론가였던 허버트 마셜 매클루언은 과거 우리가 만드는 도구가 우리를 규정하고 심지어 우리를 만들어내기 시작했다고 말한 바 있다.[33] 이것이 기하급수적인 극단까지 갈 경우에는 테크네의 원래 의도에서 벗어나고 말 것이다. 덕분에 우리는 신 노릇을 할 수 있을지도 모른다. 아주 짧은 시간 동안에 불과하겠지만.

물론 기술은 늘 인간성에 영향을 주고 변화를 가져왔다. 그러니 지금 와서 새삼스러울 게 뭐 있느냐, 걱정할 게 뭐 있느냐고 주장할 수도 있다. 이 역시 이전과 같은 테크네의 흐름에서 또 한 번의 사례에 지나지 않는 것 아닌가?

테크네의 원 뜻이 우리의 능력과 수행력과 생산성과 힘이 미치는 범위 그리고 가능성을 증진하기 위한 도구였다는 사실을 생각해보자. 이런 사실은 증기기관이나 전화, 자동차, 인터넷 같은 발명품을 보면 알 수 있다. 기술은 우리의 전체가 아니라 행동과 외적인 가능성을 증강해왔을 뿐이다. 이런 기술 발전의 어떤 것도 우리 내부를 신경학적으로, 생물학적으로 심지어 정신적이거나 영적인 방식으로 깊숙이, 되돌릴 수 없을 만큼 물질적으로 바꾸지는 않았다. 그런 기술들은 사용한다고 해서 인간이 기하급수적으로 더 강력해지지는 않았다. 적어도 기하급수적 곡선의 변곡점에 이를 정도는 아니었다.

증기기관의 발명만 해도 산업혁명 시대에는 이미 엄청난 변화를 초래했지만, 기하급수적 변화의 긴 맥락에서 볼 때에는 초기 현상에 불과했다. 반면에 고급 로봇공학이 등장하고 노동자동화가 확산되면서 지금은 규모 4의 수준에서 변곡점에 이르렀는데 이전과는 확연한 차이를 낳고 있다. 변화의 형태는 물론 종류에서도 규모의 차이가 뚜렷하다.

알고리즘 대 안드로리즘

인간으로 존재한다는 것은 우리가 계산하거나 측정하거나 알고리즘적으로 규정하거나 복제하거나 완전히 이해할 수는 없는 무엇이라는 뜻이다. 우리를 인간이게 하는 것은 수학적인 것이 아니다. 화학적이거나 생물학적인 것도 아니다. 눈에는 보이지 않는, 말해지지 않는, 의식 아래의, 순식간의, 대상화할 수 없는 것들을 포함한다. 이런 것들이야말로 인간의 본질인데 나는 이런 특성을 안드로리즘(androrism)이라 부르고 싶다. 이것은 비생물적인 시스템이나 컴퓨터, 로봇에 비하면 서툴고 복잡하고 느리고 위험하고 비효율적으로 보인다. 하지만 그렇더라도 우리가 절대적으로 지켜야 하는 것들이다.

우리를 인간이게 하는 것을 함부로 고치거나 업그레이드하거나 근절하려 해서는 안 된다. 이런 차이들을 알고 존중하고 보호하는 기술을 설계해야 한다. 불행히도 우리를 인간이게 하는, 쉽사리 포착하기 어려운 특성인 안드로리즘이 온 사방에서 서서히 체계적으로 감축 내지는 폐기되기 시작했다. 예를 들어 소셜 네트워크는 우리가 실생활 속의 진짜 정체성을 가지고 씨름하기보다 자신이 보여주고 싶은 프로필을 만들고 그렇게 조작된 정체성 속에서 한껏 즐기게 한다.

그게 좋아 보일 수도 있다. 하지만 지나치면 아주 부정적인 결과를 초래할 수 있다. 물론 우리의 소셜 네트워크와 실제 삶 속의 정체성 사이에는 겹치는 부분도 있다. 하지만 면 대 면으로 체화된 사회화의 안드로리즘적인 특성은 이제 점점 화려한 스크린과 영리한 알고리

신이 되려는 기술

즘, 가령 온라인상의 콘텐츠 큐레이션과 짝짓기 서비스 같은 것들에 의해 대체되고 있다. 그런 사이버 공간에서 우리는 대개 공짜인 강력 기술을 이용해 원하는 대로 자신의 형상을 만들 수 있다. 그리고 우리 자신을 철학자 제시 베일리 박사가 "우리 자신의 이성적 계산에 의한 통제의 기술적 산물"[34]이라고 표현한 어떤 무엇으로 여기기 시작한다. 그렇다 보니 점점 더 많은 사람들이 소셜 네트워크상에서 심한 외로움이나 우울증을 느낀다는 사실은 하등 놀라울 게 없다.[35]

독일 철학자 마르틴 하이데거는 비록 정치적으로는 얼마간 빗나가긴 했어도 (프라이부르크대학 총장 시절 친나치 발언을 가리킨다 - 옮긴이) 많은 부분에서 뛰어났다. 그는 주저 『존재와 시간(Sein and Zeit)』에서 "인간은 자신의 실존 속 존재를 문제로 포함하는 유일한 실재"라고 말했다.[36] 인간을 지칭한 독일어 단어인 'Dasein(다자인, 현존재)'은 그런 특성을 잘 표현한다.

현존재는 인간과 기계의 핵심적인 차이를 말해주는 개념이면서, 이 책 전반에 걸쳐 중요하게 다루는 주제이기도 하다. 우리 인간이 갖고 있는 욕구의 핵심, 즉 마음이나 정신, 영혼과 같이 정의 내리거나 위치를 특정할 수는 없는 것처럼 보이지만, 우리 삶을 운영하는 우리 내부의 포착하기 어려운 부분이 바로 현존재, 지각하는 존재다.

STEM과 CORE

요컨대 인간이 품은 신비, 즉 이성적이지도 않고 계산할 수도 없고 복제할 수도 없고 공학적으로 설계할 수도 없는 신체와 정신, 생물성과 정신성의 상호작용의 규모는 이른바 STEM(science, technology, engineering, mathematics)의 범위를 여전히 압도할 만큼 막대하다. 따라서 우리는 기술을 신격화해서도 안 되고, 중요한 사회적 선택이나 결정을 내릴 때 우선순위를 혼동해서도 안 된다. 우리를 추월하는 것으로 귀결될 수도 있는 기술을 만드는 모험에 뛰어들어서도 결코 우리의 책임성을 잊어서는 안 된다.

나 역시 STEM의 혁신적 성과에는 가슴이 설렌다. 하지만 그에 상응해 진정한 인간적 요소의 중요성을 증폭하는 혁신을 병행함으로써 균형추를 만드는 것이 시급하다. 그래서 나는 STEM이라는 약자에 대비해서 CORE라는 단어를 사용하기 시작했다. 창의성·연민(creativity·compassion), 독창성(originality), 상호성·책임성(reciprocity·responsibility), 공감(empathy)이라는 단어의 머릿글자를 딴 약어다.

가장 시급한 걱정거리는 기계가 인간성을 없애버릴 가능성보다 우리 자신이 기술의 놀라운 웜홀(wormholes: 우주 공간 속 블랙홀과 화이트홀을 연결하는 통로 - 옮긴이), 가상 세계, 시뮬레이션 속으로 빨려드는 것이다. 그 과정은 우리를 인간이게 하는 특성들을 처음에는 조금씩 줄여나가다가, 그다음에는 완전히 파괴해버리는 방식으로 진행될 것이다.

인간성보다 기술을 더 좋아할 수도 있을까?

지금은 물론 예측 가능한 미래를 생각해보더라도, 기술은 최고 수준에서조차 실제 인간처럼 되기보다는 이런저런 식으로 인간을 모방할 수 있을 뿐이다. 따라서 당분간 핵심적인 관건은 기술이 인간성을 대체하거나 제거하는 것보다는, 우리 자신이 실제로 체화된 현실보다 기계가 싸고 정교하게 제공하는, 정말이지 대단한 복제품들을 더 좋아하게 될지 여부다. 결국 우리는 인간과의 관계보다 기계와의 관계를 더 좋아하게 되는 것은 아닐까?[37]

조만간 우리는 디지털 비서와 대화하고, 3D 프린트로 만든 음식을 먹고, 즉석에서 가상 세계여행을 즐기고, 드론이나 클라우드로 스마트형 가정까지 배달되는 맞춤 주문 서비스를 누리고, 말 그대로 로봇의 봉사만으로도 만족감을 느끼게 되는 건 아닐까?[38]

조만간 모든 것이 싸고 편리해질 것이라는 사실은 의심의 여지가 없다. 여기에 게으름을 좋아하는 인간의 천성이 더해지면, 우리의 두뇌(wetware)를 사용한 상호작용과 실제 경험은 뒷전으로 밀려나는 것은 아닐까? 지금 당장 답하기는 어려울지 모른다. 하지만 10년 안에 그 가능성은 월등히 높아질 수 있다. 이미 우리의 질문은 '만약 그렇다면?'이라는 가정문에서 '그러고 난 다음엔?'이라는 기정사실로 바뀌어야 하는지도 모른다.

이미 증강현실과 가상현실, 홀로그램, 두뇌-컴퓨터 인터페이스 같은 기술이 등장하기 시작했다. 이런 기술들로 '인간 고유의 감각적'

경험이었던 현실을 증강하거나 복제하는 것이 이전보다 쉬워지면서 '조금씩 그러다 갑자기' 실제와 가상을 혼동하기 시작할 가능성은 점점 커지고 있다.

인터페이스와 윤리

증강현실과 가상현실은 앞으로 수년 안에 지금 문자 발송이나 앱 소통만큼 일반화할 것으로 예상된다. 수억 명의 사람들이 이런 기기들을 사용하기 시작한다면 우리가 세상을 보는 방식에는 어떤 일이 일어날까? 이런 식으로 끊임없이 증강되는 것이 인간적일까? 인간의 감각이 증강되는 과정에서 어떤 원칙을 정하는 것은 누구의 몫일까? 가령, 우리가 누군가와 이야기하는 동안 그 사람의 신체 위에 인공적으로 증강 처리된 성적 이미지를 덧입혀보는 행위는 법으로(혹은 도덕적으로) 허용될 수 있을까? 가상현실로 처리된 환경에서 일하는 것을 거부한다는 이유로 해고할 수 있을까? 더 나쁜 상황을 가정한다면, 증강·가상 현실의 몰입감이 너무나 강력하고 도처에 편재하게 된 나머지 오히려 가상·증강 현실이 없는 세계로 되돌아가고 싶은 마음이 들게 될까?

끝으로, 하지만 중요성에서는 앞의 것들 못지않은 질문이 하나 있다. 앞으로 증강현실이나 가상현실로 감각이 증강된 미래가 도래했을 때 관리자는 누가 될까? 페이스북의 오큘러스 리프트, 삼성 VR, 마이크로소프트의 홀로렌즈 같은 가상여행 기술 기업들은 아마존강

　　　　　　　　　　　　　　　　　　　신이 되려는 기술

래프팅이나 후지산 등반이 어떤 것인지 알 수 있는 아주 생생한 느낌을 이제 막 제공하기 시작했다. 이런 것만 해도 이미 우리에겐 대단히 흥미로운 체험이며, 앞으로 우리가 현실을 경험하고 소통하고 일하고 학습하는 방식을 바꿔놓을 것이 분명하다. 그렇지만 앞으로 미래의 경험 제공자들이 우리에게 늘 '조작된' 버전의 현실만 제공하는 것을 막을 수 있을까? 혹은 그런 일을 막아야만 할까? 가령 우리가 택시를 타고 뭄바이 슬럼을 지나갈 때마다 그것이 눈앞에서 사라지게 할 가능성에 대해서는 어떤 태도를 취해야 할까?

그런 가상의 세계를 늘상 경험하는 것을 더 선호하기 시작한다면 그때도 우리는 여전히 인간이라고 할 수 있을까? 증강·가상 현실이 지금의 모바일 기기와 소셜 네트워크처럼 사회의 표준적인 도구가 되는 것을 막기 위해 우리가 할 수 있는 것이 남아 있을까? 증강·가상 현실을 일종의 개조된 TV처럼 적당히 조절해서 사용하도록 제안할 수 있을까? 아니면 통상적인 비증강 현실 따위는 이제 따분하게 여기는 경향을 보이게 되는 것은 아닐까? 오늘날 얼마나 많은 아이들이 와이파이 없는 해변을 지루하게 여기는지 한번 생각해보기 바란다. 이런 문제는 정말 고민거리이며, 단순히 '예'와 '아니요'의 이분법적 대답으로 해결될 수 있는 것이 아니다. 균형 잡힌, 개별 상황에 맞는 인간 중심적 접근법이 필요하다.

그래도 아직은 대체 현실을 경험하는 새로운 방식과 실제 삶 사이에는 막대한 차이가 있다는 점을 명심하자. 가령 인도 뭄바이의 북

적대는 시장 한복판에 딱 2분 동안만 서 있는 장면을 상상해보자. 방금 전 아주 짧은 시간 동안 축적한 기억과, 지금 혹은 가까운 미래의 최신 증강·가상 현실 시스템으로 얻게 될 훨씬 더 긴 시뮬레이션 경험에서 생겨날 기억을 비교해보자. 냄새와 소리, 광경, 신체의 반응과 감각에 쏟아지는 느낌들……. 이 모든 것들은 기하급수적 기술의 그 어떤 최고 성과물이 꿈꾸는 시뮬레이션보다 수천 배는 더 강렬할 것이다.

전체론적이고 체화된, 그리고 맥락적인, 완전히 인간적인 경험과 기계에 의한 시뮬레이션 간에는 차이가 있다. 그렇다고 해서 대단한 시뮬레이션을 꼭 나쁘게 볼 것만은 아니다. 우리가 이해하는 시뮬레이션에 관한 한, 그것이 '우리를 능가해서 그것을 더 선호하는' 쪽으로만 쏠리게 하지만 않는다면 최대한 좋게 활용할 수 있을 것이다.

시각 기술은 머지않은 미래에 거의 무한대로 좋아지게 돼 있다. 그 결과 기술에 걸린 판돈은 막대하게 올라가면서 시간이 갈수록 인간과 기계의 경계는 점점 불분명해질 것이다. 우리가 가상현실을 통해 말 그대로 영화 장면 속으로 들어갈 수 있게 되면 우리의 정신과 상상력은 영원히 추월당할 수도 있다.[39] 이 점은 나를 들뜨게 하는 동시에 심각한 걱정을 낳는다. 과연 이것이 우리가 의도하는 것일까? 이런 종류의 가상성 쪽으로 우리는 진화하게 돼 있는 걸까? 그런 식으로 우리의 신경망도 변해야 하는 걸까? 여기에 대해 어떤 태도를 취해야 할까? 이것이 작동되게 하기 위해 새로운 비생물적인 신경망이 필요한 걸까?

이런 질문에 어떻게 답하든지간에, 만약 그리고 언젠가 기하급수적 기술 발전의 결과로 신체가 우리의 정체성의 중심에서 밀려나게 된다면, 우리는 기계처럼 되는 문턱을 넘는 것이 될 것이다. 우리가 현실에서 유용한 존재로 남기 위해 생물학적 연산 능력을 끊임없이 업그레이드해야 한다면 우리의 인간성은 어떻게 될까? 그렇게 되면 우리 자신은 '우리가 만든 도구가 되는 쪽'[40]으로 기운 나머지 인간적인 잠재력의 95%는 포기한 상태가 돼 있을 것이다.

인공지능과 인간의 경계 불명

인공지능이 초래할 잠재적 충격의 규모를 감안하면 그것이 인간과 기계의 구분을 허무는 과정에서 어떤 역할을 할지에 대해서도 생각해 봐야 한다. 2015년 구글이 인수한 런던의 선도적인 인공지능 연구 기업 딥마인드를 떠올려 보자.

딥마인드의 CEO인 데미스 하시비스는 2016년 2월 『가디언』과 인터뷰하면서 인공지능의 잠재력을 이렇게 부각했다.

정보 과부하가 너무나 심해져서 이제는 가장 똑똑한 인간들조차 자기 평생에 다 배우기가 어려운 상황이 되고 있다. 이런 데이터 홍수 속에서 어떻게 하면 올바른 통찰을 발견해낼 수 있을까? 일반인공지능(AGI)을 생각하는 한 가지 방식은 그것을 비구조화된 정보를 실행가능한 지식으로 자동 전환하는 과정으로 이해하는 것이다. 우리가 연구하는 것은 잠재적으로 어떤 문제에도 적용할 수 있는 해법에 관한 해법(meta solution)이다.[41]

이 웅대한 발언이 현실에서는 무엇을 뜻할까? 기술, 특히 인공지능이 사회가 파악한 거대한 도전들, 즉 질병과 노화, 죽음부터 기후변화, 지구온난화, 에너지 생산, 식량 생산, 심지어 테러리즘에 이르기까지 어떤 문제도 해결할 수 있는 메타-해법을 제공하는 사회를 상상해보자. 우리가 그동안 이해하려던 그 어떤 수준보다 더 많은 정보를 쉽게 계산할 수 있는 기계 지능을 상상해보자. 또 언제 어디서나 실시간으로 전 세계 데이터를 말 그대로 읽어들일 수 있는 기계를 상상해보자. 이 기계 (그리고 그것을 보유하고 운영하는 사람들)는 인간의 이해를 뛰어넘는, 상상할 수 없을 만큼 강력한 일종의 글로벌 브레인이 될 수 있을 것이다. 이런 것이 바로 딥마인드와 구글 같은 회사들이 우리를 데려가려는 곳일까? 그렇다면 그런 시나리오 속에서 우리는 어떻게 하면 인간적 특성을 유지할 수 있을까?

기계나 프래그먼트 크라우드(crowds of fragments), 혹은 컴퓨터광들이 신성시하는 또 다른 것에 지능을 귀속시키는 일은 상황을 밝히기보다 더 흐려놓는다. 사람들은 컴퓨터에 지능이 있다는 말을 들으면 컴퓨터가 유용해지도록 개선을 요구하기보다, 컴퓨터가 더 유능한 것처럼 보이게 하려고 자신을 바꾸려는 경향을 띠게 된다." _재론 레이니어 『디지털 휴머니즘』[42]

기술이 정말 중요한 것을 파악할 수 있을까?

그런 기계, 즉 클라우드 속 인공지능이 실제로 존재한다고 상상해보자. (사실 첫 버전을 보게 될 날이 그리 멀지 않았다.) 그 기계가 데이터로는 표현되지 않는 인간들 사이의 상호작용을 실제로 읽고 이해하고 평가할 수 있을까? 현존재(dasein)로서의 인간을 이해할 수 있을까?

기술이 기하급수적으로 좋아질 것은 분명하지만, 인간이 존재하거나 사물을 경험하는 방식과 기술이 그 순간을 포착하는 방식에는 여전히 차이가 있을 것이다. 사진이나 동영상, 데이터 기록이 아무리 최상의 것이라 해도 실제 상황에 대한 근사치에 불과할 것이기 때문이다. 어떤 식으로든 우리 안에는 고유한 순간의 맥락과 체화와 완결성이 존재한다. 어떤 철학자는 정말 중요한 것은 우리가 결코 붙잡을 수도 없고, 소유할 수도 없으며, 재생할 수도 없다고 했다. 그 말이 옳다면, 어떻게 기계 내부에서 시뮬레이션된 모종의 인간성(humanness)을 포착하기를 바랄 수 있을까? 만일 우리가 트랜스휴머니스트 운동이 제안하듯이 '생물학적 한계를 넘어'가려고 한다면, 우리를 인간이게하는 것의 95%를 잃고 말 위험에 처하는 것은 아닐까?

위키피디아는 트랜스휴머니즘을 다음과 같이 정의한다.

인간의 지적·육체적·정신적 능력을 대폭 증강하기 위해 광범위하게 이용할 수 있는 정교한 기술을 개발하고 창조하여 인간의 조건을 바꾸려는 국제적 지적 운동······.[43]

여기에 등장하는 '대폭 증강'이라는 불길한 약속이야말로 트랜스휴머니즘에서 가장 우려스러운 부분이다. 능력을 증강한다는 말은 꽤나 매력적으로 들린다. 하지만 이 개념으로 혜택을 가장 많이 볼 당사자는 바로 증강 수단을 제공하는 바로 그 사업과 플랫폼, 기술들일 것 같다. 보통 사람들은 그 기술로 능력이 증강된 사람들을 따라잡는 과정에서 점점 고전하게 되면서, 기술 제공 기업들은 힘의 크기와 범위, 시장 가치를 점점 키워갈 것이다. 신(神)적인 힘을 약속하는 알고리즘과 소프트웨어, 인공지능으로 안드로리즘적인 인간 본연의 경험을 대체하는 사업은 갈수록 막대해질 것이다. 하지만 그것 자체가 우리에게 플러스일까? 자신들의 수익을 위해 우리의 미래를 거대한 클라우드 운영체계(OS)로 끌어들이려는 이들에게 우리 미래를 맡겨야 할까?

지금 내가 말하는 것은 이제 우리는 신과 같다는 것이며, 그것에 능숙해져야 한다는 것이다. _스튜어트 브랜드[44]

많은 트랜스휴머니스트 복음주의자들은 인간이 실제로는 심각한 교정과 업그레이드가 필요한 생체(wetware)에 불과하다고 지적한다. 충분히 지능적이지도 빠르지도 않고, 크지도 민첩하지도 않다는 것이다. 따라서 인간은 소프트웨어와 하드웨어의 업그레이드가 필요할 뿐이라고 주장한다. 그렇게 했을 때 노화, 나아가 죽음의 퇴치까지 얻

신이 되려는 기술

을 수 있을 거라고 말한다. 과연 우리 자신을 부분적으로 혹은 완전하게 기계로 바꾸는 것이 진화의 논리적인 후속 단계에 지나지 않는 일일까? 과연 우리는 기술의 도움으로 생물학적 한계에서 벗어나 자신을 증강하도록 운명지어져 있는 걸까?

살아 있는 존재를 기계에 비유하는 개념은 새로운 것이 아니다. 위대한 철학자이자 이성주의자였던 르네 데카르트는 이미 16세기에 동물을 복잡한 자동인형에 비유했다.[45] 오늘날 많은 기술주의자들은 데카르트의 생각을 되살리고 있다. 나는 이것을 기계적 사고라 부르고 싶다. 이들은 우리 인간을 둘러싼 (그리고 내부의) 모든 것을 바꾸고 고치고 복제할 수 있는 장치로 생각한다. 이들에게 인간 존재란 결국 아주 기발한 과학적 실험의 대상에 지나지 않는다.

예컨대, 우리가 콜레스테롤이나 혈압을 낮추거나 임신을 피하려고 투약하는 것만 해도 이미 우리 몸의 자연적인 활동에 대한 중대한 개입이지만 널리 받아들여지고 있다. 하지만 그다음 의료 혁신에서 몇 걸음만 더 가면 완전히 다른 수준의 규모로 영향을 미칠 수 있다. 가령, 비생물적 구성요소를 체내에 이식하는 것(나노봇을 혈관 속에 투입해 콜레스테롤 문제를 처리하는 것)이라든가, 유전자를 변형해(혹은 아기를 프로그래밍해) 질병을 피하게 한다든가, 두뇌 기능을 향상시키기 위해 인지적 자극기를 심는 것 등이 그렇다.

이것은 우리 앞에 놓인 불가피한 진화의 경로일까? 아니면 우리의 본성과 설계와 목적을 벗어난 초인적 힘을 얻으려는 기괴한 탐구일까? 인간성이란 정말 자신을 재창조하고, 프로그래밍하고, 무엇이든 될 수 있고, 죽지도 않고…… 결국에는 신과 같이 되도록 운명지어진 것일까? 자신의 종교적 믿음과는 무관하게 이것은 문제의 핵심에 해당하는 질문이다. 인류의 행복과 지구 차원의 번영이 우리가 더욱더 기계처럼 되는 데서 나오는 결과는 아닐 것이다. 설사 기계처럼 됐을 때 어떤 초능력을 발휘할 수 있다고 해도 (조만간 가능하지는 않겠지만) 말이다. 우리는 기계처럼 되는 것을 피할 수 없는 일로 받아들여서는 안 된다. 오히려 인간의 생물학적 한계를 초월하려는 트랜스휴머니즘의 핵심 전제를 문제 삼아야 한다.

우리의 인간성이야말로 우리의 영원한 과제이며 앞으로도 그래야만 한다는 사실을 깨닫고 받아들이는 것이 중요하다. 인간성은 우리가 보호하고 지키려고 애써야 하는 하는 무엇이다. 의미 있는 관계는 종종 분투와 갈등의 결과물이며, 사랑은 결코 그냥 내버려 둬서 유지되는 것이 아니다. 인간으로 존재한다는 것은 우리가 유행하는 어떤 기술을 돈으로 사서 소비할 수 있거나 그래야만 하는 무엇이 아니다. 그것을 위한 앱은 세상에 없다.

나처럼 기하급수적 휴머니즘을 옹호하는 사람들과 트랜스휴머니스트들 사이에서 길을 열어 보일 미래는 어떤 모습일까? 기술과 인간성 사이를 관통하는 중용의 길이 있을까? 그것은 어떤 길일까? 나는 그런 길이 있다고 믿으며, 그것을 구체화하는 것이 내 임무라고 생각한다.

제 3 장

대전환

기술 전환이 사회 신경망을 재구성하고 지평을 뒤바꿔놓는다.

인간과 기계 사이에 닥칠 충돌은 다음의 10가지 대전환이 합쳐지면서 더 격해지고 기하급수적으로 증폭될 것이다. 10가지 대전환은 이렇게 명명된다.

1. 디지털화(Digitization)
2. 모바일화(Mobilization)
3. 스크린화(Screenificaion)
4. 탈매개화(Disintermediation)
5. 변형(Transformation)
6. 지능화(Intelligization)

7. 자동화(Automation)

8. 가상화(Virtualization)

9. 예견화(Anticipation)

10. 로봇화(Robotization)

10가지 대전환은 마치 철학사에서 패러다임 변화가 일어나는 것처럼 사회적 진화의 큰 행보를 대표한다. 이런 대전환은 초기에는 점진적으로 진행되는 것처럼 보일 수 있지만 그러다가 아주 급작스럽게 충격을 가한다. 아래에서는 이러한 대전환의 본질이 무엇인지 살펴본 후에 각각의 내용은 어떠하며 잠재적 함의는 무엇인지 기술하겠다.

기하급수적이고 동시다발적인

세계사에서 위대한 혁신의 다수는 인간 사회 전역을 휩쓸기까지 수십 년, 때로는 수백 년이 걸렸다. 앞의 혁신을 뒤잇거나 그 위에 쌓이는 식으로 순차로 일어나는 경우가 많았다. 반면, 여기서 말하는 10가지 대전환은 속도는 예전처럼 느리게 진행되고 있지만 다수가 같은 시기에 일어났다. 이제 그것은 동시다발적이면서 훨씬 더 빠른 속도로 사회를 휩쓸기 시작하고 있다.

10가지 대전환은 과거 사회와 산업을 휩쓴 힘과는 성격이 다른 데다 즉각적이고도 복합적인 도전을 낳고 있다. 이 대전환을 활용하고 대처하는 법을 미리 내다보고 찾아내는 소수의 기관과 개인은 여기서 새로운 기회를 발견하고 막대한 이득을 올릴 수도 있다. 이 용어들은 이미 익숙한 것일 수도 있다. 하지만 이 기술적 힘들이 합쳐져 퍼펙트 스톰을 만들어내는 것을 상상해보기 바란다. 우리가 그동안 기술 스트레스(technostress)라 불러온 어려움은 앞으로 닥칠 것에 비하면 스트레스 축에도 못 들 것이다.

대전환 1. 디지털화

앞으로 디지털로 바뀔 수 있는 것은 모두 디지털화할 것이다. 첫 번째 디지털화 물결에는 음악 다음으로 영화와 TV, 그다음 책과 신문이 있었다. 이제 화폐와 은행, 보험, 건강보험, 의약, 교통, 차량, 도시가 될 것이다. 조만간 물류와 해운, 제조, 음식, 에너지도 디지털화가 판도를 바꿔놓을 것이다. 어떤 것이 디지털로 바뀌고 클라우드로 이동할 때는 흔히 무료 서비스가 되거나 최소한 엄청나게 싸진다는 사실을 염두에 두는 것이 중요하다. 음악 앱인 스포티파이(Spotify)가 어떤 결과를 가져왔는지 생각해보기 바란다. 예전엔 유럽에서 12곡이든 CD 1장을 사려면 20유로(2만 6500원) 정도 들었다. 이제는 월 8유로(1만 500원)만 내면 160만 곡을 들을 수 있다. 심지어 유튜브에서는 공짜로 들을 수도 있다.

이런 종류의 가격 파괴적인 디지털 다윈이즘(적자생존론을 말한다 - 옮긴이)은 사업 모델에 엄청난 전환을 초래한다. 결국 그 파괴적인 힘은 대부분의 기존 사업자들을 바꿔놓거나 도태시킨다. 2005년에 출간한 내 책『음악의 미래(The Future of Music)』에서 당시 목격한 것들을 상세히 기술했다. 수십 년 동안 음악 산업을 지배해온 대형 음반사들은 이제 사라질 것이라는 진단이었다. 음악을 배포하는 일은 더 이상 사업으로 성립할 수 없을 거라고 봤다.[46]

실제로 폴 매카트니 경이 기존 대형 음반회사들을 두고 '소행성이 지구에 충돌한 후 어떤 일이 벌어질지 의아해하는 공룡'에 비유한 사실은 유명하다.[47] 그 비유는 한때 수지맞는 왕국의 확고한 지배자들이 느꼈을 '심리적 타격'의 이미지를 정확히 묘사하고 있다. 하지만 그 뒤에 일어난 멸종의 속도에 대해서는 말해주지 않는다. 실제로는 악어는 살아남았고 공룡 중의 일부는 닭으로 진화했다. 하지만 지금 일어나고 있는 디지털 대전환이 역사의 선례를 존중할 가능성은 거의 없다. 모든 상대를 몰살하고 말 것이다.

2010년에 나는 '이전에는 소비자로 알려진 사람들'이라는 표현을 썼다. 이들에게 디지털화란 흔히 상품의 값이 싸지고 구해서 쓰기가 편해지는 것을 의미했다.[48] 그런 면에서만 보자면 대체로 긍정적인 변화였다. 하지만 이 경우에도 마찬가지로 값싼 상품은 일자리 감소와 임금 하락을 뜻할 수 있다. 우버를 필두로 미국의 리프트(Lyft), 영국의 게트(Gett), 인도의 올라 캡(Ola Cabs) 등 세계 곳곳의 경쟁 업체들이 이동 사업을 디지털화한 것만 봐도 알 수 있다. 이제는 스마트폰의 앱으로 언제든지 택시를 부를 수 있다. 심지어 요금도 기존 경

신이 되려는 기술

쟁 택시회사들보다 싸다. 하지만 이런 방식의 경제가 장기적으로 택시 운전자들에게는 좋은 것일까? 우리 모두가 정규직보다는 상대적으로 수입이 낮은 프리랜서 노동자가 되어 일을 하는 다윈주의적인 '긱(Geek) 이코노미'로 진입하게 되는 것은 아닐까?[49]

세상이 빠르게 디지털화하고 자동화하고 가상화하는 것은 불가피해 보인다. 그것이 초래할 사회적 난제는 무엇이 됐든 사정이 바뀔 것 같지는 않다. 현실적으로는 그런 전환의 정도가 가끔 물리학의 근본 법칙에 의해 제약받을 수는 있다. 제약 요소로는 지금까지는 충족되지 않고 있는 슈퍼컴퓨터의 에너지 수요라든가 작동 가능한 컴퓨터 칩의 최소 크기 같은 것이 있다. 이런 제약은 무어의 법칙이 영원히 지속되지는 않을 것이라는 주장을 펼 때 흔히 인용되는 것들이다.

기술이 계속해서 우리 일상 세계의 전방위로 침투할 것이라고 가정한다면, 미래에는 오히려 디지털화와 자동화에서 제외된 것이 더 가치가 치솟을 수 있다(제4장 참조). 앞의 제2장에서 논의했듯이, 그런 안드로리즘에는 감정, 연민, 윤리, 행복, 창의성 같은 인간적인 특성의 정수가 담겨 있다.

알고리즘과 소프트웨어, 인공지능은 점점 '세상을 잠식'해가겠지만(벤처캐피털리스트 마크 안드레센이 즐겨 쓰는 표현대로)[50] 우리는 안드로리즘, 즉 우리를 고유한 인간으로 만드는 것에도 동일한 가치를 부여해야 한다.

상품과 서비스가 갈수록 싸지고 흔해지는 상황에서 인간성의 변영에 관심을 기울이는 사회로 남으려면 안드로리즘이 기술을 활용해 중심적인 자리를 차지해야 한다. 소프트웨어가 세상을 잠식하는 데서 나아가 기만하는 방향으로 가는 것을 원하지는 않을 것이다.

가령 가까운 미래에는 조직이 핵심성과지표(KPI: 비즈니스 목표 설정과 인력 자원 분야에서 널리 사용되는 평가 지표)와 같은 사업 지표를 보는 방식에서도 일대 전환이 일어날 것이다. 미래의 KPI는 단위 판매라든가 고객 접촉, 만족도 혹은 리드전환율과 같은 계량적 사실과 데이터에 근거한 직업적 성과를 측정하고 평가하는 데만 의존하지는 않을 것이다. 그 대신, 내가 '핵심인간지표(Key Human Indicators)'라 부르는 지표가 부상하는 것을 보게 될지 모른다. 핵심인간지표란 사람의 기여도를 측정하는 데 훨씬 더 전체론적이고 생태학적인 접근을 반영한 지표다. 우리가 추구해야 할 직원상은 단지 정량적인 요건을 갖춘 사람이 아니라 정성적인 자격을 갖춘 인간이다.

모든 대전환과 마찬가지로 디지털화는 축복인 동시에 저주다. 어느 쪽이 됐든 우리가 단번에 중단시킬 수 있다거나, 속도를 상당 정도로 늦출 수 있는 것이 아니다. 우리로서는 대비를 하는 수밖에 없다.

대전환 2. 모바일화와 미디어화

컴퓨팅을 컴퓨터에서만 하는 시절은 갔다. 2020년까지는 그런 생각조차 구시대의 화석이 되고 말 것이다. 컴퓨팅은 과거 우리가 이동식 전화기(mobile phone)라 부르던 것에 올라타면서 우리 일상 속으로 스며들어 더 이상 눈에 띄지도 않게 되었다. 이제 연결성은 우리의 새로운 산소이고 컴퓨팅은 새로운 식수와 같다. 앞으로는 무한대에 가까운 연결성과 컴퓨팅 능력이 뉴노멀(new normal)이 될 것이다.

이미 음악이 모바일화했다. 영화, 책, 은행 업무, 지도 등 그 목록은 계속해서 늘어나고 있다. 모바일화는 또한 기술이 우리에게 (조만간에는 우리 몸속으로) 훨씬 더 가까이 이동한다는 뜻도 포함한다. 시계 같은 웨어러블 기기를 통해 데스크톱에서 손 안으로 혹은 손목으로, 그 다음에는 증강현실이나 가상현실 안경이나 콘택트 렌즈를 통해 얼굴로, 그리고 곧 뇌-컴퓨터 인터페이스나 체내 이식을 통해 우리 뇌 안으로 직접 들어오게 된다. 가트너(Gartner)가 예고했듯이, 나와 동조하고, 나를 알고, 나를 추적하고, 나를 보고, 나를 듣고, 나를 이해하여 결국에는 내가 된다. 그것이 모바일화가 우리를 이끄는 곳이다.[51]

'그들'이 내 전화기를 통해 나를 감시하는 일이 더 이상 생기지 않는 때가 올 것이다. 그때가 되면 급기야 '내 전화기가 나를 감시할 것이다.'_필립 딕[52]

시스코는 2020년까지 세계 인터넷 트래픽의 80% 가까이가 모바일 기기로 이뤄질 것이라고 예상한다. 그때가 되면 과거 데스크톱에서만 이뤄지던 거의 모든 것이 모바일로 처리될 것이다.[53] 그래픽 디자이너나 텔레콤 엔지니어, 물류 서비스 기획자와 공급자 같은 다양한 직업군을 보면 이미 그런 상황에 와 있다. 업무의 상당수가 음성,

터치, 동작, 혹은 인공지능으로 처리될 뿐 자판을 두드리는 일은 더 이상 필요 없어진다.

디지털화와 모바일화가 빠르게 이뤄지면서 이제 모든 것은 미디어화하고(미디어에 기록되고) 정보는 데이터화하고 있다. 가령 이전에는 의사와 대화를 하며 의료 정보를 주고받았던 것처럼 데이터가 아닌 아날로그 형식으로만 정보를 갖고 있었다. 이제는 모든 정보가 전자 기록 형태로 클라우드에 옮겨지고 있다. 과거에는 어떤 것을 경험하거나 공유할 때 기술을 많이 사용할 필요가 없었다. 사람들 간의 직접적인 상호작용을 통해 이뤄졌다. 이제는 강력한 해상도의 스크린을 장착한 스마트 기기로 캡처하고 필터링하고 전송한다.

지금까지 우리 생체의 해마 안에만 저장됐던 이미지와 기억 들은 이제 판에 박힌 듯 모바일 기기로 빨려들어 간다. 이렇게 온라인으로 공유되는 이미지만 하루 평균 20억 건이 넘는다.[54] 딜로이트 글로벌(Deloitte Global)은 2016년에 이미 사람들이 온라인에서 공유하는 이미지가 1조 건 이상에 이를 것으로 예상했다.[55]

종이에 인쇄됐던 뉴스는 이제 앱을 통해 실시간 스트리밍된다. 액체처럼 유동적이고 형식도 가변적이다. 카페나 바에서 시작됐던 남녀 교제는 이제 앱을 몇 번 터치하는 것으로 해결된다. 친구의 추천으로 발견하곤 했던 식당도 이제는 온라인 평점 검색 엔진으로 찾아낸다. 이런 곳에서는 이용자 후기와 식당의 360도 전경을 (그리고 심지어 음식까지!) 보여주는 웹사이트를 서비스한다. 의료 조언도 이전

신이 되려는 기술

에는 동네 병원 간호사와 의사한테서만 들을 수 있었지만 이제는 얼마 안 되는 비용으로도 더 나은 의료 진단을 집에서 즉시 받게 해주겠다는 기기를 통해 마음껏 누릴 수 있다. 스캐너두(Scanadu)는 사용자의 혈압을 포함한 주요 생체 기능을 측정해 곧바로 클라우드로 연결한 다음 즉석 분석을 해주는 원격 검진 기기다.[56] 사람이 직접 만나서 의사소통을 해야 가능했던 많은 체험이 이제는 미디어를 통한 것으로 바뀌고 있다.

결론은 이것이다. 앞으로 모바일화할 수 있는 것은 전부 그렇게 될 가능성이 높다. 하지만 그렇다고 해서 모바일화할 수 있는 모든 경험을 미디어화해서는 안 된다. 지금 우리 사고를 지배하는 '할 수 있으니까 한다'는 기술적 정언명령이 앞으로는 현명한 지침이 아닐 수 있는 가능성을 생각해봐야 한다. 기하급수적 기술 발전 덕분에 우리는 규모가 훨씬 더 크고 복잡한 업무를 처리할 수 있을 것이다. 여기에는 우리가 인간으로서 경험하고 행동하는 데 필수적인 신체에 영향을 주는 활동까지 들어 있다. 문제는 그 영향이 늘 긍정적이지만은 않다는 점이다.

가령 예전에는 모바일 기기로 인터넷을 사용하는 사람을 전부 추적할 가능성에 대해 비현실적이라고들 했다. 하지만 지금 우리가 갖고 있는 '24시간 접속' 기기들은 전면적인 연결성을 자랑할 뿐만 아니라, 건강 수치 측정 앱과 만보기를 통해 실시간 모니터링의 혜택까지 선사한다. 그렇지만 그와 동시에 우리는 누군가에 의해 아주 손쉽게 추적이 가능하고, 마치 벌거벗은 것처럼 노출돼 있으며, 예측과 조작이 가능하고, 종극에는 프로그래밍까지 가능한 존재가 될 것이다.

이제 우리는 자신의 인간적 경험 안으로 기술이 얼마나 개입해 들어오기를 바라는지 결정해야 한다. 그럴 때 다음과 같은 몇 가지 결정적인 질문들을 자문해봐야 한다.

- 우리는 정말 주변의 모든 것을 사진으로 찍고 녹화도 해서 '클라우드 속 기계' 안에 우리 삶의 완전한 기억을 만들 필요가 있다고 생각하는가?
- 우리는 정말로 우리 삶의 모든 면을 디지털 플랫폼과 소셜 네트워크에 공유할 필요가 있다고 생각하는가? 그렇게 하면 우리는 기계에 가까워 보일까 (혹은 느껴질까) 인간에 가까워 보일까?
- 우리는 정말 다른 나라 말로 누군가와 대화하려 할 때 세이하이 (SayHi)나 마이크로소프트 트랜슬레이트 같은 라이브 실시간 통역 앱에 의존할 필요가 있다고 생각하는가? 물론 급한 순간에는 그런 앱이 꽤 유용할 수 있다는 것은 인정한다. 하지만 번역 앱은 우리와 다른 사람 사이에 또 다른 미디어·기기 장애를 두는 결과를 가져온다. 즉 고유한 인간적인 과정을 미디어화한다. 여기서도 우리에게 필요한 것은 예스/노 이분법적 대답이 아니라 새로운 균형 찾기가 될 것이다.

대전환 3. 스크린화와 인터페이스 진화(또는 혁명)

인터페이스가 자판에서 터치와 음성으로 이동하면서, 과거에는 종이에 인쇄된 형태로 소비됐던 거의 모든 것들이 이제는 스크린으로 옮겨 가고 있다. 이런 인터페이스 진화(혁명)의 결과, 앞으로 신문은 종이에 인쇄된 형태로 읽힐 비율은 점점 낮아질 것이다. 물론 잡지도 같은 운명에 처하겠지만 속도는 신문보다 좀 느릴 것이다. 대부분의 잡지는 촉각과 후각적인 요소를 포함하고 있기 때문이다. 그런 식으로 잡지는 신문보다 더 날것(raw) 같은 체험을 선사한다.

지도는 종이에서 이미 모바일 기기로 이동하고 있다. 은행 업무만 해도 예전에는 건물 안이나 자동입출금기에서나 볼 수 있었지만 이제는 모바일과 클라우드 속으로 엄청난 속도로 이동하고 있다. 전화 통화도 과거에는 전화기로 했지만 이제는 스카이프, 구글 행아웃, 페이스타임 같은 화상 서비스를 이용한 동영상 통화로 바뀌고 있다.

과거에는 로봇을 조종하기 위한 인터페이스로 누르는 단추나 원격 조종기가 사용됐지만 이제는 로봇의 얼굴처럼 보이도록 제작된 스크린으로 대체됐다. 우리는 음성으로 지시만 하면 된다. 이전에는 자동차에 스위치와 단추, 간단한 디스플레이나 계기반이 있었지만 이제는 차량에 꼭 맞춰 개발된 터치스크린으로 제어한다. 이런 항목들은 하나둘 순차적으로 추가되는 식이 아니라 폭발적으로 일어나고 있다.

훨씬 더 강력해진 시력 증강 기기도 시장에 밀물처럼 밀려들면서 우리 눈도 스크린화하고 있다. 기술로 우리 자신을 업그레이드해야 한다는 주장도 있지만, 가까운 미래에도 우리는 여전히 타고난 육안(휴먼 1.0의 눈)으로 사물을 볼 것이다. 그렇지만 우리 중에는 다수가 증강 안경이나 인터넷 연결형 콘택트렌즈, 그리고 우리의 시력과 대응력을 극적으로 키워주는 바이저(안면 가리개)를 사용할지도 모른다. 우리가 세상을 보는 방식도 변하려는 참이다. 그것도 영원히. 정말이지 헬븐 상황으로 가고 있다.

스크린화는 인간과 기계의 융합에서 핵심적인 트렌드다. 이런 추세가 어디까지 가야 하는지를 두고 논쟁은 고조되고 있다. 이 문제는 증강·가상 현실과 홀로그램의 사용 범위 확대와도 연결된다.

우리는 모든 곳에서 모든 것을 위한 스크린을 갖게 될 것이다. 저비용에 긴 수명의 배터리와 태양 에너지로 작동되는 스크린은 앞으로 벽지보다 값이 더 싸질 수도 있다. 그렇게 되면 스크린을 실제 현실의 외장지(overlays)로 사용하는 단계로 넘어가는 것은 아주 쉬운 일이 될 것이다. 우리가 실제로 보는 주변 환경 위에다 어떤 정보나 다른 맥락적 이미지를 투사하는 방식이다. 10년 안에 증강·가상 현실을 사용하는 것이 오늘날 왓츠앱을 사용하는 것만큼이나 일반적인 일이 될 것이다. 한편으로는 신이 나면서도 다른 한편으로는 두렵다. 그때 가서는 무엇이 실제이고 무엇이 실제가 아닌지 누가 말해줄 것인가?

그런 상황이 인간 존재로서 우리의 자아-인지에는 어떤 영향을 미칠게 될까? 마이크로소프트의 250달러짜리 홀로렌즈 바이저

신이 되려는 기술

(Holo Lens visor)를 착용함으로써 '슈퍼-비전'과 시각적인 전능함을 얻었다고 상상해보라. 앞으로 외과 수술 때 의사가 실시간 데이터 접속이 좋다는 이유로 삼성 VR 헤드셋을 쓰고 의료과실 위험 완화 복장을 한 채 집도한다고 상상해보라.

앞으로 우리가 보게 될 세상은 끝없이 풍요로워지고 빨라지고 연결성이 좋아질 것이다. 하지만 그것은 또 얼마나 우리의 정신을 분산시키고 중독되게 만들까? 그런 중에도 왜 어떤 사람은 새로운 초증강기(super-enhancers) 없이 보려고 할까? 이런 질문은 이런 제품의 공급자들이 앞으로 틀림없이 신경과학자와 행동전문가 들을 대거 동원해 스크린을 더 중독성 있고 편리하게 만드는 법을 알아내면서 점점 더 큰 이슈가 될 것이다. 지금 이미 페이스북의 '좋아요'가 당신의 도파민을 상승시키는 것을 생각해보라. 그다음에 도래할 시각적인 신경 고조의 강도는 얼마나 더 커질 수 있을까?

그래도 여기엔 압제자들이 없어. 아무도 네게 이걸 하라고 강요하진 않아. 너는 자발적으로 자신을 이런 가죽끈에 묶지. 그리고 기꺼이 완전한 사회적 자폐아가 되는 거야. 너는 기본적인 인간적인 의사소통의 신호에는 더 이상 주의를 기울이지 않아. 세 사람과 탁자에 앉아 있으면서, 모두가 너를 보고 말을 걸려고 하는데도 너는 스크린만 쳐다보고 있어! 낯선 사람들을 찾아서 말이야……두바이에 있는 이방인들을! _데이브 에거스 『더 서클』[57]

대전환 4. 탈매개화

현재 온라인 상거래와 미디어, 커뮤니케이션에서 핵심 트렌드는 중간의 매개자를 모두 배제하고 직접 연결하는 방식으로 일어나는 파괴적 혁신이다. 디지털 음악계에서는 이미 일어난 일이다. 과거 유명 음반회사들은 유통 과정에서 아티스트 수입의 90%를 가져갔지만 새로운 플랫폼으로 등장한 애플과 스포티파이, 텐센트, 바이두, 유튜브 등은 이런 카르텔을 파괴하고 몰아내고 있다.

지금은 이런 혁신이 관광과 호텔업에서도 일어나고 있다. 에어비앤비 덕분에 우리는 세계 곳곳의 개인 주택에서 숙박을 하고 아파트 주인과 직접 예약을 맺을 수 있다.

출판에서도 같은 일이 일어나기 시작했다. 저자들은 이제 전통 출판사로부터 10%의 인세를 받고 책을 내는 대신 아마존 킨들 퍼블리싱에 직접 접속해서 이북(e-book)을 출간하고 최고 70%에 이르는 인세를 챙길 수 있다. 만약 톨스토이가 그런 식으로 직접 자가 출판에 접속할 수 있었다면 그의 인기와 수익은 어떻게 됐을까?

은행 거래에서도 같은 일이 벌어지고 있다. 이제 고객들은 페이팔, 아프리카의 M-페사(Pesa), 페이스북 머니, 트랜스퍼와이즈(TransferWise) 같은 도구를 이용해 지구 전역으로 돈을 보낼 수 있다. 이런 서비스를 이용하면 기존 은행과 전통적인 송금 서비스를 이용할 때 종종 물어야 하는 터무니없는 고액의 수수료를 물지 않아도 된다. 이런 변화의 흐름에는 유통소매와 보험, 조만간에는 에너지 분야도 포함될 것이다. 결국 이 모든 것이 향하는 곳이 어디인지 우리는 알 수 있다. 직접 혹은 피어투피어(peer-to-peer) 방식으로 아니면 그 둘 다를 이용한 방식으로 무엇이든 연결될 수만 있다면 다 연결되고 말 것이다. 기술이 그것을 현실로 만들 것이다.

여기서 핵심 도전은 이것이다. 파괴적 혁신은 대단하다. 흥미진진하다. 엄청난 수익을 창출할 수 있다. 스타트업들이 불과 몇 년 만에 수십억 달러 이상의 가치로 평가받는 과장된 성공담을 보면 그렇다. 하지만 궁극적으로 우리에게 필요한 것은 파괴가 아니라 건설이다.[58]

겉으로만 봐서는 10억 달러짜리 유니콘(unicorn)이나 100억 달러짜리 데카콘(decacorn) 기업 대열에 오르는 것을 목표로 삼는 것은 좋아 보인다. 그렇지만 우리는 좀 더 깊이 들어가서 새로우면서도 더 나은 인프라와 사회적 맥락을 창출하는 무언가를 건설해야 한다. 가치를 더하는 일은 없이 과거에 있던 것을 제거만 하면서 자본 조달에 성공을 거두는 식이어서는 곤란하다.

우버는 택시와 리무진 시장의 중간 매개를 없애왔고 덕분에 수많은 고객들은 놀라운 혜택을 누려왔다. 운전자와 다른 우버 직원들도 마찬가지다. 하지만 이 분야에서 거대하고 강력한 주자로 부상하는 과정에서 우버 자신이 새로운 중개자가 되었다. 어떤 논평가는 이것을 '플랫폼 자본주의', '디지털 봉건주의'라 부른다. 우버가 소속 운전자를 쉽게 소모할 수 있는 상품 정도로 대하고 있다는 이유에서다. 이것은 긱 이코노미가 보여주는 명백한 부정적 측면이다.[59]

우버 사례는 택시업처럼 더 이상은 잘 작동하지 않는 업종을 해체만 하거나, 기존 시장 공급자가 제대로 감당 못하는 서비스를 리부팅하는 것만으로는 충분치 않다는 사실을 보여준다. 그런 해체나 리부팅과 더불어 완전히 새로운 디지털 네이티브 생태계를 구축함으로써 해체된 퍼즐 조각의 일부가 아닌 전부를 책임지게 해야 한다. 시대에 낙후된 사업 모델을 파괴하고서 가장 좋은 부분만 취하고 버리는 방식은 지속가능하지 않다.

탈매개화를 밀고 가는 것은 확실히 기하급수적 기술의 힘이다. 앞으로 그런 것이 더 많아질 것이다. 변화의 최대 쓰나미는 건강과 에너지 분야에서 일어날 것이다. 파괴적 혁신만으로는 효과를 거두기도 지속하기도 어렵다는 점을 기억하는 것이 중요하다. 동시에 진정한 인간적 가치와 함께 모든 사람에게 지속적인 가치를 산출하는 전일적(holistic) 생태계를 구축해야 한다. 알고리즘만 더 강화할 것이 아니라 안드로리즘을 재충전해야 한다. 진정한 개선을 위해서는 전일적 관점을 취해야만 한다.

화려한 기기와 매혹적인 동영상 디스플레이에 너무 매료되기 전에 한 가지만 명심하기를 바란다. 정보는 지식이 아니고, 지식은 지혜가 아니며, 지혜는 통찰이 아니다. 각각의 것들은 다른 것에서 나온다. 우리는 그 모두가 필요하다.

_ *아서 클라크*[60]

대전환 5. 변형

2015년에 가장 유행한 최대 밈(meme: 유전적 방법이 아닌 모방을 통해 습득하는 문화요소라는 뜻 – 옮긴이)은 단순 변화를 넘어선 '디지털 변형 (digital transformation)'이었다. 지금은 디지털 변형이라는 말이 소셜 미디어만큼이나 다소 식상한 느낌을 준다. 그럼에도 단순 변화나 혁신 차원을 넘어서는 것을 뜻한다는 점에서 적합한 말이다. 마치 애벌레에서 나비로, 장난감 차에서 장난감 로봇으로, 차량 제조사에서 이동 제공업체로 변하듯, 말 그대로 완전히 다른 무엇이 되는 것을 말한다. 기하급수적 기술 변화가 전 분야에 영향을 미치고 있는 상황에서 디지털 변형은 대부분의 기업과 조직에 최우선 관심사가 될 것이다. 앞으로 5년 후에도 유효한 변형을 달성하기 위해서는 대단한 예측력과 함께 용기는 물론, 이해관계자 모두와 자본 시장의 지지가 필요하다.

그렇지만 이 모든 변형의 근저에는 우리 자신이 육체적인 개별자에서 컴퓨터와 기기에 직접 연결되는 존재로 바뀌는 수준의 변화가 자리 잡고 있다는 사실을 잊어서는 안 된다.

대전환 6. 정보화

정보화야말로 현재 인간성이 더할 수 없이 심각하게 도전받고 있는 이유다. 즉 사물은 점점 지능적으로 변하고 있다. 그전까지는 서로 연결돼 있지도 않았고 역동적 맥락이라고는 없던 우리 주변의 모든 것들이 지금은 센서망을 통해 인터넷에 연결되어 글로벌 기기 그리드를 통해 쉴 새 없이 업데이트되고 정보를 수신한다. 지금은 지능형으로 만들 수 있는 것은 무엇이든 지능화되고 있다. 그럴 수 있는 수단을 갖게 되었기 때문이다.

그중에서도 딥 러닝은 지능화의 핵심 도구이면서 거대한 게임체인저다. 과거에는 기계를 프로그램할 때 주어진 지침에 따라서만 임무를 수행하게 하는 전통적 접근법을 사용했다. 반면 최근에 떠오르는 지배적인 패러다임은 기계에 막대한 처리 능력과 어마어마한 축적 데이터와 실시간 데이터, 기본 학습 규칙과 함께, '바둑이나 체스 같은 모든 게임에서 이기는 법을 알아내라'와 같은 단순 지시를 부여하는 방식이다. 그러면 기계는 우리 인간이 그전까지 발견하지 못한 규칙과 전략을 산출해낸다.

구글의 딥마인드 인공지능 연구소는 이미 2015년에 딥 러닝의 능력을 입증했다. 실제로 컴퓨터 혼자서 아타리 컴퓨터 게임 방법을 학습해서 아주 단기간에 최고수로 진화해갈 수 있음을 보여주었다.[61]

아타리 게임에서 능력을 입증한 지 얼마 되지 않아 딥마인드는 알파고를 개발했다. 이 자율학습 컴퓨터는 역사가 길고 무한정 어려운 중국 게임인 바둑까지 마스터했다.[62] 이것은 컴퓨터 지능의 성배(holy grail)에 해당한다. 과거 IBM의 딥블루가 체스 시합에서 인간 챔피언 게리 카스파로프를 이겼을 때 보여준 수학적 완성도의 차원을 훨씬 넘어선 것이다.[63] 기계가 주변 환경을 이해하고 최선의 행동 경로를 고안해 재귀적으로 실행하는 능력을 보여줬다. 이런 인공지능은 동일한 과정을 반복해서 적용함으로써 기하급수적인 속도로 개선된다.

대전환 7. 자동화

많은 기하급수적 기술이 제시하는 위대한 약속은 모든 것을 디지털화할 수 있고 스마트화할 수 있고 자동화할 수 있고 버추얼화할 수 있다는 것이다. 여기서 자동화는 초효율성의 핵심이다. 자동화를 통해 인간을 기계로 대체할 수 있기 때문이다. 이 문제는 다음 제4장에서 사회의 자동화를 논할 때 더 자세히 다루겠다.

대전환 8. 버추얼화

버추얼화는 간단히 말해, 어떤 것을 특정 장소에서 손으로 쥘 수 있는 형태가 아니라 비물리적인 디지털 버전으로 만드는 것이다. 가장 흔히 사용되는 버추얼 서비스는 데스크톱이나 서버를 버추얼화한 것이다. 워크스테이션은 클라우드 안에 있고, 책상 위의 터미널이나 스마트폰의 앱을 통해서만 접근하는 것이다. 또 다른 사례는 커뮤니케이션과 네트워킹이다. 라우터나 스위치 같은 네트워킹 하드웨어 기기를 사용하는 대신 소프트웨어 정의 네트워킹(SDN)을 사용해 호출과 데이터 송수신을 점점 클라우드 안에서 연결하는 것이다. 그 결과 막대한 비용 절감과 빠른 서비스를 기대할 수 있다. 그러나 동시에 시스코 같은 거대 글로벌 기업의 사업 모델을 파괴하기도 한다.

어떤 이들은 클라우드 컴퓨팅을 통한 버추얼화의 비용 절감 효과가 90%까지 이를 수 있다고 추산한다.[64] 아마존은 종이책을 지구 전역에 배로 실어 나르는 대신 서점을 버추얼화해서 디지털 파일을 독자들이 가지고 있는 킨들 단말기에 전송한다. 우리는 이미 해운까지 버추얼화하려는 단계에 접어들고 있는 것이다. 거실에서 3D 프린터로 아이폰 커버를 만들 수 있을 때의 비용 절감을 상상해보라. 디자인을 내려받기만 하면 된다. 미래 3D 프린터가 나의 단골 쇼핑몰에서 수백 가지 합성 물질로 최신 상품을 찍어낸다고 상상해보라. 테니스화부터 바비 인형은 물론 수많은 제품에 이르기까지 무엇이든.

버추얼화의 주요 구성요소로 흔히 탈중심화를 언급한다. 제품을 클라우드에서 제공한다면 유통의 중심점이 불필요해지기 때문이다. SDN 시스템만 해도 모든 케이블을 어떤 스위치나 박스에 연결할 필요 없이 원격 조종할 수 있다. 그 결과 비용을 크게 줄일 수 있다. 필연적으로 보안이 큰 쟁점이 된다. 자산을 버추얼화하거나 탈중심화할 때는 그만큼 물리적으로 통제할 수 있는 지점이 줄기 때문이다.[65] 이것은 혁신 기업으로서는 큰 기회지만 동시에 정부나 정치권이 볼 때는 심각한 도전이기도 하다. 이런 기술적 도전의 해법 이면에 자리 잡고 있는 개입의 규칙과 디지털 윤리에 대해서는 어떻게 합의할 것인가?

가까운 미래에 버추얼화는 은행, 금융 서비스, 헬스케어, 제약을 비롯한 모든 분야로 확산될 것이다. 특히 의약품 개발 분야가 그렇다.

디지털 치료는 환자의 행동을 교정하는 방식으로 문제를 완화하거나 해결해 전통적 약물 치료 방법을 보완하거나 대체하려 들 것이다. 또 다른 강력한 사례는 클라우드 생물학이다. 여기서는 연구소에서 나오는 연구 결과를 소프트웨어가 소화하고 다른 데이터와 합쳐서 신약 개발의 속도를 높이는 데 도움을 줄 것이다.

이제 다른 대전환과 버추얼화의 조합에서 생기는 기하급수적 효과를 상상해보자. 클라우드 속으로 들어가면서 버추얼화한 로봇은 모든 처리 과정을 앞당기고 신뢰도도 높일 것이다. 그렇게 되면 디지털을 통한 행동 조절이 의약품을 대체할 수도 있겠다는 생각이 들 수 있다.[66]

두말할 필요도 없이 버추얼화는 기술과 휴머니티 간의 갈등을 부추길 것이다. 일자리 감소를 포함해 '소프트웨어가 곧 생체를 대체할' 가능성, 두뇌 업로딩이나 사이보그화를 통한 인간의 버추얼화(이것은 많은 트랜스휴머니스트의 꿈이기도 하다)의 유혹은 점점 커질 것이다.[67]

대전환 9. 예견화

컴퓨터는 이미 우리가 우리 욕구를 깨닫기도 전에 예견하는 능력이 엄청나게 좋아지고 있다. 구글 나우와 구글 홈은 지능형 디지털 비서(IDA)인데 구글의 인공지능 투자 사업에서 큰 부분을 차지한다. 이 기기는 일상 속의 어떤 변화(항공편 지연이나 교통 사정, 예정 시간을 넘기는 미팅)도 예측해서 그 정보를 활용해 다음으로 약속돼 있는 미

팅 상대에게 지연 사유를 통지하거나 심지어 항공권도 재예약해줄 것이다.[68]

알고리즘에 기초한 범죄 예방도 사법기관 관리들 사이에 인기 주제다. 이 프로그램은 범죄 통계와 소셜 미디어, 모바일폰 위치, 교통 데이터 같은 빅 데이터로 범죄를 예측해 그 지역을 순찰하는 경찰이 곧바로 출동할 수 있게 한다. 영화 「마이너리티 리포트」에 나오는 '프리코그(precogs)'처럼,[69] 시스템이 범죄 가능성이 높은 사람을 지목하면 경찰이나 사회 요원이 방문해 범행을 막는 식이다.

사물인터넷이 지구 전역에 확산되면 어떤 일이 일어날까. 센서 네트워크가 신호등과 차량, 환경 모니터 같은 수천억 개의 사물을 연결했을 때 말이다. 그 모든 데이터에서 정보를 읽어낼 수 있는 인공지능 도구를 가지게 될 때의 예측력과 예방 능력을 상상해보라. 의약품 분야에서는 퀀텀 컴퓨터에서 가동되는 인공지능 도구가 분자 조합 수조 개를 그려내서, 주어진 치료법에 꼭 맞는 조합을 즉시 파악할 수 있다. 심지어 발병 단계의 질병 예방을 도와줄 수도 있을 것이다.

지폐와 동전이 디지털로 바뀌었을 때는 어떤 일이 벌어질까. 모든 소액 구매는 즉각 추적될 수 있다. 이것은 대단히 효율적이지만 동시에 사생활을 대단히 침해하는 것이기도 하다. 이것은 수익성 좋은 디지털 변형일까, 아니면 멋진 신세계일까?

예측 기술의 유혹적인 약속에도 불구하고 이 속에 함축된 윤리 문제는 빠른 속도로 부상하고 있다. 그중 핵심적인 것은 다음과 같다.

- 의존성: 너무나 편하고 빠르다는 이유에서 우리 생각을 소프트 웨어와 알고리즘에 맡긴다.
- 혼동: 내가 보낸 이메일에 답한 이가 내가 의도한 사람인지, 그 사람의 인공지능인지 알 수 없다. 내가 내린 결정도 나 자신이 내린 것인지, 내 지능형 디지털 비서가 조종한 것인지조차 알 수 없다.
- 통제력 상실: 인공지능의 예견이 맞는지 틀린지 알 방법이 없는 우리로서는 시스템의 논리를 추적할 수도, 퀀텀 컴퓨터로 구동 된 기계학습 시스템의 작동을 이해할 수도 없다. 다시 말해 우 리는 그것을 완전히 믿거나 전혀 믿지 못하거나 하는 수밖에 없 다. 일부 항공기 조종사가 이미 자동조종 시스템으로 인해 직면 한 딜레마와 유사하다.
- 권위 이양: 개인 일정표를 짜든 약속을 잡든 단순한 이메일 답 신을 보내든, 우리 업무를 시스템에 떠넘기고 싶은 유혹이 커진 다. 물론 일이 잘못됐을 때는 클라우드, 봇, 인공지능을 탓할 가 능성이 아주 높다.

대전환 10. 로봇화
로봇은 10가지 대전환이 한꺼번에 체화된 것이다. 모든 것이 수렴하면서 대단한 새 창조물이 생겨날 것이다. 좋든 싫든 그것은 절대적으로 어디에나 존재할 것이다. 과학이 자연어 이해와 이미지 인식, 배터리 파워, 더 나은 운동 기술을 가능하게 해줄 신소재 분야에서 획기적인 도약을 이루면서 로봇 가격도 극적으로 하락할 것이다. 로봇의 유용성과 함께 호감도도 치솟을 것이다. 어떤 로봇은 3D 프린터로 제작될 수 있을지도 모른다. 이미 차량의 경우 초기 모델은 거의 전적으로 3D만으로 제작되는 단계에 와 있다.[70]

요컨대 우리는 기하급수적 변화 속으로 빠르게 진입하고 있다. 그와 더불어 파생될 윤리와 문화, 가치의 문제에 대처하기 위해 우리는 힘을 모아야만 한다. 그렇지 않으면 기술은 조금씩 그러다 갑자기 우리 삶의 목적이 되고 말 것이다. 그때의 기술은 더 이상 삶의 목적을 발견하기 위한 도구라고 할 수 없을 것이다.

제 4 장

자동화 사회

생산성과 수익률은 오르지만 일자리는 줄어들고, 억만장자는 늘어나지만 중산층은 감소하는 사회

10가지 대전환 중에서도 특히 자동화를 주목하자. 자동화는 역사를 이어오는 동안 줄곧 변화를 주도하는 강력한 힘이었다. 예컨대 1811~1816년 수동 직조기가 새로운 자동 방직기에 자리를 내줄 무렵, 영국에서는 이른바 러다이트(Luddites)라는 봉기가 일어났다. 기술로 생계를 위협받는 사람들이 반발한 것이다.[71]

역사적으로 볼 때 자동화 초기에는 기존 일자리를 교란하거나 대체했지만, 결과적으로는 사람들에게 새로운 기회를 더 많이 제공했다. 시장은 더 효율적이었고 생산비용은 낮아졌으며 산업과 경제는 성장했다. 그 후로도 장기 실업은 지속되지 않았다.[72] 산업화의 물결이 닥칠 때마다 새로운 기술은 새로운 업종을 만들어냈고 결국에는 불필요해진 옛 일자리를 대체할 만큼 충분한 수의 일자리를 창출했다. 임금도 생산성과 함께 늘어났다. 적어도 인터넷 시대가 오기 전까지는 그랬다.

하지만 정보 경제(information economy, 이 단어만 해도 인터넷의 첫 번째 물결을 묘사할 때 사용한 것으로, 이제는 정말 구식으로 들린다)로 빠르게 진입하면서 기술적 이득과 일자리 창출 사이는 이전과 다르게 바뀌었다. 디지털화에 따른 도구와 플랫폼을 소유한 기업은 이전에 비해 훨씬 적은 수의 노동자만 고용하고서도 사업을 영위할 수 있게 되었다. 이에 따라 미국을 필두로 주요 경제 대국에서는 불평등이 증가하기 시작했다.[73, 74]

정보 경제에서 그다음 지식 경제(knowledge economy)로 전환하는 기간은 훨씬 더 짧았다. 그러나 잠재적 파괴력은 더 컸다. 이제 우리는 한 단계 높은 기계지능 경제(machine intelligence economy)로 진입하여 고용은 감소하고 생산성과 평균임금 간 불일치가 더 커질 가능성이 높아졌다. 10가지 대전환을 활용한 기업은 더 나은 제품을 더 낮은 비용에 더 빨리 생산할 수 있게 되었다. 앞으로 고용 감축으로 나타날 파괴와 실업 증가는 예외가 아니라 뉴노멀이 될 가능성이 높다.

일과 관련해서 걱정스러운 추세는 1980년대 초반 이후부터 나타났다. 그때 이미 농업용 기계와 용접 로봇, 자동 콜센터를 시작으로 인간의 일을 대신할 자동화의 첫 물결이 들이닥친 것이다. 그렇지만

신이 되려는 기술

도전의 규모는 지금이 훨씬 더 주목할 만하다. 미국 노동통계국 보고서에 따르면 2011년 이후 미국의 전반적인 생산성은 현저하게 증가했지만 고용과 임금은 그렇지 못했다.[75] 그 결과 기업 이윤은 2000년 이후 계속 상승했다.[76] 이와 동시에 불평등은 전 세계로 퍼져나갔다. 『허핑턴포스트』에 따르면 전 세계 최상위 부자 62명이 전 세계 인구 50%의 부를 합친 것보다 더 많은 재화를 보유하고 있다.[77]

핵심 질문은 앞으로도 지속될 기하급수적 기술 발전이 이렇게 걱정스러운 추세를 더 악화시킬 것인지, 아니면 어떤 식으로든 문제를 해소할 것인지 하는 점이다. 미국의 통계는 그보다 더 큰 추세를 반영한다. 이런 추세는 10가지 대전환 때문에 획기적으로 증폭될 가능성이 높다.

기술 진보는 이제 더 이상 산업 시대나 심지어 정보인터넷 시대 초기에 그런 것처럼 소득과 일자리의 촉매가 되지 못한다. 확실히 그렇다. 기업 대부분이 인간을 기계로 대체하면서 더 높은 수익과 이윤을 취하고 있지만, 이 과정에서 해고된 수백만 노동자들은 자동화의 어떤 혜택도 보지 못하고 있다. 트럭 기사가 모바일 인터페이스 디자이너가 쉽게 될 수는 없는 노릇이기 때문이다.

기하급수적 기술 진보 위에서 진행되는 작금의 변화가 인간을 어디로 데려갈까?

2013년 옥스퍼드 경영대학원 마틴스쿨(Martin School)의 연구 보고서에 따르면, 다음 20년 안에 현재 일자리 중 50%가 자동화로 사라진다.[78] 반면 기업의 이익은 급상승한다. 세계 곳곳에 있는 공장과 사무실에서 고용한 직원을 줄일 수 있기 때문이다. 이런 현상은 전 산업과 업종에서 되풀이될 것이다. 다시 말해 대기업은 자동화와 10가지 대전환을 모든 것의 중심과 전면에 내세워 훨씬 적은 수의 사람만으로도 훨씬 더 많은 돈을 벌 수 있을 것이다.

물론 이전에는 존재하지 않던 새로운 일자리를 창출할 수 있다. 예를 들어 인간·기계 인터페이스 디자이너, 클라우드 생물학자, 인공지능 감독관, 인간 게놈 분석가, 개인정보보호 관리자 같은 직종이다. 그렇지만 수십억 개에 이르는 따분하고 힘든 단순 일자리는 영원히 사라진다. 특히 협상, 창의, 공감 등 인간 고유의 기술이 필요하지 않은 단순 반복 업무가 여기에 해당한다. 문제는 실제로 그렇게 될까가 아니라 언제 그렇게 되느냐. 그때야말로 기술과 인간성이 대결하는 결정적 국면이 된다. 이런 변화가 얼마나 빨리 기하급수적 속도로 일어나는지, 그리고 이것이 세계 전반에 걸친 교육, 학습, 훈련, 정부 전략, 사회보장 체계, 공공 정책 등에 어떤 의미를 부여하는지 알 필요가 있다.

인공지능이 과학자, 프로그래머, 의사, 저널리스트의 일을 조금씩 그러다 갑자기 잠식해가는 바람에 의미 있는 일의 기회는 너무나 희소해졌다. 결국 극소수만이 우리가 아는 대로 직업을 이어갈 것이다. 이와 동시에 매슬로의 욕구 단계에서 가장 하단의 것들, 그러니까 음식, 물, 안식처 같은 것은 대부분 가격이 점점 더 낮아질 것이다. 힘든 일을 처리하는 기계는 앞으로도 교통이나 은행 업무, 음식, 미디어 같은 서비스를 아주 싼 값에 공급할 것이다. 이렇게 인간은 경제적 풍요의 미답지를 향해 가는 것처럼 보이지만, 다른 한편으로는 생계에 필요한 노동이 종말을 향해 가는 것일 수도 있다. 결국 인간은 직업과 소득을 분리할 필요를 느끼게 될 것이다. 이런 변화는 그동안 가치와 정체성을 규정할 때 적용해온 아주 중심적인 가정마저 뒤흔들 것이다.

이 모든 것은 좋은 것일까, 나쁜 것일까? 기계가 생산한 제품과 서비스 가격이 지금보다 훨씬 낮아진다고 한들 일자리가 없는 사람은 그 값을 어떻게 지불할까? 자본주의 배후에 있는 중심 논리로서의 소비는 이제 막을 내린다는 뜻일까? 아니면 임금 노동의 종말이 시작되고 있는 건 아닐까?

특히 정치인과 공무원, 정부 기관 등은 자동화가 야기하는 문제를 정확하게 이해해야 한다. 그래서 더 뛰어난 관리자가 되어야 한다. 지금 사회는 모두 그 방향으로 질주하고 있기 때문이다. 사려 깊은 리더십이 가장 결정적 요건이다. '미래의 관리자'를 이해하지 못하는 공무원은 미래를 설계할 때 도태되고 말 것이다. 이제 정치인을 뽑을 때 주요 투표 기준은 '현재 상황이 무엇인지(what is)'를 잘 파악하는 능력이 아니다. '앞으로 어떻게 될지(what might be)' 미래를 내다볼 줄 아는 높은 이해력이 더 중요하다.

자동화의 제곱: 다섯 가지 A

자동화 과정은 다음과 같은 다섯 가지 누진적 악화 단계를 거쳐 진행된다.

1. 자동화(Automation)
2. 영합(Assentation)
3. 양위(Abdication)
4. 악화(Aggravation)
5. 혐오(Abomination)

자동화는 피할 수 없는 목적지다

기하급수적 자동화를 확신하는 것은 인간이 오랫동안 바라던 것이 마침내 가능해졌고, 무엇보다 비용을 획기적으로 줄여주기 때문이다. 그러니 모든 기업과 조직의 주요 관심사일 수밖에 없다. 앞으로 5~10년 안에 대부분의 산업에서 새로운 형태의 저비용, 초고효율을 경험할 것이다. 그러면 일자리와 고용에는 어떤 변화가 일어날까? 정말로 경제 효율성이 인간성을 지배하는 걸까? 그럴 수 있다는 이유만으로 모든 것을 자동화해야 하나? 그렇다면 인간을 기술로 대체하는 데 공격적으로 투자하는 사업체에 일종의 자동화세를 물리고 그 혜택을 실직자에게 줘야 할까? 우리는 아주 가까운 미래에 이런 질문에 대답해야만 한다.

신이 되려는 기술

10가지 대전환 가운데 특히 디지털화, 가상화, 지능화(딥 러닝과 인공지능), 모바일화 등이 합쳐져 생긴 힘이 매일같이 자동화를 위한 새로운 가능성을 창출하고 있다고 생각해보자. 2016년 초, 구글의 알파고 시스템이 바둑 게임 방식을 풀어냈다. 그것은 사전에 프로그래밍해놓은 것이 아니라 백지 상태에서 혼자 바둑 두는 방법을 배워서 해낸 것이다.[79]

그것은 약인공지능(narrow AI) 수준이 아니었다. 체스처럼 대략 수학이나 논리 영역에서 인간을 이길 수 있게 사전에 프로그램화한 컴퓨터가 아니라는 얘기다. 인간과 더 유사하게 뇌의 학습 방식을 모방한 신경망 기반 접근법을 사용해서 스스로 적응하고 프로그램할 수 있는 단계의 인공지능이다.

이런 종류의 인공지능이 아주 복잡하고 규모가 크며 어려운 인간의 업무와 과제까지 해결하고 자동화하는 법을 배워나간다면 앞으로 어떻게 될까? 이제 기계는 모든 지식 관련 업무에서 인간보다 훨씬 뛰어난 능력을 발휘할 것이다.

옥스퍼드대학 인류미래연구소의 선임연구원 스튜어트 암스트롱은 『우리보다 더 똑똑한: 기계 지능의 부상(Smarter than Us: the Rise of Machine Intelligence)』에서 이렇게 썼다.

만약 인공지능이 이런 기술(사회적 능력, 기술적 발전, 경제적 능력) 중 한 가지라도 초인적 수준에 올라서면 어떤 식으로든 인간 세계를 빠르게 지배할 가능성이 크다. 앞에서 살펴봤듯이 만약 이런 능력이 인간의 수준에 오르면 곧바로 인간을 넘어서는 수준으로 발전할 가능성이 크다. 만약 이런 기술 중 어느 하나라도 컴퓨터에 프로그램화한다면 인간 세계는 인공지능이나 인공지능의 힘을 가진 인간이 지배할 것이다.[80]

　　사회보장제도나 의료분쟁, 연금, 잠재적으로 수십억 명에게 주는 실업수당 등을 떠올려보자. 이때 인공지능을 활용하면 똑똑한 슈퍼 컴퓨터가 사회보장제도의 규정을 어떻게 만들고 실행해야 하는지 파악할 것이다. 이를 통해 정부는 막대한 경비 절감에 따른 수익을 올릴 수 있다. 하지만 이 과정에서 시민의 비인간화 가능성은 높아만 간다.

　　미국은 1935년 사회보장체계를 만든 후 80여 년간 쌓아온 모든 사회보장 데이터를 토대로 고성능 인공지능을 이용해 보다 효율적 규정을 추출해낼 수 있다.[81] 또한 기계는 시나 정부가 보유하고 있는 데이터베이스, 병원 기록, 사회네트워크 프로필, 법률적 이력과 규제 등 입수 가능한 모든 데이터를 활용해 학습할 것이다. 결국 끊임없이 진화한 사회보장 인공지능(SocSecBot, 이른바 사회보장봇)이 등장할 것이다. 봇은 현재 직원 수의 10~20% 정도만 있어도 훨씬 복잡한 업무를 처리할 수 있다. 업무 처리 과정에서 생길 수 있는 인간적 공감이나 연민과는 작별을 고해야 한다. 기계가 개인의 연금 혜택을 결정하므로 다툴 여지가 거의 없다.

　　이런 개념이 조금씩 그러다 갑자기 현실로 바뀔 때 과연 어떤 일이 벌어질까? 지금 우리가 겪는 소셜 미디어 과잉 현실에서 일어나는 상황을 보면 어느 정도 미래를 짐작할 수 있다. 처음 자동화를 접할 때 사람들은 종종 그것에 영합(assentating)한다. 기본적으로 자동 시스템의 결정과 우월한 성능을 받아들인다. 썩 내키지는 않지만 웃는 표정으로, 그렇게 열광적이진 않지만 그렇다고 크게 소란을 피우며 거부하지는 않는다.

그런 다음 '양위(abdication)'를 시작한다. '양위'란 본래 '왕위를 물려준다'는 뜻인데, 여기에서는 자동 시스템에 힘을 넘겨준다는 말이다. 그 순간 곧바로 인간은 이 시스템에서 더 이상 중요한 존재가 아니게 된다. 기계가 새로운 중력의 중심이 되는 것이다. 인간은 스스로 콘텐츠가 된다. 이제는 도구가 목적이 되어 인간은 시스템을 만족시키기 위해 그것을 사용하기 시작한다. 처음에는 주로 그 '시스템'이라는 것도 네트워크 안의 또 다른 연결점이 된다. 이것 역시 동일한 글로벌 전자 생태계에 연결된 다른 사람들이다.

페이스북은 현재 '양위'의 가장 좋은 사례다. 우리는 해결해야 할 사회 문제가 있을 때면 흔히 꽤나 번거롭고 종종 불편하기 마련인 어떤 실질적인 정치적 행동에 나서기보다 페이스북에서 '좋아요'를 누르거나 친구들과 관련 동영상을 공유하고, 청원서에 서명하며, 잘하면 킥스타터(Kickstarter)나 코즈닷컴(Causes.com) 캠페인에 얼마간 기부를 하고 만다.

영합

자동화하지 않았으면 더 좋았을 텐데도 이미 자동화한 사례는 많다. 예컨대 소셜 네트워크에서 '좋아요'를 더 많이 얻으려고 '좀 더 좋은' 메시지를 만들어내는 식으로 설계된 소프트웨어 엔진을 사용하는 것이 그런 예다. 우리는 종종 쉽고 편리하다는 이유만으로 대리인이 해주는 것을 무차별로 수용하고 따라가는 경험을 한다. 어쨌든 실행만 되면 상관없다는 식이다. 또 다른 예로 페이스북에서 '친구의 친구의 친구'라는 이유만으로, 혹은 최근에 당신이 올린 글에 '좋아요'를 눌러주었다는 이유만으로 친구 한 명을 추가한다. 그런 게 뭐 어때서? 나쁠 게 있을까? 이런 경우 실제로 뚜렷한 해가 있다고 주장하기는 어렵다.

양위

하지만 그다음 단계로 가면 우리는 대부분 부주의하게, 우리가 가지고 있는 책임을 넘겨준다. 기술에 떠넘기거나 전가하는 것이다. 예를 들어 할머니를 직접 찾아뵙기보다는 할머니 댁에 스카이프를 설치해 화상 통화, 즉 기계로 매개된 방식으로 좀 더 자주 만나는 쪽으로 옮겨 갈 것이다. 이것은 좋은 결과인가, 나쁜 결과인가?

아주 가까운 미래에는 할머니에게 병원 정기검진을 받게 해드리는 대신, 언제 어디서든 할머니의 건강 수치를 측정할 수 있는 원격 진단 기기를 보내려 할 것이다. 그렇게 하면 언제라도 할머니를 병원에 직접 모시고 가야 할 부담이 줄어든다.

　인간이 가지고 있는 힘의 양위(즉, 통제권을 기술에 넘겨주는) 문제는 인간을 둘러싼 모든 상황에서 지속적으로 직면하는 주제다. 나는 트립어드바이저(TripAdvisor)라는 앱을 무척 자주 이용하는데, 이 앱은 어떤 식당이 가장 좋은지 꽤 믿을 만한 정보를 제공한다. 그러면 나는 비록 눈앞에 근사해 보이는 식당이 있어도 기계가 추천하는 곳으로 발길을 돌린다. 이렇듯 우리의 권위와 판단을 알고리즘에 이전한다. 트립어드바이저만 본다면 그리 큰 문제가 아닐 수 있다. 하지만 이런 경향 역시 기하급수적으로 커진다고 상상해보자. 결국에는 더 이상 인간이 주체적으로 결정하거나 실행에 옮기는 것이 아니다. 그저 우리에게 자연스럽게 일어나는 것처럼 느끼며 받아들이는 상황에 이른다. 덕분에 생활은 무지 쉽고 편리해진다. 결정에 따르기만 하면 나 혼자 고심하는 것보다는 훨씬 수고가 덜 들 테니 말이다.

　트립어드바이저 사용을 주제로 지난 수년 동안 친구들과 토론하여 내린 결론은 이렇다. 트립어드바이저를 다른 많은 데이터 서비스 중 하나로만 사용한다면, 그리고 기술이 발산하는 영합과 양위의 유혹을 잘 인식하고 있다면 충분히 유용하게 사용할 수 있다. 그러니까 여기에서도 중요한 것은 역시 균형이다. 만일 트립어드바이저가 인공지능(즉, 모든 것을 내려다보는 스마트 봇)이 된다면, 그래서 나로서는 그 기계의 성능이나 정직성을 쉽사리 판단할 수 없다면 어떤 일이 벌어질까? 기계가 너무나 똑똑해진 나머지 나로서는 완전히 믿거나 아예

전혀 믿지 않을 수밖에 없다면 어떻게 될까?

인간이 얼마나 쉽게 자신의 권좌를 양위하는지를 보여주는 또 다른 사례가 구글 맵이다. 낯선 도시의 교차로에서 실제로 당신 바로 앞에 있는 것을 구글 맵으로 검색하느라 애쓴 적이 있는가? 우리는 이제 그런 문제에 관한 한 더 이상 우리의 눈과 귀, 혹은 다른 사람의 눈과 귀를 믿지 않는다. 그보다는 '하늘 위의 뇌(모든 것을 내려다보는 듯한 클라우드 속 인공지능을 비유한 말 - 옮긴이)'가 우리에게 이야기해주는 것을 더 믿는다. 비가 올까? 우산을 가지고 가야 할까? 날씨도 육감을 믿거나 창밖을 한번 슬쩍 내다보기보다는 구글이 해주는 말에 더 귀를 기울인다.

물론 이런 것은 아주 사소한 문제다. 하지만 기술이 기하급수적으로 증폭된 후의 결과를 생각해보자. 앞으로 어느 시점에 이르면 자녀 출산도 우리의 DNA와 수십억 가지의 다른 요인을 토대로 글로벌 의료 두뇌가 결정하는 것은 아닐까? 만일 그 의료 두뇌가 내리는 결정을 무시하면 보험회사는 보험 가입을 거부할까? 그때 가서는 기계의 논리와 알고리즘에 기반을 두지 않은 결정이 존중받을 수 있을까? 과속 주행이나 음주, 불량식품 섭취 같은 멍청한 짓은 할 수나 있을까? 자유의사에 따라 죽을 수는 있을까?

양위 — 자신에 대한 기하급수적 망각

앞으로 기술 발전 속도가 95% 더 빨라지는 것은 말할 것도 없고,

너무나도 편리하고 효율적이며 마법 같다는 이유만으로 기술이 인간에게 훨씬 더 많은 통제권을 포기하라고 계속 부추긴다면 어떤 일이 일어날까? 지금까지 겪은 것이 앞으로 일어날 양위에 비해 빙산의 일각일 뿐이라면? 0에서 100까지의 눈금 중에서 5 정도의 수준에 와 있는 것이라면? 저자 스티븐 탤벗이 『뉴아틀란티스(The New Atlantis)』에서 이야기했듯이, 우리는 결국 '의식을 양위하고' 기계가 가치와 도덕의 궁극적 중재자로 행동하도록 허용하는 것은 아닐까?[82] 탤벗이 주장하듯 만약 "기술이 우리 자신을 망각하는 쪽으로 강력히 끌어간다면" 앞으로 기하급수적으로 강력해질 기술을 적용하면 어떻게 될까?

이런 식으로 '우리 자신의 망각'으로 계속 끌려가다 보면 결국 몽유병 환자처럼 디지털 라이프를 살아가는 것이 인간 삶의 기본 방식으로 변하는 건 아닐까? 이것이 일종의 글로벌 디지털 봉건주의로 향하는 문을 여는 것은 아닐까? 그때가 되면 영주의 자리를 차지한 기술이 인간의 이해력을 넘어선 방식으로 우리를 지배하는 것은 아닐까?

한 가지는 분명하다. 기술과 그 기술을 공급하는 대기업은 인간을 영합과 양위의 길로 끌어들이기 위해 할 수 있는 모든 것을 다 하려 들 것이다. 그것이 부주의한 결과든 의도적 설계에 따른 것이든. 이미 우리는 평소에 먹는 식단을 바꾸려 하지 않는다. 대신 고혈압을 다스리는 데 도움이 되는 의약품을 복용한다. 무료한 시간을 관조의 기회로 사용하지 않는다. 삶의 여백을 반짝이는 신제품 태블릿으로 메우고, 디지털 소용돌이에 몸을 맡긴다. 자녀들에게 친구를 찾아 나설 기회를 주기보다 펫 로봇이나 클라우드 브레인에 연결된 스마트 인형인 헬로 바비를 주면서 가상 친구를 사귀라고 할 것이다.[83] 그게 훨씬 수월하니까. 이런 맥락에서 보자면 아마존 에코나 구글 홈 같은 지능형 디지털 비서(IDA)는 인간이 가진 삶의 통제력을 내주도록 몰아가는 엔진과 같다.

앞에서 이야기했듯이, 이런 식으로 우리의 통제력 양위를 촉구하는 추세가 계속된다면 사회보장 업무는 정부 관료들이 자신의 책임을 시스템에 떠넘기는 것으로 이어질 수 있다. 예를 들어 사회보장봇(SocSecBot)이 점차 인간 공무원의 업무를 떠맡는 상황을 상상해볼 수 있다. 비용도 90% 싸지고 업무 속도도 1000%나 빨라지기 때문이다. 비록 업무 정확도가 90%라도 정부는 '그래도 기계가 훨씬 더 낫네' 하고 생각할 수 있다.

악화

기술 발전의 하향 나선형 곡선이 다음 단계에 이르면 인간 공무원은 물론 시스템 사용자와 고객, 의뢰인에게까지 부정적 결과를 초래할 가능성이 크다. 그때 가서는 좌절감이 분출하겠지만 정작 할 수 있는 일은 별로 없다. 시스템이 무한대로 더 빠르고 더 효율적이며 더 구체적인 계량 수치로 이야기할 것이기 때문이다. 좌절감 정도는 그럭저럭 무마할 수도 있을 것이다. 삶은 이미 구석구

신이 되려는 기술

석 시스템으로 연결돼 있기 때문에 실제로 사용을 중단할 가능성은 제로에 가깝다.

이번에도 페이스북이 좋은 사례다. 거의 기억조차 못하는 사람들의 근황을 끊임없이 접하는 일이 사뭇 짜증나지만, 그럼에도 우리는 소중히 여기는 사람들과 연결이 끊어지지 않기를 바란다. 여기서도 우리는 플랫폼의 절대적 편리함과 강력한 힘, 확장력 때문에 우리에게 이롭지 않은 플랫폼의 조치에 어떤 항의도 하지 못한다.

혐오

사회보장의 맥락에서 사람을 단지 숫자로만 보거나 신체와 분리된 데이터로만 대하는 것은 결국 혐오스러운 일로 판명될 것이다. 이런 결과는 인간 시민에게 인간적인(이라 쓰고 '사회적인'이라 읽는다) 서비스를 제공하려던 본래 의도와 배치되기 때문이다. 이것은 사물을 자동화하는, 머리글자 A로 시작하는 다섯 가지 과정 중에서 처음 두 단계(영합과 양위)에 제대로 대처하지 못했을 때 이르는 최종 단계다. 다소 우울한 단계이기도 하다.

지금으로서는 좀 더 신중하게 자동화를 설계하거나 시행하여 더 나빠질 수 있는 부정적 측면을 줄이고 영합이나 양위의 정도가 덜한 방향으로 귀결되기를 바랄 수밖에 없다. 그렇지만 기하급수적 자동화에서 정말로 두려운 점은 바로 이것이다. 우리 자신의 힘과 통제력을 잃고 있다는 사실을 임계점에 이르기 전까지는 전혀 알아차리지도 못하고, 그때 가서는 어떤 의미 있는 조치를 취할 능력마저 잃어버린다는 것이다.

균형 찾기

다시 한 번 말하지만 관건은 적정한 균형을 찾는 것이다. 자동화를 취하면서도, 대화나 몰입처럼 결코 기계에 넘겨주어서는 안 되는 고유하고 필수불가결한 인간적 과정을 다른 것과 대체하지 않도록 해야 한다. 그러려면 어떻게 해야 할까? 예약한 항공편을 변경하려고 콜센터에 연락할 때 서비스 상담사가 인간적 이해심으로 공감해줬으면 하고 바란 적이 있는가? 대부분 바라지 않겠지만, 간혹 그러기를 바라는 사람이 있다. 예를 들어 예절 문제를 제기할 때 그렇다. 앞으로 콜센터는 수년 내 90%까지 자동화할 가능성이 높지만 어떤 경우에 한해서는 여전히 실제 인간과 상호작용하는 게 더 필요할 것이다. 이런 특수한 경우에는 인간이 감독하며 진행하는 잘 설계된 자동화가 오히려 더 긍정적 진화로 보일 수 있다. 그럼에도 수백만 개의 일자리는 사라진다.

쟁점을 좀 더 확대해서 한걸음 더 나아간 미래를 생각해보자. 항공편으로 여행할 때 조종실이 완전 무인 자동화돼 있다면 믿고 탈 수 있을까? 아니면 여전히 인간 조종사가 동승해야 안전하다고 느낄까? 또 의료 문제로 건강 진단을 받을 때 '인간적인 것'이나 연민을 바랄까, 아니면 사실만 이야기해주는 기계로도 충분할까? 감기나 배탈 정도는 자동화한 원격 진단이 더 유용하고 사회적으로도 충분히 용인될 수 있을 것처럼 보인다. 그렇지만 스트레스증후군이나 천식, 당뇨병 같은 복잡한 병을 진단할 때 자동 진단은 의료 시술을 비인간화하는 경향이 있기 마련이다.

자동화는 단순히 '예'나 '아니요'로 답할 문제가 아니다. 점진적 대처법과 전체를 보는 예방적 접근법이 중요하다. 균형을 유지하되 언제든지 인간적 관심을 우선해야 한다. 핵심 질문은 기술이 어떤 것을 자동화할 수 있는가와 어떻게 자동화할 것인가가 아니라 그 결과를 인간이 어떻게 느낄 것인가, 인간의 번영에 어떻게 기여할 것인가여야 한다. 요컨대 인간을 응원할 것인지, 아니면 기술을 응원할 것인지의 문제다.

자동화의 내면화?

우리 주변은 물론 내부도 자동화할 가능성이 아주 높은 유용한 것들이 많다. 인간의 생각과 느낌에도 영향을 미치는 것들이다. 알고리즘, 소프트웨어, 지능형 디지털 비서, 인공지능 구동 클라우드 서비스, 로봇 등이 점차 우리의 일상 업무를 대신하는 과정을 생각해보자. 어떤 사람은 이미 소셜 네트워크나 메시지 앱으로 친구 사이의 우정까지 자동화했다.

이런 식의 자동화가 집단 지성에는 어떤 결과를 초래할까? 우리가 교육하고 토론하고 논쟁하면서 사회와 민주주의를 설계할 때 주고받는 인간적 대화는 어떻게 바뀔까? 만약 상대방에 대해 보고 듣는 것이 당사자가 아니라 순전히 광고를 오래 보게 하기 위해 붙잡아 두도록 설계된 알고리즘으로 결정된다면 우리의 선택은 어떻게 될까? 이런 도구를 공적으로 통제하고 감독하며 규제하지 않는다면 문제는 없을까?

인간은 소수의 거대 글로벌 인터넷 플랫폼과 기술 기업의 기계와 알고리즘에 놀아나고 있는 건 아닐까? 그들이 만든 '버추얼 도파민 분비 시스템'은 인간이 거기에 고착되고 긍정적으로 수용하도록 프로그램되어 있을 뿐 아니라 소유주와 광고주, 그 밖의 개인 데이터를 분석하고 착취하려는 또 다른 데이터 채굴자에게 최대의 결과를 제공하도록 설계된 것이다.

구글 뉴스[84]만 해도 큐레이트를 하고 있는 것은 대부분 사람이 아니다. 페이스북의 이른바 뉴스피드[85]도, 바이두의 뉴스 앱[86]도 마찬가지다. 사람이 일부 감독하기도 하지만 알고리즘이 실제 업무의 대부분을 처리한다. 이런 기업에서는 극소수만이 실제로 전통적 저널리즘의 의미에서 콘텐츠를 처리한다. 대신 이런 기업은 새로운 요구 사항을 처리하려고 좀 더 똑똑한 알고리즘과 소프트웨어를 개발하는 데 집중한다. '소프트웨어가 세상을 먹고 있다'고 했던 마크 안드레센의 슬로건은 이미 '페이스북이 세상을 먹고 있다'는 말로 바뀌었다고 해도 놀랄 게 없다.[87] 페이스북이 세상을 먹으려고 계획하는 것도 사람을 통해서가 아니다. 페이스북은 프로그래머, 엔지니어, 인공지능 연구자를 제외하고는 실제 사람 고객을 응대하는 데 필요한 직원은 가능한 한 적게 채용한다.

조만간 소프트웨어가 '세상을 먹는' 데만 그치는 게 아니라 점차 '세상을 속이려 들' 것이다. 이미 나는 내 페이스북 뉴스피드를 볼 때마다 얼마간은 속았다는, 아니 이런 표현을 써도 될지 모르지만, 조작되고 있다는 느낌이 든다. 페이스북 뉴스피드는 『뉴욕타임스』나 『이코노미스트』,『슈피겔』,『가디언』과 같은 신뢰를 주지 않는다. 그들의 유일한 목표는 이윤 창출이기 때문이다. 페이스북은 대중매체가 아니다. 속임수 매체다. 우리가 그 사실을 알고 있다고 해도, 이미 그것에 고착돼 있다.

물론 한 방향으로만 가고 있는 것은 아니다. 매셔블의 보도에 따르면, 애플은 새로운 앱과 음악 추천, 플레이리스트 서비스를 위해 얼마간 인간 큐레이션을 사용하는 데 상당한 노력을 기울이고 있다. 하지만 분명히 예외적 사례일 뿐 일반적이라고는 할 수 없다.[88]

자동화는 폭발적으로 늘고 있다. 인간은 비용이 많이 들고 느리고 종종 비효율적인 데 반해 기계는 싸고 빠르고 초효율적인 데다 앞으로 기하급수적으로 더 그렇게 될 것이다. 생산성은 폭발적으로 증가하는데, 지금 우리가 알고 있는 식의 인간 고용은 극적으로 줄어든다. 물론 미래에도 인간은 직업이 있겠지만 생계를 위한 것과는 절연돼 있을 가능성이 높다.

완전히 자동화한 뉴스와 미디어 플랫폼 위에서는, 보다 식견 있는 다른 사람이 생각하기에 우리가 꼭 봐야만 한다고 여기는 것들을 보지 못할 가능성이 아주 높다. 대신 봇이나 인공지능이 실시간으로 분석한 수억 건의 사실과 데이터 부스러기를 토대로 절충해서 골라준 콘텐츠를 보게 될 것이다. 이럴 때 가장 위험한 것은 가치, 도덕, 윤리, 감정, 예술, 혹은 인간적인 스토리텔링이 지닌 얼마간의 찰나적(ephemeral) 원리가 점점 희박해진다는 점이다. 물론 봇과 인공지능은 아주 가까운 미래에 인간의 감정과 느낌까지 이해할 것이고, 그런 감정과 스토리텔링 능력도 시뮬레이션할 수 있을 것이다. 그렇지만 그것들이 인간적 수준에 이르기는 어려울 것이다.

그렇다고 해서 종이 신문의 황금시대로 돌아가자는 것이 아니다. 사실 종이 신문은 실용성이 떨어지고 독점적인 데다 부패하거나 여론을 오도하는 경우가 많았고 지금도 그렇다. 그렇지만 많은 경우 기자와 편집자는 우리보다는 더 잘 아는 것을 직업으로 삼은 사람이었고, 저널리스트는 보다 넓은 맥락에서 대상을 보고 관련성을 판단할 수 있었다. 그들의 임무는 상당 부분 주관적이었을지는 몰라도 독자가 봐야 하는 것에만 집중했다.

물론 『폭스 뉴스』와 다른 많은 언론사들이 이라크의 대량살상무기를 잘못 보도했을 때만 해도 언론 채널과 인간 기자들 역시 특별한 의제를 염두에 두고 있지 않아도 여론을 오도할 수 있음을 보여줬다. 그렇지만 최소한 우리는 그 이야기 이면에 누가 무슨 일을 했는지 알 기회가 있었고, 그들에게 질문할 기회가 있었다. 반면 인공지능 뉴스봇에 관한 한 그럴 가능성이라고는 없다. 우리는 뉴스봇에 어떻게 질문해야 할지 단서조차 찾지 못할 것이다.

자동화한 뉴스피드가 초래할 또 다른 결과는 가족, 배우자, 친구, 동료 등 주변 사람들이 보는 것과 같은 콘텐츠를 우리가 보고 듣지 못하는 것이다. 그들이 보는 것은 100% 개인에게 맞춤화한 것일 테고 아마 내가 보는 것과는 완전히 다를 수 있다. 앞으로는 모든 사람의 뉴스피드가 각각의 데이터에 따라 맞춤형으로 별도 제공될 수 있을 만큼 컴퓨팅 파워를 충분히 확보하는 시점에 이를 것이다.

그때가 되면 '인터넷 필터 버블(Internet filter bubble: 인터넷 정보 제공자가 맞춤형 정보를 이용자에게 제공해 이용자는 필터링된 정보만을 접하게 되는 현상 - 옮긴이)' 문제도 심각해진다. 알고리즘이 우리와 비슷한 생각을 하는 사람끼리 반향실(echo chamber: 나에게 동의하는 의견만을 듣는 상황을 의미한다 - 옮긴이)을 만들어준다면 최고의 즐거운 경험이 될까? 확증 편향 문제는 없을까? 구글과 페이스북 같은 대규모 콘텐츠 알고리즘을 제공하는 기업은 이런 문제를 심각하게 생각할까? 필터링, 조작, 편향 같은 문제는 이들 뉴스 공급자의 우선순위 목록에서 맨 마지막을 차지하는 것은 아닐까?

"글쎄요…… 윤리는 있으면 아주 좋지요. 하지만 지금 당장은 거기에 쓸 시간이나 자원이 없어요." 이런 문제를 논의할 때 많은 기업이 하는 말이다. 이것은 큰 실수다. 무한한 기술력이 있으면서도 윤리가 부재한 사회는 암울하다.

앞으로 이런 종류의 뉴스봇이나 의료 인공지능이 온라인 뉴스와 TV까지 누비고 다닐 것이 틀림없다. 그 모습을 상상하면 이런 시나리오도 가능하다. 뉴스 프로그램은 지상파 방송이나 케이블이 아닌 인터넷을 사용한 오버더톱(OTT)을 전송해 각자에게 개별 맞춤식으로 서비스한다. CNN이나 유럽의 공영 TV 뉴스가 트위터 동영상 스트림이나 페이스북 동영상 피드를 대체한다. 앱과 봇, 지능형 디지털 비서가 케이블 방송이나 지금 우리가 알고 있는 전통 방송을 밀어낸다. 10년도 되기 전에 TV와 인터넷이 시청 범위를 완전히 포괄하여 미디어를 소비하는 방식도 완전히 바꿔놓는 것이다. 물론 오버더톱 미디어 쪽으로 향한 글로벌 추세에는 긍정적인 점도 많다. 그러니 빈대 잡으려다 초가삼간을 태우는 어리석음을 범할 필요는 없다.

만약 기술전문지 『와이어드(Wired)』 초대 편집장이자 괴짜인 케빈 켈리가 "기계는 답변을 위해 있고, 인간은 질문을 위해 있다"라고[89] 한 말이 맞는다면 미디어와 콘텐츠, 정보에서 기계가 데리고 갈 미래는 어디일까? 기계는 빠져나갈 구멍이나 사색의 여백이 있으면 당연히 물어야 하는 질문은 다 걸러낸 채 단지 그럴듯하게 가공하거나 시뮬레이션한 대답만 우리 눈앞에 펼쳐놓는 것은 아닐까?

컴퓨터는 쓸모없다. 대답만 할 수 있으니까. _파블로 피카소[90]

인간을 기계와 확연히 구분 짓는 특징은 질문하는 능력, 뭔가 달라질 수 있다고 상상하는 능력, 비판 능력, 사물을 다른 각도에서 보는 능력, 행간을 읽는 능력, 존재하지 않는 그 무엇인가를 보는 능력 등이다. 이것이 바로 고품질의 콘텐츠, 미디어, 그리고 그것을 만드는 사람들이 지향하는 바다.

이 모든 특성을 잃는 순간이 올까 두렵다. 모든 플랫폼 위의 기계들이 매 순간 우리 각자가 개별적으로 무엇을 보고 누구를 만날지 프로그래밍하고 있기 때문이다. 그렇게 되면 인간은 의식마저 기계에 양위하고 인간성을 아웃소싱하는 방향으로 갈지도 모른다. 어느 순간 미처 알지도 못한 채 프로그램과 서버를 가진 이들이 운영하는 일종의 프로그램된 실제 속에서 살아갈지도 모른다.

인간은 기술을 재생산하는 기관이다. _케빈 켈리 『기술이 원하는 것』[91]

봇과 인공지능이 인간의 생각에 이어 행동까지 대신한다면 인간의 의사결정 과정에는 어떤 일이 일어날까? 만약 오늘 밤 무슨 영화를 볼지, 무슨 음식을 먹을지처럼 사소해 보이는 많은 결정을 소프트웨어와 지능형 대리인이 대신 맡아서 한다면 우리가 경험한 놀라움과 미스터리, 실수, 우연한 발견 등은 어떻게 될까? 지능형 디지털 비서는 실제 인간처럼 무작위적이고 개성적이며 결함도 있고 편견도 있는 방향으로 프로그램된 후에도 제대로 된 결과를 산출할 수 있을까? 우리는 지능형 디지털 비서가 그렇게 되기를 정말 바랄까?

봇이 우리를 대신해 투표까지 한다면? 국민투표나 심지어 총선 같은 중요한 민주주의 제도적 기능에서도 인간을 대표할 수 있을까? 지능형 디지털 비서는 관련 증거를 모으고, 인간의 과거 견해나 행동, 선택을 토대로 어느 쪽에 투표해야 하는지도 조언할 수 있을까?

어떤 것이든, 무슨 일이든 다 예측할 수 있다면 인간의 자유의지마저 과거지사가 되고 마는 걸까?

사람들은 인공지능으로 만든 어떤 것에도 자유의지는 없다는 사실을 깨달을 것이다._클라이드 드수자[92]

웜홀이 세계를 지배할까?

기술이 만든 웜홀 속으로 인간이 깊이 빠져들 가능성이 커지면서 기하급수적 자동화가 인간에게 가르쳐주는 것에 중대한 위험이 도사리고 있는 것을 보게 된다. 즉, 인간은 거대한 데이터세트, 인공지능, 로봇공학을 적용하여 거의 모든 목표에 빨리 도달하게 하는 지름길을 만들 수 있게 되면서 더 이상 수고스럽고 느리고 따분한 '인간다움'은 필요 없어진다는 얘기다.

지름길은 먼저 내 손안으로, 그다음에는 내 얼굴과 귀로, 최종적으로는 내 머릿속으로 들어온다. 그렇게 되면 아이들은 더 이상 쓰는 법을 배울 필요가 없다. 우리가 말하는 모든 것을 컴퓨터가 듣고 저장하고 필기하면 된다. 실생활에서 부딪히는 인간관계의 복잡함도 상

신이 되려는 기술

대할 필요가 없다. 증강현실과 가상현실, 로봇을 사용한 디지털 대용품과 관계를 맺으면 된다. 심지어 성관계나 악기를 연주하는 법도 배울 필요가 없다. 나의 뇌-컴퓨터 인터페이스가 생각만으로도 연주할 수 있게 해줄 것이다. 외국어도 마찬가지다. 통번역 앱이 언제나 도울 준비가 돼 있다. 데이터 더미를 받을 수만 있다면 굳이 사람들에게 말할 필요도 없다. 인공지능이 잘하고 있는 상황에서는 계속해서 방해만 될 뿐인 인간적 감정도 사치다.

자동화를 활용하면 사람이 할 때 필요한 많은 관례적 일을 다 줄이고도 단번에 동일한 결과를 얻을 수 있다. 적어도 생각으로는 그렇다. 어떤 주제가 주어져도, 그에 관한 수천 개의 트위터 피드를 스캔하고 수백 건의 유튜브 동영상에서 최고 장면을 시청한 후에는 곧바로 전문가인 척할 수 있다. '혹시나 해서' 배워두는 게 아니라 필요하면 '바로 그때' 모든 것을 배울 수 있다. 인간에게 필요한 것은 적절한 입력과 적절한 프로그램뿐이다.

인간은 지식을 내려받고 기억하기보다 데이터와 함께 흐른다. 어떤 면에서 인간은 초인이 될 수 있다. 그렇지 않겠는가? 이런 종류의 개념을 '웜홀링(wormholing)'이라고 하는 것은 마치 우주 속의 웜홀(시간과 공간을 통과하는 가상의 지름길. 영화 「스타 트렉」을 보면 워프 드라이브를 통해 들어갈 수 있다)처럼, 기술을 사용해서 따분한 인간적 활동을 모두 우회해서 목표에 훨씬 빠르게 도달한다는 개념을 잘 표현하기 때문이다.

하지만 잊지 말아야 할 점이 있다. 지나치게 많은 웜홀링은 인간에게 맞지 않다. 아니, 적어도 그 문제에 관한 한 결단코 인간에게는 어울리지 않는다. 왜냐하면 인간이 적어도 부분적으로는 기계가 되어야 하기 때문이다. 노벨상을 수상한 심리학자 대니얼 카너먼이 반복해서 지적했듯이, "인지는 체화한 것이다. 우리는 뇌가 아니라 몸으로 생각한다".[93] 인간적이라는 것은 전일적인 체험이라는 사실을 깨닫고 받아들여야 한다. 학습은 많은 요소와 상호의존적이다. 단순한 데이터만 공급하는 것이 아니다. 진정한 깨달음은 대화 속에서 일어난다. 연속적인 마우스 클릭으로는 어렵다. 다시 말해 학습의 결과에서 과정을 제거하면 똑같은 결과에 이르지 못한다. 소프트웨어에 속아 넘어갈 뿐이다.

인간관계는 풍요롭다. 그러나 너무 까다로워서 버겁다. 그래서 우리는 기술로 그것을 깨끗이 청소한다. 문자 발송, 이메일, 포스팅 등으로 보여주고 싶은 대로 자신을 제시할 수 있다. 우리는 편집을 한다. 그 말은 지운다는 뜻이다. 또한 그 말은 우리의 얼굴과 음성, 살과 몸을 손대서 고친다는 뜻이다. 너무 적지도, 너무 많지도 않게, 꼭 맞게. _세리 터클[94]

어떤 일에 필요한 수고는 물론 토론과 숙고, 감정 같은 따분한 인간적 행동을 다 제거하고 나면 인류의 집단적 인간성에는 어떤 일이 일어날까? 앞에서 말한 웜홀과 워프 드라이브에 전적으로 의존할까?

신이 되려는 기술

그럴 경우 실제로 할 수 있는 일이라고는 인간적 경험을 시뮬레이션 하는 것뿐이라는 사실에도 아랑곳하지 않을까?

10가지 대전환(제3장 참조)은 기하급수적이고 조합적 방식으로 한 꺼번에 작동한다. 인간으로서는 거대한 도전일 수밖에 없다. 디지털화, 자동화, 버추얼화는 자동화를 더욱 강화한다. 전체 과정 중에서 한 단계만 자동화하기 시작하면 그것은 다른 모든 부분도 똑같이 자동화의 길로 몰아가기 때문이다. 한 단계 자동화가 이뤄지면 다음 단계를 작동시키고 전 과정이 자동화하고 나면 다시 그것과 연결된 것들 사이에서 연쇄 작용이 일어난다. 이 논리의 사슬은 끊을 수가 없다. 시스템에서 완결하려 들기 때문이다.

뉴스와 정보를 자동화하고, 구매와 상거래를 자동화하고, 금융에 관계된 결정과 의료 진료까지 자동화하고 나면 결국 우리 자신마저도 자동화할 필요성이 제기된다. 왜냐하면 그렇게 해야 시스템에 지나친 교란이 생기지 않기 때문이다.

우리가 갖고 있는 컴퓨터나 스마트폰, 지능형 디지털 비서, 인공지능 등의 도구가 목적이 되도록 그대로 방치한다면 인간은 모든 권위를 기기에 양위하고 위임하여 결국 인간은 없어도 되는 존재가 되는 길로 들어서고 말 것이다. 인간 자체는 하자가 많은 기계이기 때문이다.

고급 인공지능에 왜 신체가 필요한지는 인공지능의 학습과 개발 단계에서 강

력하게 주장할 수 있다. 과학자들은 어떤 형태의 육체 없이는 일반인공지능을 '성
장시킬' 수 없다는 사실을 깨달을 것이다. _제임스 배럿 『파이널 인벤션: 인공지능, 인류 최
후의 발명』[95]

  그렇다면 어떻게 자동화의 경계를 그을 수 있을까? 웜홀로 너무 깊
이 들어가는 첫걸음이 어디인지를 알 수 있을까? 대화의 물꼬를 틀
때 자동화하거나 자동화할 수 있다고 보는 몇 가지 사례를 제시하면
다음과 같다.

- 예약, 파일 정리, 재정 관리
- 공항 안전
- 일정 관리-시간 약속과 미팅
- 인간의 의사결정이 들어가지 않는 다른 관례적 업무

자동화(할 수 있다고 가정했을 때)해서는 안 된다고 생각하는 활동

- 공공 뉴스와 미디어
- 개인 연락처로 메시지 발송
- 소셜 미디어상의 '좋아요'와 동의 표시
- 우정(트위터의 자동 팔로우)
- 인력 채용과 해고

신이 되려는 기술

제 5 장

비인간 사물인터넷

비인간 사물인터넷의 범위가 확대되면 인간은 세상에 뒤처지지 않으려고 '조금씩 그러다 갑자기' 인간성을 버리고 초유의 기계적 존재가 되는 것은 아닐까?

앞에서 논의한 것처럼 기술 발전이 한데 조합하면서 사물인터넷(IoT)이 출현하였다. 시스코는 사물인터넷을 만물 인터넷이라고 불렀고, GE는 산업 인터넷이라 칭했다. 그것의 약속은 간단하다. 모든 정보가 인터넷으로 연결되고 언제 어디서나 데이터를 수집할 수 있다면 인간은 새로운 진실을 발견할 뿐만 아니라 미래 사건을 예측하고 예방도 할 수 있다는 것이다. 프라이버시와 보안 전문가인 브루스 슈나이더는 모든 기기와 센서, 하드웨어, 프로세스 등이 연결된 클라우드 속의 인공두뇌를 일컬어 '월드-사이즈드-웹'(월드와이드 웹에 빗댄 조어로 '세계와 같은 크기의 웹'이라는 뜻)이라 부른다.[98] 이것이 최적화된 초효율의 새로운 시대를 열 수도 있다. 하지만 인간 사이에서 일어나는 상호작용에는 어떤 변화가 생길까?

사물인터넷은 앞으로 지속가능한 고도화를 달성하면 막대한 비용을 절감할 수 있다고 약속한다. 그때는 모든 자원을 처음 소비한 다음에도 재사용하고 수선하여 재활용하며, 폐기물은 효과적으로 제거하는 순환 경제 시대가 된다.[99] 사물인터넷은 모든 대상에 센서를 내장해 사실상 모든 사람과 사물을 연결한 후에는 인공지능과 예측 분석 기법을 가동해 기하급수적으로 향상된 읽기, 이해하기, 데이터 적용 등을 활용하는 식으로 메타-지능(지능을 관장하는 지능)을 달성한다는 구상이다.

세계 곳곳의 사물인터넷 주창자들은 사물인터넷의 약속이 그대로 구현된다면 세계 물류와 해운 비용을 30~70%까지 절감할 수 있을 뿐 아니라 에너지와 냉난방 비용도 40~50%까지 줄일 수 있다고 주장한다. 이것은 시작에 불과하다. 연결성이 불러올 잠재적인 경제 혜택을 생각하면 더 큰 조바심이 난다. 사물인터넷은 정말로 엄청난 기획으로 이전의 '인간 + 컴퓨터 인터넷' 정도는 비교도 할 수 없다.

반드시 죽는(mortals, 인간) 존재의 삶 속에 거대한 것이 들어올 때는 저주가 따른다. _소포클레스[100]

사물인터넷은 지금 우리가 쓰는 인터넷보다 훨씬 더 대단한 규모

신이 되려는 기술

로 배열될 것이다. 그런 만큼 의도하지 않은 결과를 초래할 가능성도 무한대다. 사물인터넷이 전 지구적으로 구현됐을 때의 상황은 천국 아니면 지옥이다. 어느 쪽이 됐든 이 여행을 위한 나침반은 바로 지금 눈금을 조정하고 있다.

사물인터넷이 인간을 사물로 바꿀 수 있을까?

지금은 인터넷이 끼치는 많은 부작용을 해결해야 하는 상황이다. 감시 문제나 프라이버시 침해, '디지털 비만' 같은 의도하지 않은 결과는 실제 고의는 아니었다고 하자. 사물인터넷이 전 지구로 퍼지고 있는 지금 이런 솔루션과 도구, 엔진, 플랫폼을 제공하는 기업에 얼마나 더 큰 힘(데이터에 접속하고 인공지능이 처리하는 내용)을 넘겨줄 것인지 의문을 제기해야 한다. 또한 이런 문제에 대한 보호 조치를 국제 합의, 효과적인 제재, 기업의 자율 규제, 공정한 감독 없이도 달성할 수 있는지도 물어야 한다.

더구나 미국의 선도적 플랫폼과 클라우드 서비스 제공자 그리고 또 다른 기술 기업 역시 국가안보국(NSA)이나 연방수사국(FBI)을 비롯한 다른 정부 기관 등이 모든 기기와 데이터를 스캐닝하지 못하게 막을 수는 없을 것이다. 그렇다면 지금부터 5~7년 후 2000억 개가 넘는 기기들이 하나로 연결되면 어떤 상황이 벌어질까?

가장 비관적인 상황은 사물인터넷이 기계적인 사고(machine thinking)의 극한이 되는 것이다. 이것은 지금까지 개발한 것 중 가장 완벽한 스파이 운영 시스템이자 가장 큰 규모의 실시간 감시망이 되어 인간을 완전히 종속시키고 그나마 남아 있던 익명성을 일말의 여지도 없이 완전히 사라지게 한다.[101]

한번 상상해보자. 다음과 같은 세상이 그리 멀지 않았다.

- 온라인으로 연결된 차량의 모든 정보를 실시간으로 송수신한다. 차량 위치는 물론 운전자의 이동 상황까지 전송한다.
- 모든 거래도 스마트 기기와 연계된다. 현금과 지갑, 신용카드 등도 모두 옛날이야기가 된다.
- 병원에서는 이번 주에 당신이 걸어 다닌 시간이 얼마나 부족한지, 그리고 비행기 안에서 잠든 당신의 심장 박동에 이상이 없는지 손쉽게 확인할 수 있다.
- 외장 두뇌(다른 말로 모바일 기기)는 이제 웨어러블 장치나 뇌-컴퓨터 인터페이스 혹은 임플란트를 통해 실제 두뇌와 직접 연결된다.
- 모든 사람과 사물이 데이터 발생 신호기가 되어 하루에 수천 기가바이트의 정보를 발신하면 IBM의 왓슨과 구글의 딥마인드 군단은 허기진 자기학습 글로벌 인공지능 두뇌를 적용해 실시간 클라우드 안에서 내용을 수집하고 걸러내고 분석한다.

이런 과정에는 매 순간 효율성이 인간성보다 우선한다. 결국에는

　　　　　　　　　　　　　　　　　　　　　　신이 되려는 기술

거대한 기계 운영시스템이 인간을 지배할 수도 있다. 기계 운영시스템은 스스로 학습할 뿐 아니라 생산에 필요한 것을 공급한다. 공급이 더 이상 필요하지 않을 때까지만 그렇게 할 것이다. 그때가 되면 인간은 자신이 만들고 발전시킨 기술보다 가치가 떨어진다.

인류가 지구상에 출현한 이래 인간을 규정한 천부적 주권이라는 개념은 마침내 효력을 잃는다. 이런 상황은 어떤 외부 생명체나 외계 방문자가 만드는 것이 아니라 기술 주창자와 그들이 주장하는 초기계화(hyper-mechanization) 의제에 따라 도래한다.

지금 인간과 컴퓨팅 기기를 연결한 인터넷 시대의 규정과 윤리에 대한 의견을 정립하지 못하면, 앞으로 천 배나 더 발전한 상황에서는 더 어려운 일이 될 것이다. 단지 그렇게 할 수 있다는 이유만으로 이렇게 계속 전진하는 것은 좀 더 고민을 해야 하지 않을까?

누가 통제하는가?

오늘날 생명기술(biotechnology)과 생명공학(bioengineering) 분야에는 무엇을 허용할지에 대한 여러 가지 표준과 지침, 합의, 협약이 있다. 1975년 제정된 재조합 DNA에 대한 아실로마(Asilomar) 지침이 대표적이다.[102] 또한 핵무기와 관련해서는 핵확산금지(nonproliferation) 협약이 있다. 하지만 디지털 시대의 원유라 불리는 데이터와 정보에 관해서는 아직까지도 그런 규정이 없다. 오늘날 데이터는 아주 빠르게 최강의 경제 추동력이 되고 있다. 그러나 세계 34억 인터넷 사용자의 개인 데이터 사용에 대해서는 무엇을 허용하고 금지할 것인지 정해놓은 국제 협약이 없다.[103] 인지 컴퓨팅이나 일반인공지능에 관한 협약도 없다. 핵무기를 예외로 한다면, 인류 역사상 이토록 빠른 속도로 별 성찰 없는 모험이 진행된 적도 드물다. 데이터에 이어 인공지능의 사용이 기하급수적으로 늘면서 조만간 그 충격은 핵무기에 버금갈 정도일 텐데도 아직 인공지능은 대체로 통제 영역 밖에 있다.

이런 상황에서 선도적인 데이터 기업과 인공지능 기업이 일을 올바르게 진행하는지 누가 보장할 수 있는가? 반짝반짝 빛나는 새로운 사물인터넷을 운영하는 주체가 올바르다고 누가 보장할 것인가? 무엇이 올바른 것일까? 그건 누가 규정할까? 심지어 옳고 그름을 구분할 수는 있는 걸까?

안드로리즘과 예방 원칙

우주의 새 주인이 처리 과정과 하드웨어만 데이터로 전환하는 게 아니라 우발적이든 설계에 따른 계획이든 인간까지 사물로 바꾸려는 작업을 저지하려면 우리는 어떻게 해야 할까? 기술 산업계는 사물인터넷에 열광하고 있는데 이는 혜택이 분명하기 때문이다. 반면에 주의 깊게 따져보지 않으면 안 될 위험이 도사리고 있다.

이 과정에서 인간의 발달 과정을 진정으로 담보할 균형 장치를 추가해야 한다. 그렇게 해서 기술의 기하급수적 발달 과정의 모든 단계를 인간의 관점에서 조율하고, 인간 삶을 지배하려 드는 (컴퓨터 이

진법의) 0과 1 사이에 인간이 개입할 수 있는 여지를 확보해야 한다.

나는 사물인터넷의 축복에 힘을 더하고 그 제공자가 되려는 사람들에게 다음과 같은 예방 원칙(제8장 참조)을 적용하라고 감히 제안한다. 즉, 사물인터넷이 인간에게 해를 끼치지 않는다는 사실을 입증하거나 보장하는 책임은 그것을 통제하는 사람에게 부과해야 하며, 그 책임이 반드시 보장될 때에만 일을 진행해야 한다는 것이다. 이와 동시에 우리는 기술에 대한 전향적 접근도 허용해야 한다. 그렇다고 혁신을 가로막아서는 안 되기 때문이다.

이것은 더 이상 선택의 문제가 아니다. 또한 두 전략을 단순하게 뒤섞는다고 될 일도 아니다. 호모사피엔스는 지금 완전한 미지의 영역에 들어와 있다. 여전히 논쟁거리인 군사 실험과 정치적 결정에 따라 핵무기를 지구상에 처음 투하한 지 70년이 지났다. 지금처럼 '빅 데이터 랜드'로 돌진하는 것을 정당화하거나 명분으로 삼을 만한 새로운 세계대전도 없는 상황에서, 우리는 앞으로만 가고 있다. 마치 앞으로도 인간에게는 모든 선택지가 얼마든지 열려 있을 것이란 듯이 말이다. 그러나 비인간 사물인터넷은 인간을 포위하고, 인간의 핵심적인 본질까지 바꿀 수 있다. 동시에 사물인터넷은 신의 능력에 버금가는 무소불위의 힘을 주인에게 나눠줄 것이다. 우리는 예방 조치를 취하되 동시에 전향적 태도를 유지해야 한다. 이 두 가지는 더 이상 별개의 두 부족이 추진하는 각각의 의제가 되어서는 안 된다.

제6장

마법에서 마니아를 거쳐
중독으로

인간은 지금 기술이 제공하는 밤샘 허니문 파티에 취해 있다. 하지만 다음 날 아침 그리고 그 뒤로 영원히 치러야 할 대가도 생각해보는 것이 현명할 것이다.

 1961년 저명한 미래학자이자 이 책에도 지대한 영향을 끼친 아서 클라크는 다음과 같은 유명한 말을 했다. "충분히 발전한 기술은 마술과 구분할 수 없다."[104] 앞서 제5장에서 강조한 바와 같이, 우리는 지금 클라크가 선견지명으로 예견한 것들을 목도하기 시작했다. 실로 기술의 마법이 폭발하는 한가운데에 들어와 있다. 과학과 기술은 인류가 상상할 수 있는 그 이상의 성과를 보여주고 있다.
 기술의 마법 효과는 상업적으로나 경제적으로나 사회적으로 아주 중요한 문제가 되었다. 그것은 구글과 애플, 페이스북, 아마존, 바이두, 텐센트, 알리바바 같은 기업들이 혜성처럼 등장한 데 이어 주식

시장에서 큰 성공을 거두는 핵심 동력이었다. 그뿐만 아니라 미국과 중국에 현저하게 많은 유니콘(기업가치가 10억 달러 이상인 비상장 신생기업)과 데카콘(기업 가치가 100억 달러 이상인 신생벤처기업) 들이 탄생해서 성장할 수 있는 힘의 원천도 기술의 마법 효과였다.

1998년 구글이 처음 출범했을 때다. 이곳에서 '런던행 최저가 항공편'을 묻는 질문을 검색해 완벽한 답을 얻은 사람들은 이것을 일종의 마법으로 생각했다. 세상 어디에 있든지 내가 보고 싶은 책을 주문하고, 며칠 후면 집 현관에서 받아볼 수 있는 것도 마찬가지였다. 그 다음 혁신의 물결은 마법 같으면서도 합법적인 그리고 아주 낮은 비용의 엔터테인먼트 플랫폼이었다. 넷플릭스, 훌루(Hulu), 비아플레이(ViaPlay), 스포티파이(Spotify), 유튜브 같은 플랫폼은 미디어 소비 방식을 완전히 바꿔놓았다. 우리가 대가를 지불할 수만 있다면 앞으로도 계속해서 그런 식으로 바뀔 것이다.

기술이 부리는 마법의 순간은 이제 어디서든 볼 수 있다. 스마트폰의 샤잠(Shazam) 앱을 구동한 후 어떤 음악이든지 틀어놓으면 지금 연주되는 음악의 제목을 바로 알려준다. 그리고 그 곡을 나중에 다시 듣거나 공유할 수 있도록 저장할 때 이용하는 디지털 음악 플랫폼으로 곧장 연결해준다. 새로운 음악을 알고 찾는 이런 단순한 문제만 해도 과거에는 거의 불가능할 만큼 복잡한 과정을 거쳐야 했다. 이제는 전화를 거는 것만큼 쉬워졌다.

이처럼 모바일 기기와 앱을 이용한 경험이 기술을 통해 접할 수 있

신이 되려는 기술

는 마법 중 첫 번째 발현이었다. 이제 우리는 일상생활에서 어떤 문제에 부딪힐 때마다 "거기에 맞는 앱이 있을 거야" 하는 말을 들을 것이다. 항상 강력한 모바일 기기를 휴대하고 다니며 광대역 모바일 인터넷과 연결만 하면 된다.

애플의 앱스토어 한곳에서만 이미지 편집용 앱 수만 가지를 골라 쓸 수 있고, 온라인 데이팅 앱도 수백 종이나 된다. 일정과 약속 관리용 앱은 셀 수도 없고 이혼 도우미 앱까지 나와 있다. 심지어 디지털로 부두교의 주술을 원격으로 펼칠 수 있는 앱도 헤아릴 수 없이 많고 온갖 종류의 방귀 소리를 시뮬레이션한 앱도 있다!

지구 전역을 휩쓰는 이러한 마술 효과는 기술에 힘을 더해주면서 모바일 기기 사업을 견인한다. 이제는 스마트폰이 컴퓨터보다 더 중요해진 이유다. 매슬로가 말한 인간의 욕구 위계 피라미드도 변해야 한다. 먹을 것과 마실 것, 입을 것, 쉴 곳 같은 기본 욕구와 나란히 모바일 기기와 스마트폰, 와이파이의 연결도 포함해야 한다. 심지어 이런 온라인 연결의 욕구는 섹스나 우정, 명성보다 순위가 더 높을 때도 많다. 그리 멀지 않은 장래에 지능형 디지털 비서(IDA)까지 이 욕구 위계에 추가될 것이다.

사물인터넷이 도래하면서 자율주행차량은 물론 인공지능, 지능형 비서 등은 마술과 같은 힘을 얻을 것이다. B2B 분야에서 기술의 마법을 이미 선보인 리벨리움(Libelium)은 스마트 농업, 스마트 도시, 스마트 에너지를 구현해 세상에 새로운 활기를 불어넣으려고 한다.[105]

광활한 센서 연결망을 건설하는 방식으로 벌판의 트랙터가 됐든 공원 안의 나무가 됐든 그전까지는 '별 의미가 없던' 모든 기기나 하드웨어 조각을 스마트하게 만들겠다는 야심이다.

스마트 솔루션으로 모든 원유 수송관의 온도를 24시간 파악할 수도 있고, 가스 유량이 얼마인지, 바깥 소음은 어느 정도인지, 그리고 그 밖의 많은 정보도 손쉽게 알 수 있다. 길가에 서 있는 가로등도 지나가는 차량과 사람에 따라 변하고, 어떤 블루투스 MAC 어드레스가 계속 뜨는지, 공해 수치는 얼마나 되는지 등을 알 수 있다. 이것이 가져다줄 잠재적 수익을 감안하면 모든 기술 기업이 사물인터넷 부문에 엄청난 투자를 한다는 사실은 놀랍지 않다.

마법은 기술의 규모와 속도를 상상 이상의 수준까지 끌어올리고 있다. 아이폰은 마법이다. 실제로 많은 사람에게 한때 아이폰은 마법이었다. 아이패드 역시 마법이다. 증강현실과 가상현실도 마법이다. (2016년은 증강현실과 가상현실이 조금씩 그러다 갑자기 부상한 해였다.) 테슬라 차량도 마이크로소프트의 홀로렌즈도 마법이며 매 순간 새로운 종류의 마법이 속속 출현하고 있다.

결정적으로 중요한 점은 이 모든 마법에 소요되는 비용이 계속 낮아지고 있다는 사실이다. 이 점은 대단히 중요하다. 왜냐하면 기술이 나타내는 마법 같은 힘은 불법 마약과 유사해서, 얼마에 제공되고 얼마나 많은 사람이 누릴 수 있느냐가 확산 속도와 깊이에 결정적 영향을 미치기 때문이다. 아마 앞으로 5년 후에는 지금은 엄청나게 비싼

신이 되려는 기술

마법, 즉 인간 게놈 분석이나 웬만한 슈퍼컴퓨터까지도 터무니없이 싸질 것이다. 그러면 우리가 살아가는 방식에는 어떤 변화가 일어날까? 각자가 이용할 수 있는 사적 마법의 왕국이 출현하는 셈이다. 모든 문제는 기술로 풀 수 있고 우리는 신이 된다.

마법에 사용되는 인간 정보 내장

이제 기술이 보여주는 마법은 하드웨어 영역을 넘어서기 시작했다. 더 이상 기기나 장치, 서비스, 연결성에만 국한하지 않는다. 점점 우리 자신과 몸, 정신, 인간성에도 영향을 준다.

최근 수많은 연구자가 인터넷, 그중에서도 특히 소셜 네트워크의 마법에 반응하는 인간의 모습을 증거로 제시했다.[106] 즉, 수천 킬로미터 떨어진 곳에 있는 모르는 사람이 자신이 올린 게시물에 '좋아요'를 누르거나 댓글을 단 것을 보면, 사람들 몸 안에서는 엔도르핀과 도파민이 급증하면서 존중받고 가치 있는 존재로 느낀다는 연구 결과였다. 표면에 드러나는 것을 보면, 이것은 체내에 미리 설정된 생물학적 반응과 아주 흡사하며 의식적 통제 밖의 현상일 수도 있다. 오늘날 소셜 네트워크가 수많은 소매상이나 전자상거래 사이트보다 더 가치 있게 여겨지는 것도 바로 이런 점 때문이다.

이처럼 일종의 쾌락의 덫을 조장하는 것이야말로 앞서가는 소셜 네트워크가 자신의 비밀 소스를 섞을 때 포함하는 핵심 요소다.[107] 2016년 1월 내가 페이스북 사용 시간을 줄이기로 진지하게 생각한 주요 이유도 비슷하다. 나 자신이 감정적으로나 지적으로 페이스북 알고리즘 의도대로 조작당하는 것 같았고, 이것은 아주 이상한 상태의 비인간화로 이어지는 편한 진입로처럼 보였기 때문이다. 그렇지만 그로부터 6주 후에 내 홈페이지로 유입되는 트래픽의 60%를 페이스북이 끌어온다는 점을 무시할 수는 없었다. 고민 끝에 좀 더 지켜보기로 했다. 지금은 계속해서 페이스북에 게시물을 올리고 있지만, 뉴스 정보원이나 미디어로 사용하지는 않는다.

소셜 네트워킹에서 작동하는 것과는 별개로 기술의 마법은 인간의 호르몬을 솟구치게 하고 감각을 자극하기 때문에 기술을 더 신속하게 수용하도록 끌어가는 보편적 추진력으로 작용한다. 애리조나의 거친 자연을 산악자전거로 여행하면서 고프로(GoPro) 카메라로 촬영한 동영상을 보고 있으면 마법으로 울렁대는 느낌을 알 수 있다. 왓츠앱의 마법 덕분에 사랑하는 사람들과도 세계 어디서든 언제나 무료로 접속할 수 있고, 또 다른 마법 같은 순간을 그들과 공유할 수 있다.

그렇다면 무엇이 문제일까?

물론 상당수의 기술은 반길 만하다. 나 역시 많은 기술을 자주 이용한다. 기술 중독이나 과용, 그리고 사회적으로 문제가 된다는 느낌은 최근 몇 년 사이에 생기기 시작했다. 하지만 대부분은 아주 긍정적으로 논의한다. 문제를 제기하는 사람들은 러다이트 유형이나 오프라인 성향의 사람, 디지털 해독 운동가 정도다. 사람들은 왜 기술이 문

신이 되려는 기술

제인지, 왜 기술 마법이 너무 많으면 안 되는지를 설명하라고 한다. 내 생각을 제시하면 다음과 같다.

기술은 곧 연쇄 작용으로 '핵폭탄급 문제'를 촉발한다

지금 인류는 기술 발전의 기하급수 곡선 위의 변곡점에 서 있다. 그런 점에서 역사의 전환기를 대표한다. 어떤 점에서 현대의 과학자와 기술자는 알베르트 아인슈타인이 과거에 직면한 것과 유사한 상황에 처해 있다. 1939년부터 1940년까지 아인슈타인은 자신이 평화주의자라고 생각했다. 하지만 루스벨트 대통령에게는 독일보다 먼저 핵폭탄을 개발하라고 촉구했다. 이어 1941년에는 부주의하게도 바네바 부시를 도와 미국의 핵프로그램 진행에 걸림돌이던 복잡한 수학 문제를 풀어내 핵폭탄 개발에 기여했다.[108]

역사가 더그 롱은 이렇게 평했다.

아인슈타인의 전기 작가인 로널드 클라크는 아인슈타인의 편지 없이도 핵폭탄은 발명되었겠지만, 그 편지에서 비롯한 미국의 빠른 성과가 없었다면 제2차 세계대전 중 일본에 사용할 시점에 맞게 핵폭탄을 준비하지는 못했을 것이라고 봤다.[109]

1954년 11월 숨을 거두기 5개월 전에 아인슈타인은 핵폭탄 제조 과정에서 자신이 했던 역할을 이렇게 요약했다.

나는 살면서 한 가지 커다란 실수를 저질렀다. 내가 루스벨트 대통령에게 핵폭탄을 제조해야 한다고 권고하는 서한에 서명한 것이다. 다만 조금이라도 정당화할 이유를 댄다면 그건 독일이 (먼저 - 옮긴이) 만들 수도 있다는 위험 때문이었다.[110]

인간의 정신이 기술보다 우위에 있어야 한다. _알베르트 아인슈타인[111]

1939년 아인슈타인이 한 말과 유사한 주장이 일반인공지능(AGI), 지구공학(geo-engineering: 기후를 통제하는 기술), 자율무기체계 배치, 인간 유전자 개량 등과 같이 극도로 위험한 기술의 기하급수적 발전의 정당화에도 사용되었다. 가장 흔한 말은 이것이다. "만약 우리가 이것을 하지 않으면 다른 누군가가 (그것도 아마 사악한 누군가가) 반드시 할 것이다. 그렇게 되면 우리만 뒤처진다." 그리고 "이 모든 위험과는 상관없이, 이 기술은 엄청난 유익을 제공할 것이다. 그러니 이 기술을 활용하지 않는 것이야말로 매우 어리석은 일이다." 그리고 "무엇이든 한번 발명한 것을 되돌리거나(un-invent), 발명하는 활동을 그만두게 할 방법은 없다. 정말 발명할 수만 있다면, 그것을 창조하려고 애쓰는 것 자체가 바로 인간의 본성이다."

이런 주장에 대한 나의 대답은 언제나 같다. 기술은 선도 악도 아니다. 기술은 기술일 뿐이다. 우리는 '지금 여기(now and here)'의 관점에서 구체적으로 그 기술을 어떻게 사용하는 것이 나쁘고 좋은지를 결정하고 합의해야 한다.

신이 되려는 기술

지금 이 순간에도 다양한 영역에서 핵에너지나 핵무기보다 훨씬 더 강력한 기술을 발명하고 시험하고 있다. 기술의 빠른 진전은 불가피하다. 신기술을 발명하는 사람이 그것의 무해성을 먼저 입증하는 책임을 져야 한다. 지금 당장 이런 예방 원칙을 적용해야 한다고 지적하지만, 이런 흐름을 막을 수는 없을 것으로 보인다(제8장 참조).

핵심 과제는 이것이다. 어떻게 하면 불가피한 기술적 성취의 98%는 마법 상태로 남겨두되(즉, 인간의 집단적 번영에 도움이 되도록 계속 사용하되) 이것이 급작스럽게 나쁜 쪽으로 역전되지 않도록 하느냐는 것이다. 예를 들어 암을 치료하는 유전자 편집술이라는 획기적 성취를 생각해보자. 똑같은 기술의 진전이 반복되다 보면 반인반수의 키메라를 만들어내고, 결국에는 사이보그(인간과 기계 합성체) 유형이 극적으로 증가하거나, 인간의 유전자 구성을 스스로 결정하도록 허용하는 방향으로 갈 것이다. 이런 시도는 마치 원자력을 핵폭탄 개발에 사용한 것과 아주 유사하다. 결국 '디지털 히로시마'의 위험성은 더욱 커진다.

우리의 윤리적 지침은 무엇인가? 국제 사회가 어떤 윤리적 기초에 합의라도 할 수 있을까? 어떻게 해야 기술 발전의 어두운 측면을 규정하고 억제하는 데 모든 국가가 합의할 수 있을까? 누구에게 위반을 감시하는 책임을 지울 것인가? 어떻게 해야 제임스 배럿이 말한 '우리의 마지막 발명품'[112]으로 향하는 치명적 소용돌이 속에서 빠져나올 수 있을까? 디지털 윤리에 대한 토론이 반드시 필요한 이유다.

데이터, 정보, 연결성, 지능 등의 기하급수적 성장은 디지털 세계의 새로운 원유다. 이것들은 우리가 살고 있는 세상의 모든 분야에서 획기적인 전환을 이끌고 있다. 인간은 지금 수학 계산이나 컴퓨터 코딩 단계를 넘어 핵 공격과 같은 실행력의 문턱을 넘고 있다.

나노튜브 회로의 1세제곱인치만 충분히 발전해도 인간 두뇌보다 1억 배 이상 뛰어나다. _레이 커즈와일 「특이점이 온다: 인간이 생물학을 넘어설 때」[113]

과학과 기술의 발전 덕분에 인간은 이미 엄청난 힘을 손에 넣었다. 앞으로 20~30년 내에 우리는 기하급수적인 기술 발전의 곡선 위에서 일련의 분기점을 만날 것이다. 유비쿼터스 퀀텀 컴퓨팅과 이른바 특이점의 도래 등이다. 속도가 빨라지는 곡선을 따라 올라가다 보면 힘이 무한정으로 커지면서 우리가 상상한 것 이상의 능력을 얻을 것이다. 계몽 시대 볼테르부터 최근 영화 속 슈퍼맨의 아버지에 이르기까지 역사 속 많은 인물은 이런 요지의 말을 반복했다. "거대한 힘에는 거대한 책임이 따른다."[114]

무엇보다 기하급수적 기술에 따른 막대한 힘을 인간 행복 증진에 어떻게 쓸 수 있을까? 어떻게 해야 기술의 마법 같은(혹은 치명적인) 결과에서 인간을 보호할 양해문, 합의문, 규칙을 마련하는 데 충분한 노력을 기울일까? 기술의 마법이 넘지 말아야 할 지점은 어디일까?

신이 되려는 기술

기술 마법이 폭발하는 시대

'마법 지수'가 기하급수적으로 작동하면 지금까지 잠복해 있던 기존 기술의 오용이나 악용의 문제가 점차 확연히 드러난다. 이 역시 기하급수적으로 커진다. 다시 말하지만 조금씩 그러다 갑자기…….

나는 기하급수적 기술의 힘을 활용하는 집단 능력을 여전히 낙관한다. 하지만 그와 동시에 기하급수적이고 조합적인 기술 변화의 매 순간 인간은 마법에서 열광으로 다시 중독으로 단기간에 빠질 위험도 있다는 점을 우려한다.

이런 시기에 경각심을 잃어서는 안 된다. 인간성에 대한 도전이 나날이 커지고, 마법 지수는 폭증하며, 기술에 대한 열광은 사그라지지 않고 있다.

'만약 그렇다면?'이나 '어떻게?'가 아니라 '왜?'다

앞에서 논의했듯이, 우리는 지금 기하급수적이고 조합적인 기술 발전의 전환점에 놓여 있다. 다시 말해 기술이 모든 인간의 웰빙을 확대할 것인지 아니면 격감할 것인지 기로에 놓여 있다. 기술의 마법이 실제로 실현될 것인지 하는 질문은 조만간 없어질 것이다. 대답은 거의 언제나 '그렇다'가 될 것이기 때문이다. 이제 핵심 질문은 왜 그렇게 돼야 하는지, 누가 그것을 책임지고 통제할 것인지, 그것이 인류 미래에 어떤 의미가 있는지로 바뀔 것이다.

인간이 인류 번영을 실제로 증진하는 환경을 유지하려면 기술의 발전이 초래할 의도하지 않은 결과를 고민하고, 외부효과를 상시 반영하는 문제를 고려해야 한다. 흔히 사업 모델을 세울 때 포함하지 않는 부작용과 외부효과에도 관심을 가져야 한다. 예를 들어 여전히 화석연료에 의존하면서 지구 온난화에 미치는 영향을 측정하는 것이 여기에 포함된다. 이런 문제가 기업의 의제로 더 신속하게 부상해야 한다. 전일적 사고가 기본 접근법이 되도록 해야 한다.

기술이 상상한 것보다 강력해지고 빨라지면서 마법은 폭발하기 시작하고 인간은 신이 되려 한다. 지능형 디지털 비서는 조만간 초지능을 갖고, 어디에나 존재하고, 매우 낮은 가격으로, 눈에는 보이지 않으면서, 나를 비롯한 모든 존재에 내장될 것이다.

지금 우리가 처한 세계는 과거 기술이 부린 마법의 수준과는 본질적으로 다르다. 특히 기하급수적이고 조합적 발전이라는 면에서 규모나 범위뿐만 아니라 과거에 목격했거나 생각하던 것과는 질적으로도 다른 수준의 마법을 발휘할 것이다. 싸고 좋은 호텔 방을 찾으려고 검색 엔진에 의존하던 예전 방식과 달리 모든 여행 예약은 애플의 시리(Siri)나 마이크로소프트의 코타나(Cortana), 페이스북의 M, 혹은 IP소프트의 아멜리아의 역할을 계승한 지능형 디지털 비서가 대행할 것이다. 지금 쏟아지는 편리한 지능형 디지털 비서들도 나중에 가면 오늘날 페라리와 테슬라에 비교하는 포드 자동차의 첫 모델 T처럼 보일 수 있다. 우리는 아직 기술 폭발의 진면목을 보지도 못했다.

기술은 인간 내부로 들어온다
인간을 세계와 분리하고 점점 체험과 단절시킨다

전통적인 검색 엔진은 외부 도구를 사용했다. 마치 집을 지을 때 해머를 사용하는 것과 같다. 반면 지능형 디지털 비서식 접근법은 집 자체를 해머가 설계하도록 맡기는 것이다. 기술은 인간의 두뇌와 같아진다. 기술은 인간 내부에서 가동된다. 도구와 인간 사이의 구분은 사라진다.

지능형 디지털 비서가 인간의 일을 대행하는 추세는 이미 목격되고 있다. 시리만 해도 사람의 질문에 대답하고 곧바로 필요한 자료가 있는 곳으로 안내한다. 아마존의 인공지능인 알렉사는 책을 주문하고 소리 내 읽어주기도 한다. 아멜리아는 여행 일정을 예약한다. 지능형 디지털 비서는 차세대 앱이 되어 수년 내에 넓게 퍼질 것이다.

무료에다가 어디에서나 불러낼 수 있는 초지능 비서를 사용하면서 인간은 수많은 분리와 개인의 단절 그리고 기술의 퇴화에 직면할 것이다. 초지능 비서는 다음과 같은 것도 할 수 있다.

- 인간에 대한 모든 정보를 알고 있다. 즉, 모든 데이터 포인트와 커뮤니케이션, 동선, 그리고 모든 디지털 흔적을 완벽하게 파악하고 있다.
- 사람이 가진 실시간 관심 영역과 의도, 욕구를 모두 안다. 그것이 단순 거래든, 미팅이든, 그 밖의 어떤 것에 관해서든 상관없다.

- 수백만의 다른 비서와 정보를 주고받으면서 극도로 강력한 네트워크 효과를 만들어낸다. 모든 것을 내려다보는 글로벌 브레인(global-brain-in-the-sky)이 된다.
- 사람을 대신해서 50여 개의 언어로 소통한다. 그러나 이것은 시작에 불과하다.

디지프레니아(Digiphrenia, 디지털정신분열): 미디어와 기술이 우리를 동시에 하나 이상의 장소에 있도록 하는 방식. _더글러스 러시코프 「현재의 충격: 모든 것이 지금 일어나는 시대」[115]

지능형 디지털 비서의 속도와 힘, 즐거움과 편리함을 거부할 수 없다는 데는 의심의 여지가 없다. 이러한 추세는 분명 엄청난 규모로 인간의 기술적 퇴화와 정서적 둔화의 길로 이어질 것이다. 지능형 디지털 비서는 스마트폰이 끝나는 지점에서 배턴을 이어받아 컴퓨팅 인터페이스를 인간의 사고와 기대, 습관적 행동의 사적 영역 속으로 들여다놓을 것이다. 거기서부터 한 발짝만 더 가도 두뇌와 직접 연결되는 인터페이스와 하이브리드 휴머니티에 이르게 된다.

예를 들어 3D 프린팅을 생각해보자. 만약 환상적인 저녁 식사를 즉석에서 차릴 수 있다면 그때에도 여전히 요리를 할까? 만약 즉석 통번역기가 생긴다면 그때도 외국어를 배우려고 할까? 만약 뇌파만으로도 컴퓨터를 작동할 수 있다면 굳이 타이핑을 배우려 할까? 필

신이 되려는 기술

요는 발명의 어머니라고 했다. 이제 선택은 (권한) 이양의 아버지가 될까?(편리한 자동화를 선택하면서 인간의 자율적 권한을 넘겨줄 것이라는 의미 - 옮긴이)

지금 아이폰과 안드로이드 기기를 쓰는 것은 1970년대에 거실 크기만 한 메인 컴퓨터 능력을 손바닥 안에 쥐고 있는 것과 같다. 놀라운 일이다. 그런 기기 백만 대의 능력에 해당하는 퀀텀 컴퓨터를 스마트 클라우드에서 음성이나 동작, 심지어 컴퓨터 인터페이스에 생각만으로 지시해 즉시 사용할 수 있다고 상상해보자.

이러한 마법의 폭발과 더불어 다음과 같은 일이 일어난다.

- 모든 것이 디지털화, 자동화, 지능화한 결과 모든 것이 서비스로 인지되거나 규정된다. 이것은 경제에도 큰 영향을 미친다. 음악부터 영화와 출판에 이어 운송, 화폐, 금융 서비스, 의료 시술, 식품, 에너지에 이르기까지 사회 전 부문에서 계속해서 풍요를 만들어낼 것이기 때문이다. 풍요는 결국 지금의 자본주의를 붕괴시킬 것이고 아직은 규정되지 않은 포스트자본주의 시대를 불러낼 것이다.
- 인류는 극도로 강력해진다. 그리고 그런 힘을 제공하는 도구에 대한 의존도 역시 극도로 높아질 것이다. 의존도가 너무 높아진 나머지 공기나 물처럼 그것 없이는 아무 기능도 할 수 없다.
- 매 순간 사색이나 상상 같은 인간의 특성을 귀찮아하거나 완전

히 없애버리고 싶은 유혹에 빠진다. 이런 특성은 마치 자신이(다른 사람들 역시) 뒤처지는 느낌 때문이다.

- 인간은 시스템 사용법을 아는 누군가의 조작 때문에 부당한 영향 아래에 놓이는 허수아비가 된다.
- 기계화한 세계에 적응하려고 인간이 기계가 되는 방향으로 가는 과정에 들어설 가능성이 높다.
- 생체가 기술에 순응하면서 인간의 생명 체계는 점점 선택 가능한 것이 되고 대체 가능해지면서 결국에는 퇴화하는 신세가 된다.
- 기술이 세계를 지배하는 플랫폼이 되면서 어디서나 손쉽게 '기술이 제시하는 한 가지 진실'만을 추종하고 인류의 문화, 상징과 행동, 의례 등은 뒷전으로 사라진다.

무엇보다 중요한 것은 기하급수적 기술이 그때 가서도 여전히 실제로 한낱 도구에 불과할 것인가 하는 물음이다. 그렇지 않다. 해머라든가 심지어 전기나 인터넷 자체만 하더라도 더 이상 사용할 수 없으면 불편하기는 할 테지만 생활이 근본적으로 불가능하지는 않다. 전기와 인터넷 접속은 산소나 물처럼 중요하지는 않기 때문이다. 그런 것들은 우리의 삶을 더 풍요롭게 할 뿐이다.

그렇지만 기하급수적 기술은 대부분 단순한 도구에 그치지는 않는다. 오히려 산소처럼 삶에 필수 요건이 될 수 있다. 이 시점에 이르면 인간은 기술 없는 자연 상태에서 온전히 살아갈 수 없다. 이 지점에

신이 되려는 기술

서 우리는 제한선을 그어야 한다. 여기서부터는 기술을 사용하는 것이 숨을 쉬는 것만큼이나 중요해지기 때문이다. 그 길을 따라가다 보면 어느새 기술이 인간의 일부처럼 생각될 것이다. 그것이 의도적이든 순전히 운에 따른 것이든 이 지점은 인간이 넘지 말아야 하는 선이다. 사고나 질병 때문에 몸의 일부를 기계로 바꾸는 일은 온당하다. 하지만 애써 자원하거나 의도적 설계에 따라서 그렇게 되는 것은 완전히 다른 문제다.

기술적 마법이 폭발하고 난 후, 그러니까 지금 누리는 것보다 백만 배 더 강력한 신기술 도구가 거의 무료와 다름없는 가격에 언제 어디서나 이용할 수 있을 때의 삶은 어떨까? 가늠하기조차 힘들다. 저항할 수도 없다. 중독성도 강하다. 그런 상황 전개에 순응하고 있어야만 할까? 많은 기술주의자가 제안하듯 인간과 기계의 완전한 융합은 불가피한 것이라고 생각하며 포용해야 할까, 아니면 우리가 보다 적극적인 역할을 맡고 나서서 무엇을 만들고 만들지 말아야 할지를 스스로 규정해야 할까?

기술의 마법이 몸속으로 들어오면 인간은 스스로 기술이 되도록 운명지어져 있는 걸까? 몇 가지 간단한 질문을 해보자. 기술의 마법 없이 살고 싶은 사람이 있을까? 마법 같은 기술이 존재하지 않거나 사용할 수 없으면 장애나 열등감을 느낄까? 마치 청각이나 시각을 갑자기 잃어버린 것과 같은 불편을 느낄까? 이런 기술을 결국에는 인간 기능의 확장으로 자연스럽게 받아들이게 될까? 마치 지금 스마트 모바일 기기를 쓰고 있는 것처럼? 그렇게 되면 인간인 것과 인간이 아닌 것(즉, 그것 혹은 그것들)에 대한 지금까지의 이해가 완전히 달라질까? 완전한 미디어화는 인간을 둘러싼 세계를 경험하는 데 어떤 의미를 줄까? 우리의 의사결정과 감정 세계에는? 우리는 어떻게 반응할까?

우리는 이미 기술 도구의 마법과 끊임없는 연결성, 미디어화, 스크린화, 시뮬레이션, 버추얼화의 마약 같은 효과를 혼동하기 시작했다. 기술의 마법은 이미 인간 정신을 매료시켰다. 중독적이고 유혹하며 부추기고 요구한다. 그러니 마법 지수가 1000에 달한다면, 기술이 무한정으로 더 강력해지고 값도 싸지고 우리와 떨어지기도 어려워질 것이다. 그러면 과연 어떤 일이 벌어질까?

우리는 도구를 만든다. 그다음에는 도구가 우리를 만든다. _마샬 맥루한[116]

우리가 진입하고 있는 기하급수적 발전에 어떤 제약도 없다면, 과거에 아리스토텔레스가 말한 인간의 연결과 공헌의 느낌을 주는 진정한 행복(제9장 참조)과는 멀어질 것 같아 두렵다. 그 길이 인간의 확장이 아니라 오히려 축소로 귀결될까 두렵다. 인간의 능력을 증강하는 길이 아니라 마치 트로이 목마처럼 정말 대단한 규모의 선물로 위장돼 있지만 사실은 노예화로 가는 길이 아닐까 걱정스럽다.

마법에서 마니아로 다시 중독으로

기술이 마법에서 마니아를 거쳐 다시 중독으로 옮겨 가는 과정이 빠르게 진행되면 결국 극적이자 퇴행적인, 의도하지 않은 결과를 초래할 것이다. 이 점을 잠시 생각해보자. 오늘날 우리는 가족 휴가 사진을 플리커에서 쉽게 공유한다. 수억 명이 그것이 주는 마법을 즐기는 것은 너무나 분명하다. 사실 그것은 i클라우드나 드롭박스, 페이스북(내가 생각할 수 있는 최대의 마니아 플랫폼)이 등장하기 오래전부터도 가능했지만 이제는 기술 덕분에 훨씬 쉬워졌다. 그렇지만 플리커만 하더라도 내가 친구나 가족과 공유한 콘텐츠를 누가 본래 맥락과는 완전히 분리해서 상반된 의미로 사용한다고 생각하면 오싹하다.

실제로 그런 사례가 있다. 2015년 네덜란드 기업 코피-코피 (Koppie-Koppie)가 귀여운 아기 사진이 들어간 머그잔을 판매하려고 했다. 회사는 플리커에서 자유롭게 쓸 수 있게 해놓은 '공유허가창작물'에 올라 있는 가족사진을 머그잔에 공짜로 가져다 썼다.[117] 일반적으로 플리커에 사진을 올릴 때 공유 허가 항목으로 분류해놓으면 플리커는 정당하게 사용할 수 있는 것으로 간주한다. 하지만 코피-코피의 행동은 대경실색할 만한 일이었다. 왜냐하면 사진 소유자와 아기 부모라면 대부분 코피-코피가 그렇게 사용하는 것을 원치 않을 것이기 때문이다. 의심할 바 없이 이것은 기술을 원래 의도에 맞지 않게 사용한 경우다. 이처럼 의도하지 않은 결과는 네트워크 기술에 따라 증폭되면서 아주 빠른 속도로 큰 문제를 야기할 수 있다.

플리커가 일부 사용자에게 발휘한 마법 같은 공유 효과는 이용 허가를 달리 해석하고 본래 의도와 맥락에서 벗어난 불순하게 사용한 주체 때문에 곧바로 망가지고 말았다. 이런 식으로 활용하는 것 자체가 불법 행동은 아니지만 피해자로서는 소름 끼치는 일이다. 코피-코피는 기술의 마법이 어떻게 유해물로 변질할 수 있는지 제대로 보여준 사례다.

의도하지 않은 결과는 그것을 유발하는 기술과 나란히 기하급수적으로 증가한다

물론 코피-코피 사례는 작은 사고에 불과하다(당신 자녀의 사진이 사용되지만 않는다면). 손에 잡히는 큰 피해가 발생한 것도 아니다. 그렇지만 바로 이런 질문을 던질 수 있다. 아주 좋고 편리하며 모두에게 이로운 어떤 것에 많은 사람이 참여한 결과 그것이 너무나 강력한 힘이 되어 스스로 독자적인 목적과 존재 이유, 그리고 생명력을 유지 발전시켜나간다면 어떻게 될까? 여기서 페이스북은 주요 사례가 된다.

힘을 더해가는 어떤 실체가 묵시적이거나 절대적인 프라이버시 욕구를 침해하기 시작하는데도, 그것이 우리 삶 속에 이미 깊숙이 들어와 있어서 어떻게 할 여지가 없다면? 새로운 매개물에 너무나 깊이 빠져 있어서 어느 지점에서 인간이 끝나고 기술이 시작되는지조차 망각한다면 어떻게 될까?

시스템의 기술 능력과 지능 범위가 지금보다 천 배, 십만 배, 백만 배 강력해지면 어떻게 될까? 다시 말해 퀀텀과 인지 컴퓨팅이 약속하는 것처럼 지금보다 백만 배 뛰어난 컴퓨터와, 그렇게 프로그램되지 않았는데도 자기 방향대로 나아가려고 필요한 정보를 스스로 학습하는 소프트웨어가 등장하면 어떻게 될까?

이 모든 발전이 초래할 의도하지 않은 결과는 무엇일까? 새로운 중개자와 플랫폼이 인간의 참여를 기반으로 더 많은 수익을 창출하고, 기업 소유주와 주식 투자자의 금전적 기대를 충족시키기 위해 결국 데이터를 미심쩍게 사용하는 방식을 더 강화해나가면 어떻게 될까? 지금처럼 디지털 플랫폼에 대한 의미 있는 규제가 부재한 상황에서 그토록 강력한 기업은 의도하지 않은 또는 계획된 악용 사이의 경계를 넘나드는 유혹을 견딜 수 있을까?

이런 일이 일어나지 않을 거라고 생각하는가? 근거는 뭔가? 우리는 이런 받아들일 수 없는 가정을 고려해야 한다. 바로 그것이 우리가 지금 걸어가고 있는 길이고 이것은 지금 기하급수적 기술로 추진력을 얻고 있기 때문이다. 모든 사람과 사물, IBM의 왓슨이나 구글의 딥마인드처럼 끊임없이 학습하고 확장하는 인공지능 시스템이 포함된 클라우드 안의 막강한 사물인터넷이 일단 연결되면, 지금의 웹 2.0 시대 소셜 네트워크가 휘두르는 위력쯤은 애들 놀이처럼 보일 수 있다. 문자 그대로 모든 데이터와 가장 사적인 의료와 생체 정보는 물론 실제 삶과 디지털 영역에서 일거수일투족까지 추적당할 것이다.

자신의 뜻대로 기술을 공급하는 이들은 내가 어떤 사람이며 무엇을 생각하는지, 그리고 나를 어떻게 '갖고 놀지' 파악하는 능력이 기하급수적으로, 가히 무한대로 늘어날 것이다. 그것도 전례 없이 저렴한 비용으로 할 수 있다. 따라서 우리는 어느 지점에서 인간이 끝나고 기술이 시작하는지에 관해 훨씬 더 많은 주의를 기울여야 한다. 인간성과 기술이 교차하는 지점, 두 가지가 만나서 분리될 수 없는 경계가 어디인지 예의주시해야 한다는 말이다.

그런 세상이 되면 특정한 이슈가 지금보다 크게 보일 것이다. 예를 들어 인간의 지각은 상당 부분 알고리즘이 걸러내고 편집한 것만 읽고 보는 필터 버블 효과에 따라 결정된다. 인간이 보는 것과 보지 못하는 것을 결정하는 알고리즘 이면의 논리조차 알 수 없는 상황에서 생기는 편견과 조작의 위험에 어떻게 대응할 것인가? 인간은 보다 전일적 관리자 정신을 갖추기 위해 관찰과 도전의 기술을 연마하는 기회로 삼아야 한다. 정치인과 정부 관료의 과제는 무엇일까?

지능형 디지털 비서와 클라우드는 인간 자신의 확장이어야 한다

사람들은 지금 많은 상황에서 간단한 기계 지능을 사용한다. 모바일 맵이나 이메일 소프트웨어, 데이트 주선 앱에 내장된 것들이다. 그렇지만 트립어드바이저 앱은 우리가 관심을 가지는 식당을 다른 사람들이 어떻게 생각하는지 알려주긴 하지만 우리가 지난 20년 동안 뭘 먹고 살았는지는 모른다. 집 안 냉장고를 들여다보지도 않았을뿐더러 일본에서 출시된 새로운 서비스처럼 화장실을 모니터하는 것도 아니기 때문이다.[118] 아직은 모든 정보를 연결한 상태도 아니고, 지금 당장 활용할 수 있는 다른 사용자에게서 수집한 5억 건의 데이터 포인트를 가지고 비교하는 것도 아니다. 그런데도 트립어드바이저는 이미 꽤나 유용해서, 여행자에게 대부분의 식당과 호텔의 정보를 알려주는 필수품이 되었다. 비록 트립어드바이저에 장착된 인공지능은 작지만 그곳에 올라온 평가점수와 추천의 맥락만 무시하지 않는다면 아주 유용한 도구다.

이처럼 다소 기계적이면서 단순명료한, 하지만 꽤 쓸 만한 수준인 선의의 비서 기능도 최근 급속히 좋아지고 있는 지능형 디지털 비서한테 압도당하는 상황에 이르렀다. 차세대 디지털 비서는 인간이 소유하고 있는 기기가 아니라 주로 클라우드에 내장돼 있다. 인간이 작동하는 모바일 기기와 홈오토메이션 시스템, 센서, 컴퓨터의 모든 행위를 추적한다. IBM의 왓슨 컴퓨터가 보유한 양자력을 모바일 기기로 사용할 수 있다고 한번 상상해보자. 굳이 키보드를 만질 필요도 없이 말로 물어보면 된다. 사용자가 할 일이라고는 생각한 내용을 브레인-컴퓨터 인터페이스에 지시하는 것이다. 이처럼 슈퍼-휴머니티는 우리 가까이에 와 있다.

2016년에 시리와 구글의 나우, 코타나는 이미 기본적으로 원하는 것을 어디서 찾을 수 있는지 단순한 질문에 답할 수 있었다. G메일의 인공지능은 일부 이메일의 답장까지 대신했다. 조만간 사람이 일일이 감독하지 않아도 인공지능이 모임을 대신 예약하거나 항공편까지 알아봐줄 것이다. 그다음에는 믿을 만한 가상 친구가 될 수도 있다. 우리의 눈이나 귀만큼 중요한 존재가 될지도 모른다. 그다음에는 무엇을 예측할지 짐작이 갈 것이다. 결국 핵심 질문은 다시 이것이다. 그러면 우리는 행복할까? 도대체 행복이란 무엇일까?(제9장 참조)

2015년 브래드 존스는 '코타나는 인공지능을 향한 위험한 걸음인가?'라는 제목의 글에서 이렇게 설명한다.

인공지능은 점차 자신이 개성이 있는 것처럼 행세하고, 자신의 주변을 비롯한 세상의 모든 데이터와 정보를 수집하면서 점점 똑똑해진다. 하지만 그렇게 해서 얻은 지식이 자신의 구성물에 사용되는 자원으로 충당되면서, 인공지능은 시간이 갈수록 걷잡을 수 없게 된다. 과격해진 인공지능은 인간을 자신보다 열등하게 여기고, 자신의 힘과 지능에 대한 망상을 키워간다.[119]

여기서 관건은 지능형 디지털 비서가 특정하지 않은 프로그램까지 알아서 실행할 수 있는지다. 이미 앞에서 논의했듯이, 이것이야말로 딥 러닝, 즉 자신을 가르칠 수 있는 기계, 프로그램되는 것이 아니라 스스로 학습하고 생각하는 기계가 약속하는 것이다.

이런 식으로 능력이 확장되면 신경망과 딥 러닝, 인지 컴퓨팅의 기하급수적으로 커지는 힘을 이용해 매우 강력하고 사적이면서 고도의 예측력을 자랑하는 서비스를 제공한다. 이 과정에서 지능형 디지털 비서는 사전 인지 능력까지 발전시킨다. 이러한 혼합물에 증강현실과 가상현실, 그리고 브레인-컴퓨터 인터페이스까지 더한다면, 미래의 지능형 디지털 비서가 갖게 될 능력은 한계를 가늠하기 어렵다.

지능형 디지털 비서나 봇이 모든 사람의 이력을 알고, 실시간 데이터에 접근하고, 이 정보를 네트워크에 연결된 다른 수억 개의 지능형 디지털 비서에게 얻은 데이터와 비교하면 모든 사람의 행동과 반응까지도 충분히 예측할 수 있다. 그러면 이른바 범죄 예측의 시대가 열린다. 봇이 어떤 범행 의도가 언제 생겨나는지를 알 수 있기 때문에 범죄를 사전에 방지할 수 있다는 개념이다. 범행 의도는 당사자에게는 확실치 않을 수도 있다. 영국에 본사를 둔 기업 프리캅스는 이미 현지 경찰과 함께 범죄 예측 소프트웨어를 실험하기 시작했다.[120]

앞으로는 디지털 콘텐츠와 미디어 네트워크를 이용해 글로벌 정치까지 좌우하는 세상이 도래할 수도 있다. 그때는 내 지능형 디지털 비서가 일상적으로 나를 대표하거나, 모든 비즈니스에서 사실상 나처럼 행세한다. 그럴 때 내 지능형 디지털 비서가 누군가의 불법 조작으로 희생물이 되거나 혹은 내가 내리는 결정에 영향을 줄 수 있을까?

연구 기업 가트너는 2013년에 이런 예견을 내놓았다. 모바일 기기는 실시간으로 나와 동조돼 있고, 나를 보고 있으며, 나를 알고 있다.[121] 그리고 조만간 내가 된다. 그러나 이것이 인간의 번영으로 가는 길인지 다시 한 번 묻게 된다.

머지않은 미래에 지능형 디지털 비서가 6분 이내에 하와이로 가는 가장 좋은 조건의 항공권을 구입하려고 예약 시스템의 지능형 디지털 비서와 옥식각신하거나 흥정하는 것을 볼 수 있을 것이다. 그때 가서는 쇼핑도 대신한다. 자신의 지능형 디지털 비서가 훨씬 더 신속하고 효율적으로 쉴 새 없이 쿠폰과 할인 광고를 모으고, 빛의 속도로 실시간 상황을 반영해서 결정한다.

사람들이 할 일은 구매에 대한 생각뿐이다. 구매할 상품 목록은 정리되어 있다. 완전한 풍요의 세상 속에서 순간의 만족을 곧바로 누릴 수 있게 된다. 그렇지만 외부에서 완전한 풍요를 누릴 것이 확실하더라도 내부에서는 결핍감이 커진다. 인간관계와 공동체, 가치, 영성, 믿음과 같은 것들이다.

믿거나 말거나, 실리콘밸리에서 전문가인 척하는 사람과 기술결정론자는 지능형 디지털 비서가 앞으로 갖게 될 힘을 여전히 좋은 것으로만 본다. 지금 우리가 쓰는 앱의 성능보다 약간 더 나은 지능형 디지털 비서를 사용한다는 것이 그리 대수로운 일은 아니라는 것이다.

과연 그럴까. 다소 오싹한 측면을 강조한 시나리오를 한번 떠올려보자. 몇 달 이내에 분명 직면할 수 있는 시나리오다. 나의 반짝이는 엔진이자 확장체인 개인 클라우드 로봇 지능형 디지털 비서가 빠르고 예측력 있고 직관적으로 작동하려면 나에 관한 모든 정보를 갖고 있어야 한다. 실제로 나에 대해서는 절대적으로 모든 것을 알 필요가 있고, 모든 정보원에게서 실시간 정보를 가려내고 지속적으로 업데이트해야 한다.

많은 사람은 그런 시스템이 나에 관한 모든 세세한 정보를 갖고 있

신이 되려는 기술

어야 한다고 생각할 수 있다. 그래야 내가 받는 서비스 품질이 끊임없이 좋아지고, 그만큼 생활도 편리해질 수 있을 거라는 이유에서다. 그 덕에 누리는 놀라운 편리함과 나날이 커져갈 개인의 힘에 비해 치러야 할 대가는 정말 작아 보일 수 있다.

끊임없이 추적, 관찰, 유도당하는 사이트에 자진해서 가입하는 것이나 사용자가 공유와 저장 기능을 선호하는 것은 플랫폼이 나를 계속 잡아두도록 유인하는 기법의 두 가지 사례에 불과하다. 구글은 끝없이 확장하는 자신의 우주 안에 나를 늘 머물게 하는 절대고수다. 이런 구글도 결국에는 모든 개인 사용자를 클라우드 속에 복사해두는 일종의 글로벌 브레인이 되려는 기업의 사례일 뿐이다. 데이터를 새로운 원유로 생각하는 기업으로서는 그런 방식으로 사람을 추적하는 것이야말로 확실한 돈줄이다. 특히 구글, 바이두, 알리바바, 페이스북과 같이 물질적 상품을 팔지 않으면서 데이터 수집과 광고 검색, 정보 슈퍼노드로 서비스를 제공하는 글로벌 플랫폼에는 절대적으로 그렇다. 이런 것이 사물인터넷과 인공지능을 이용해 천 배 증폭된다면 어떻게 될까? 그 기업의 현금출납기가 '카-칭' 하고 기쁨의 소리를 내는 것이 귓가에 들린다.

완전한 추적이라니, 누구나?

지능형 디지털 비서에는 어떤 문제가 있을까? 사례는 다음과 같다.

- 보안 위험과 프라이버시 침해가 심각하게 증폭되는 상황: 지능형 디지털 비서가 해킹이나 교란 또는 압력을 받거나 매수되어 정보를 온라인상 다른 인공지능에 누설한다. 예를 들어 지능형 디지털 비서가 해킹당해 이메일 전송, 상품 구매, 소셜 미디어 채널 접속에 필요한 패스워드가 누출되는 상황이다. 이런 정보가 누설되면 사태의 심각성은 너무나 커져 회복할 수 없는 피해를 초래할 수도 있고, 심지어 지능형 디지털 비서에 문제가 생겼다는 사실조차 알아차리지 못할 수도 있다.

- 기하급수적으로 늘어나는 감시: 지능형 디지털 비서는 디지털과 실제 삶인 아날로그 공간에서 24시간 365일 내내 인간의 생활 전부를 기록한다. 정당한 자격이나 권위를 갖춘 사람은 물론, 무자격자를 비롯해 나쁜 의도를 가진 사람도 당신의 데이터에 접근하려 들 것이다. 적절한 로봇-해킹 기술을 가진 사람이라면 누구나 의도한 사람의 신원을 파악할 수 있고, 어떤 사건의 용의자나 반체제 인사, 위험인물을 쉽게 분류한다. 그들은 연관성 없는 정보를 가지고도 전체 맥락과 동떨어진 정보 조각을 활용해 대상 인물을 어떤 프레임 속에 가두거나 조작할 수도 있다. 당신의 봇이 접근할 수 있는 데이터 양이 지금보다 천 배쯤 더 심층적이고 그만큼 더 똑똑해진다고 상상해보자. 그것은 당신의 데이터뿐만 아니라 다른 곳, 가령 소셜 네트워크 같은 곳에서 유입되는 수백만 개의 다른 데이터와 연결해서 분석하기 때

신이 되려는 기술

문에 이런 우려는 개연성이 충분하다. 이로 인한 결과는 조지 오웰의 디스토피아적 상상조차 무색하게 만든다. 따라서 아무런 제약이 없는 클라우드-봇·지능형 디지털 비서의 시나리오는 마구잡이식 악용과 박해의 길로 안내하는 초대장이다. 특히 프라이버시 보호장치가 사실상 무력하거나, 시민의 기본적 프라이버시 권리 보호를 뒷전으로 생각하는 나라에서는 아주 심하다. 또 하나 유의해야 할 점은 정부 역시 지능형 디지털 비서와 디지털 자아에 접근하는 능력을 점점 키워갈 수 있다는 사실이다. 합법적인 방식, 즉 공식적으로 개방된 정문을 통하거나, 아니면 표면적으로는 닫혀 있어도 코드상으로는 훤히 열려 있는 뒷문을 통한 은밀한 방식도 가능하다. 결국 다른 해커 조직도 똑같은 행동을 벌일 수 있다. 모든 사람이 그 정도까지 디지털 벌거숭이가 되고 나면 과연 어떤 일이 벌어질까 생각하면 오싹하다.

- **인간의 비숙련화가 점증한다:** 지능형 디지털 비서를 너무 많이 사용한 나머지 혼자서 일 처리하는 법을 잊어버리거나 그 능력이 퇴화할 수 있다. 예를 들어 낯선 도시에서 길을 찾는 법이나, 온라인에서 믿을 만한 정보를 찾는 법, 항공편을 혼자 예약하는 법, 스프레드시트를 사용하는 법, 심지어 손으로 글씨 쓰는 법까지 충분히 해당될 수 있다. 지금까지 인간으로 살아가는 데 핵심으로 여긴 일상의 기술이 빠른 속도로 사라지게 된다. 예를 들어 인간은 소통할 때 말하는 속도가 느리거나 오류가 생길 수 있다

는 사실을 알면서도 개의치 않고 아무런 매개 없이 해왔다. 그러나 그런 것은 점차 사라진다. 왜 우리는 인간을 대체 가능한 존재로 만들어가는 걸까? 단지 그렇게 하는 것이 가능하다는 이유만으로 모든 것을 자동화해야만 할까?

- 디지프레니아(Digiphrenia)[122]: 기술이 인간을 비숙련화하는 방향으로 몰아가고 있다. 그 추진력은 동시에 여러 곳에 존재하고 싶어 하는 인간의 욕망에서 비롯한다. 지금은 텔레프레즌스(telepresence, 원격현존)나 문자 교신, 소셜 미디어 기술을 이용해 어느 정도 시뮬레이션할 수 있는 것으로 보인다. 일부 사람들은 그것을 위해서라면 진짜 체험을 포기할 의향도 있는 것 같다. 더글러스는 이렇게 썼다.

디지프레니아는 한 사람이 동시에 두 명 이상의 분신으로 존재하려는 체험이다. 트위터에도 당신의 프로필이 있고 페이스북에도 있으며 이메일 박스에도 있다. 이러한 일종의 다중 분신이 동시에 병렬로 작동한다. 인간에게는 사실 편안한 상태가 아니다.[123]

- 사람을 대신한 스크린과 기계의 관계 구축: 사람은 여러 업무와 과정을 거치면서 무심코 타인과 다양한 관계를 맺는다. 음식을 사러 간다거나, 행사 계획을 짜기 위해 팀원과 만난다. 이런 상호작용 중 어떤 것은 별로 중요하지도 않고 가치 없는 일일 수

도 있다. 예를 들어 항공편을 예약하려고 여행사 직원과 대화하거나, 투자 상품을 알아보려고 금융회사 직원에게 전화하는 경우다. 몇 가지 사소한 업무는 기계로 대체하더라도 인간의 본질적인 관계를 희생시키지 않는다. 5만 달러의 투자 상담을 위해 금융회사 직원과 친구가 될 필요까지는 없다. 그렇지만 보다 인간적 요소의 개입이 필요한 상호작용까지 자동화해야 하는지는 생각해볼 필요가 있다. 가령 지금 내 몸에 나타나는 증세가 폐기종 같은 중병인지 아니면 가벼운 감기에 불과한지 알기 위해 병원에 가는 경우다. 물론 집에서 편히 원격 진료를 받기만 해도 아무런 문제가 되지 않을 수 있지만, 의사와 환자 사이에 꼭 필요한 인간관계조차 비인간적으로 만들어버려서는 곤란하다. 의미 있는 인간관계를 만드는 것까지 자동화하거나 기계가 대체해서는 안 된다. 회사 직원이나 팀원의 상호작용을 상당 부분 자동화하면 어떻게 될까? x.ai 같은 스타트업은 실제로 자동화한 업무 도우미 앱으로 그렇게 하기를 제안했다.[124] 직원들의 이메일 계정을 기반으로 하는 그룹-캘린더 기입 자동화 프로그램 정도는 특별히 해로울 게 없다. 하지만 팀원이 보낸 이메일 답장을 받았는데 이 내용이 그가 직접 쓴 것인지 아니면 그의 지능형 디지털 비서가 쓴 것인지 알 수 없다면 어떤 기분일까? 한걸음 더 나아가, 부모님같이 개인적 친분이 있는 사람과도 서로의 지능형 디지털 비서를 통해 소통한다면 기분이 어떨까? 이런 식으로 나아가다 보면 그 끝은 어디일까? 인간은 인공지능을 어디까지 수용해야 할까? 삶에서 인공지능이 멈추고 인간이 시작되는 지점은 누가 결정할까? 결국에는 지능형 디지털 비서가 다음 생일 파티에 사람들을 초대하고, 음식을 주문하고, 음악을 선곡하고, 멋진 슬라이드쇼를 만들어 틀어주고, 행사를 위한 임시 웹사이트 프로그램도 짜게 될까? 생일 파티를 진행하는 동안에도 어떻게 하면 가능한 한 행복한 시간을 보낼 수 있는지 조언해줄까? 그렇게 하는 것이 내가 다른 사람들과 인간적 관계를 쌓는 데 도움이 될까? 파티를 준비하는 수고를 좀 덜려다가 본래의 의미까지 잃는 건 아닐까? 편리하다는 이유로 정작 기계와 더 많은 관계를 구축하는 것은 아닐까?

● 상상할 수 없을 정도의 조작도 실제로 가능할 뿐만 아니라 그 개연성도 점점 커진다. 우리 자신이 내려야 할 결정을 강력한 지능형 디지털 비서에 아웃소싱한다면, 그것은 가장 먼저 미디어와 콘텐츠의 관계에서 일어난다. 기본 기능은 대부분의 소셜 네트워크에 이미 설치돼 있다. 지능형 디지털 비서는 뉴스를 찾고 필터링하고 영화를 제공하고 소셜 미디어를 선별할 수 있다. 기술은 우리가 무엇을 보고 읽고 듣는 것을 선택할 때 상당한 영향력을 행사하거나 결정을 해버린다. 앞으로 다가올 기하급수적 기술의 힘으로 가동되는 클라우드-지능과 비교하면 지금 제공받는 서비스 정도는 아주 기초 수준이다. 불과 몇몇 소수의 봇이

신이 되려는 기술

나 선도적인 지능형 디지털 비서 플랫폼이 수십억 사람의 눈과 관심을 통제할 수 있다면 어떻게 될까? 브랜드와 광고주는 자신의 상품과 서비스가 적지 적소에서 목표하는 고객에게 보이도록 하기 위해서라면 얼마든지 값을 치를 것이다.

지능형 디지털 비서의 부상은 몇 가지 근본적인 질문을 제기한다.

- 보험회사나 사회보장기관이 보험 혜택 승인을 결정할 때 엉뚱한 사람에게 나의 디지털 신상 정보를 노출하면 어떻게 될까?
- 지능형 디지털 비서가 나 대신 의사결정을 너무나 잘해서 누구와 결혼해야 할지, 어디로 이사를 가야 할지, 아이를 가져야 할지, 아이 교육은 어떻게 시킬지와 같은 인생의 중요한 선택도 지능형 디지털 비서의 추천을 따라야 할까?
- 지능형 디지털 비서가 내가 보는 모든 뉴스와 정보를 필터링하면서 내 생각과 부딪히는 의견을 절대 마주치지 않게 하면 어떻게 될까? 누군가가 내게 영향을 주려고 기획 광고를 돈으로 사서 정보 필터링 흐름을 조작한다면?

가트너는 2016년 말까지 디지털 비서가 자율적으로 제작한 신학기 용품 같은 보다 복잡한 구매 결정액이 연 20억 달러에 달할 것이라고 예상한다. 이는 연 50달러를 비서에게 맡기는 모바일 사용자의 약 2.5%에 해당한다. _『디지털 비서의 지금까지 나는 기조 강연을 할 때 "구글이 남편이나 아내보다 당신을 더 잘 안다"라는 경구를 즐겨 사용했다. 하지만 앞으로 지능형 디지털 비서가 혜성처럼 떠오르면 그 표현을 바꿔야 한다. 나에 관한 수백만 데이터 포인트에 이르는 일상 정보, 위치와 검색 이력, 각종 구매, '좋아요' 표시, 이메일, 지도, 유튜브 시청 등을 수집하는 구글 나우만 손에 넣는다면 나보다 나를 더 잘 알 수 있다. 디지털화 가능성을 100점 만점으로 계산했을 때 우리는 지금 5단계쯤에 와 있다. 그런데도 이미 감당하기 어려운 지점에 온 것 같다.

사물인터넷이 빠른 속도로 확산되면 그것은 다시 지능형 디지털 비서 플랫폼을 밀어 올릴 것이다. 그 결과 유례없이 더 많은 데이터가 글로벌 브레인에 공급되고, 그것에 연결된 시스템은 다양한 처리 결과를 활용한다. 드릴이나 농기계, 송유관, 스위치, 커넥터처럼 이전에는 '멍텅구리'(스마트 이전 단계)였던 하드웨어 부품에도 이제는 점점 센서와 무선 네트워크 연결 장치가 장착된다. 조만간 말 그대로 우리 주변 모든 것에서 실시간 데이터를 얻을 수 있다.

새로운 연구 결과에 따르면, 페이스북이나 트위터가 아니라 개인적으로 직접 알고 만나는 사람들로 구성된 진짜 사회 연결망이 운동이나 다이어트만큼 건강에 큰 영향을 준다. 맺고 있는 사회적 관계의 수가 건강에 직접 영향을 미친다. _챱리 소렐 『혼자 지내는 것을 중단하라, 그러다 죽는다』[126]

그런데도 이런 권리를 걱정하는 사람이 왜 이리도 적은가?

기술이 마법 단계에서 마니아를 거쳐 중독으로 옮겨 가는 과정을 두고 비판하는 목소리가 너무나 작은 것처럼 보이는 이유는 여러 가지다. 그중 세 가지를 들어보자.

1. 높은 이윤

사람들을 연결하고 기하급수적 기술 발전에서 이익을 얻고, 값이 싸고 중독성 있는 모바일 기기를 제공하는 일은 아마도 역대 최대 사업 기회에 속할 것이다. 사람들에게 디지털 마법을 부리는 이른바 데이터 경제는 앞으로 에너지와 운송 사업을 압도할 것이다. 그리고 아무도 이 축제를 망치고 싶어 하지 않는다.[127] 이윤과 성장이 여전히 최우선 순위를 차지하는 사회에서 마니아를 낳는 부작용은 물론 해로운 결과조차 우리의 문제가 아니라 단순한 외부효과 정도로 치부할 때가 많다.

2. 규제 부재, 정치적 무지

석유나 가스, 식수 같은 천연자원 채취와 공급을 대할 때와는 달리 인공지능과 기술의 중독 효과, 빅 데이터 사용, 디지털 네트워크상에서 개인 데이터를 상업적으로 사용할 때 가하는 글로벌 규제가 너무

적다. 이는 반드시 해결해야 할 거대한 공백이다.

3. 기술 중독, 모바일 기기는 새로운 담배다

생활을 편리하게 하는 것처럼 보이고, 인간의 타고난 게으름과 인정 욕구를 활용하는 기하급수적 기술은 중독성이 너무 커서 마약 같은 효과를 발휘할 때가 많다. 습관은 아주 빠르게 형성된다. 혹시 잠들기 전에 이메일을 한 번 더 확인하지는 않는가? 즐겨 찾는 소셜 네트워크에 연결돼 있지 않을 때는 '혼자'라고 느끼고, 구글 맵이나 메신저 앱이 없으면 무방비 상태인 것처럼 느끼지는 않는가?

결론은 이렇다. 마법을 팔고 난 다음 점점 강도를 높여가면서 중독성 혹은 독성을 파는 일이 디지털 시대 최대의 사업 기회가 될 것이다. 이것은 최악의 경우 정크푸드나 담배에 중독 물질을 첨가하는 것과 사실상 같다. 이런 일이 기하급수적으로 진행되는 상황에서, 다른 것에 우선해 인간 행복을 추구하는 사회에 이르려면 기술 일변도 전략은 재검토해야 하고 제한해야 한다.

기술이 원하는 것: 제2의 천성에서 제1의 천성으로

어떤 도구나 기술을 아주 자연스럽게 사용하게 됐을 때 우리는 "이게 제2의 천성이 돼버렸다"라고 표현한다. 예를 들어 "모바일폰을 늘 갖고 다니는 것이 제2의 천성이 돼버렸다"거나 "페이스북에서 친구들과 연결 상태에 있는 것이 제2의 천성이 됐어"하는 것이다. 이런 표현은 습관이 된 무엇, 즉 너무나 자연스러워서 더 이상 의식도 하지 않는다는 것을 의미한다.

이제는 페이스북에 올라온 무언가에 '좋아요'를 누르는 것이나, 왓츠앱이나 다른 메시지 앱의 이미지와 동영상을 공유하는 것, 모바일 기기와 끊임없이 연결된 상태로 있는 것 등이 제2의 천성이 됐다. 마찬가지로, 점점 늘어가는 아이폰 사용자에게는 시리가 제2의 천성이 되고 있다. 제2의 천성이란 별생각 없이 뭔가를 하는 것이고, 몸에 깊이 배어서 더 이상 의문을 갖지 않는 습관이며, 자동적으로 하게 되는 무엇이다. 이른바 마니아 수준에 근접했다는 뜻이다. 우리는 모바일 기기를 집에 두고 왔으면서도 주머니에서 진동을 느끼는 것 같은 유령진동증후군(Phantom Vibration Syndrome)을 체험한 적이 있지 않은가?

이제는 한걸음 더 나아가, 점점 더 많은 기술과 판매회사들이 인간 제1의 천성, 즉 본성 그 자체가 되려고 경쟁한다. 거대한 사업 기회가 걸려 있기 때문이다. '단지 인간'이기만 해서는 미흡하다는 생각이 들거나 '인간'이라는 존재를 성가시다고 느낀다면 기술의 힘을 빌려서라도 능력을 키우거나 늘리지 않을 이유가 있을까?

기술을 이용해 인간 능력을 증강하려는 구상은 더 강해지고 싶어 하는 인간의 욕망을 이용하는 동시에, 다른 한편으로는 삶을 보다 쉽게 해주는 대가로 돈을 벌고 싶어 하는 사업의 영역과 잘 맞아떨어진다. 이미 핏비트(Fitbits)를 비롯한 건강 체크 앱과 손목밴드, 웨어러블 컴퓨터 기기, 센서가 내장된 재킷과 셔츠를 착용하는 것이 많은 사람에게 '제1의 천성'이 되었다. 이른바 자가 건강 측정이 인기를 얻으면서 이제는 모든 신산업이 이쪽 분야에서 생겨나고 있다. 하지만 이런 서비스가 조만간 인간을 정량화한 노예 혹은 더 나쁘게 말하면 지각 능력을 잃은 자아로 만드는 것은 아닌지 걱정스럽다. 인간의 사고와 느낌을 외부 기술에 아웃소싱하도록 허용해 사실상 타고난 내재 능력을 감퇴시키는 결과를 초래하는 것은 아닌지.

인간 증강 기술 중 '갖고 있으면 좋은 것'에서 제2의 천성으로, 다시 제1의 천성으로 쉽게 변신할 수 있는 것으로는 또 뭐가 있을까? 후보 명단에는 증강현실과 가상현실, 홀로그램이 포함될 수 있다. 마이크로소프트의 홀로렌즈는 가상공간에 나를 투사해 마치 실제로 내가 거기에 있는 것처럼 다른 사람들과 상호작용할 수 있게 해준다.[128] 이런 도구는 박물관을 방문할 때나 의사가 외과 수술을 할 때, 소방관이 내부를 알 수 없는 건물 안으로 진입할 때 대단히 유용하다. 하지만 그것이 제2의 천성(제1의 천성은 말할 것도 없다)이 되도록 몰아가는 경향에는 저항해야 한다.

한 가지는 분명히 해두자. 이런 기기와 서비스, 플랫폼의 대부분은 그것이 공개적이고 의도적이든 아니면 부지불식간이든 인간 본성과 제2의 천성 사이의 차이를 줄이거나 완전히 없애려 애쓴다. 그래야만 상업적으로 봤을 때 그것이 완전히 필수불가결하고 최상의 가치가 있다고 믿게 만들 수 있기 때문이다.

인간의 모든 것을 추적하는 기기와 앱을 사용하지 않고서는 더 이상 건강한 인간으로 살아갈 수 없을 거라는 생각도 할 수 있다. 그런 기기 없이 어떻게 존재했는지 의문이 들 정도가 된다. 이즈음에 이르면 기술의 최종 임무는 완성된 것이다.

기술이 제2의 천성 단계를 넘도록 방치해서는 안 된다. 실제로 많은 분야에서 이미 살얼음판 위로 스케이트를 타는 형국이다. 기술이 천성(우리 자신)이 된다는 뜻은 동시에 타고난 인간성이 기술로 변한다는 뜻도 된다. 이것은 이 책에서 줄곧 주장하듯이 인간 행복으로 가기 위한 좋은 길이 아니다.

2016년 자연연구소(Nature Institute)가 스티븐 탤벗과 인터뷰한 초록을 보면 우리에게 당면한 도전을 잘 짚어주고 있다.

인간이 특정한 것, 양이 아닌 질에 관한 것, 지역에 관한 것, 지금 이곳의 문제에 관심 갖는 능력을 더 키워서 이런 기술에 맞설 수만 있다면 인간은 균형을 유지할 수 있다. 이것은 내가 아는 한, 루돌프 슈타이너가 처음 이야기한 일반 규칙이다. 인간은 자신을 기계가 중재하는 상황에 온전히 내맡겨서는 안 된다. 더욱 단호하게 인간 존재의 최상의 경지를 향해 손을 뻗어야 한다. 그러지 않으면 갈수록 인간성을 잃어갈 것이다.[129]

기술의 기하급수적인 발전이 우리 주변을 에워싸면서 기술을 사용하는 방식도 마법에서 마니아를 거쳐 중독으로 치달을 우려가 커지고 있다. 인터넷을 쓰면서 처음에 뭘 찾고 있었는지를 기억도 못한 채 한 시간 동안 저인망식으로 여기저기를 훑고 다니거나 새로운 앱을 가지고 노는 경우가 얼마나 많은가? 개인 차원에서 그런 미궁의 토끼 굴을 따라 내려가는 것은 그렇다 치더라도, 사회 전체가 그 속에서 벗어나지 못한다면 어떻게 될까? 이미 매일같이 인터넷과 모바일폰, 클라우드, 봇과 지능형 비서를 쓰면서 넘겨주는 인간만의 경험은 어떤 것이 있을까?

기술이 마법과 마니아 단계를 가로지르는 경계선에 이르렀다는 것을 우리는 어떻게 알아차릴 수 있을까? 마니아 단계에서 중독 단계로 변하는 것은 언제이며 어떤 일이 일어날까? 기술 중독을 해독하는 일이 개인의 문제가 아니라 문화 전반에 관한 것이 됐을 때 중독성은 어떤 양상으로 나타날까? 테크네(techne, 기술)가 우리 삶 속에서 '어떻게(how)'의 수단에 그치지 않고 주체(who)의 자리까지 차지하게 됐을 때, 우리에게는 자신을 다시 일깨울 자각력과 힘이 충분히 남아 있을까?

제 7 장

디지털 비만
:인간의 마지막 질환

우리는 온갖 뉴스와 업데이트, 그리고 공학적 알고리즘으로 처리된 가치 없는 정보 과잉 속에서 뒹굴고 즐기며, 급격히 커지는 의심스러운 오락물의 기술과 거품 속에서 자아도취에 빠져 있다.

비만은 세계적 골칫거리다. 맥킨지에 따르면, 미국에서는 비만 문제로 연간 4500억 달러를 쓰는 것으로 추산한다. 건강보험 비용과 생산성 손실까지 합한 액수다.[130] 2015년 질병통제예방센터는 미국인 3분의 2 이상이 과체중이며 약 35.7%가 비만이라고 발표했다.[131] 앞으로 인간은 기술을 지나치게 탐닉한 결과 디지털 비만을 자초하면서 신체 비만과 비슷하거나 더 큰 문제에 직면할 것이다. 디지털 비만이란 데이터와 정보, 미디어, 상시적 디지털 연결이 누적되면서 건강, 웰빙, 행복 등 삶의 전반에 부정적 영향을 미치는 정신적·기술적 조건을 말한다.

세간에 나도는 충격적인 건강 관련 뉴스가 있어도 식품업계가 중독성 화학첨가물을 사용하지 못하도록 제한하거나, 과소비를 조장하는 마케팅 캠페인을 규제하는 것에 대한 국제 사회의 지지는 여전히 미미하다. 미국이 벌이는 약물과의 전쟁에서도 유해한 음식과 설탕은 잘 언급하지 않는다. 현재 유기농 식품이 대체로 돈 많은 사람의 전유물로 보이는 것처럼, 앞으로 익명성과 프라이버시도 대다수 시민과는 무관한 값비싼 사치품이 될 것이다.

앞으로 인간은 알맞게 먹고 건강한 체형을 유지하는 데 도움이 되는 기기와 유료 앱에 의존할 것이다. 가령 핏비트나 조본(Jawbone), 루즈잇(Loseit), 그리고 음식을 너무 빨리 먹으면 진동으로 신호를 보내는 해피포크(Hapifork)는 실제로 아주 유용하다. 이런 기기나 앱의 사용이 늘어나는 이면에는 또 다른 상품이나 서비스를 사기만 하면 별다른 노력 없이도 기적적으로 과식이라는 본래의 문제를 고쳐줄 것이라는 생각이 깔려 있다.

갈망하게 만드는 것을 번영이라고 착각한다

사람이 많이 먹을수록 식품을 생산하고 판매하는 사람은 좋다. 예를 들어 농부와 식품가공업자, 식료품 가게, 슈퍼마켓, 패스트푸드 가맹점, 식당, 바, 호텔 같은 곳들이 그렇다. 그뿐만이 아니다. 매년 선진국의 소비자는 설탕이나 이스트, 산화방지제, MSG와 같은 중독성

첨가물을 자신도 모르는 사이에 약 70kg이나 섭취한다.[133] 이런 첨가물은 과식을 조장하는 윤활유다. 구미가 당기고 보존 기간도 길며 맛도 좋다. 물론 이 부분은 논쟁의 여지가 있다. 하지만 결국 소비자는 계속해서 '좀 더 원하도록' 만든 영리한 공학적 설계에 속아 넘어가면서, 행복한 소비 왕국에서 빠져나오지 못한다.

지금 이 말이 페이스북이나 스마트폰에 대해 이야기하는 것처럼 들린다면 제대로 이해한 것이다. 식품산업계에서는 실제로 이런 것을 갈망성(cravability) 혹은 갈망력(crave-ability)으로 부른다.[134] 기술 세계에서 마케터는 마법, 점착성, 필수불가결성, 혹은 보다 좋은 말로 사용자 참여라 부른다.

갈망과 중독-기술의 사업 모델

겉보기에는 호의적인 방식으로 갈망을 유발하는 것, 다시 말해 디지털 중독에 기름을 붓는 것은 확실히 강력한 효과를 발휘하는 사업 모델이다.[135] 갈망 개념을 구글이나 페이스북과 같이 앞서가는 소셜-로컬-모바일(SoLoMo) 슈퍼노드나 왓츠앱 같은 플랫폼에 적용하는 것은 어렵지 않다. 많은 사람이 매일같이 연결성을 갈망한다. 그러다 보니 잠시라도 연결이 끊어지면 불완전하다고 느낀다.

어찌 됐든 인터넷 대기업 입장에서도 수많은 고객을 디지털 비만에 빠지게 하는 것이 과연 이익이 되는지 정말 궁금하다. 그런 방향을 지향하는 것이 대다수 미국의 기술 및 인터넷 대기업으로서도 최상의 이익일까?[136] 이런 의문을 제기하면서도 동시에 소비자를 마법 같은 디지털 음식에 의존하도록 만드는 강력한 유혹의 힘을 과소평가하면 안 된다. '좋아요'나 댓글, 친구의 업데이트 쓰나미는 행복을 느끼게 하는 신경전달물질인 세로토닌 분비를 촉진해 중독에 빠지게 한다.

이런 식으로 초연결된 소비자들이 2020년에 디지털 비만 상태가 되어 끊임없이 정보와 미디어, 데이터 드립, 자신의 피드백 루프에 사로잡혀 있는 모습을 한번 상상해보라. 기술 중독의 분야는 현재 세계에 널리 퍼진 중독성 음식 시장을 훨씬 능가하며, 이것은 참으로 탐나는 사업 영역이다. 트랜스패런시 마켓 리서치(Transparency Market Research)는 중독성 기술 사업 시장이 2018년이면 약 282억 달러 규모에 이를 것으로 추산한다.[137]

규모를 잠깐 비교해보자. 세계경제포럼(WEF)은 디지털화의 누적 가치가 향후 10년에 걸쳐 100조 달러에 이를 것으로 추산했다. 그 결과 "인간과 스마트 기계가 협력해서 세상의 일과 삶의 방식을 개선해나갈 수 있는 유망한 미래 일자리를 만드는 기회를 제공할 것"이라고 강조했다.[138] 여기까지는 좋다. 하지만 그토록 고도화한 기계 중심적인 사회에서 인간성을 어떻게 유지할 수 있을까? 거기에 대해서는 아무런 언급이 없다.

비만은 누구의 책임인가

식품 이야기로 돌아가자. 이런 반문도 할 수 있다. 식품산업이 사람의 중독성과 갈망을 활용한다고 해도, 그 악의의 정도가 아주 미세한, 다른 말로 더욱 은밀한 방식이라면 그 정도 유혹조차 혼자 힘으로 이겨내지 못하는 극소수 소비자까지 신경을 쓸 필요가 있을까? 잘못되더라도 다 자신의 잘못이고 책임이 아닐까? 개인이 먹는 것을 궁극적으로 당사자 말고 누구에게 책임을 물어야 한단 말인가? 결국 우리는 민주주의 사회에 살고 있으니 자유의지에 달린 문제가 아닐까?

문제는 기하급수적으로 늘어나는 정보와 과잉 연결성 시대에서는 이런 자유방임적 전략을 지속할 수 없다는 사실이다. 우리는 기하급수 곡선의 변곡점에 와 있고, 그것을 넘어서면 지금까지 보지 못한 엄청난 충격에 직면할 것이라는 사실이다.

두 가지 핵심 과제가 우리 앞에 놓여 있다. 첫째, 디지털 먹거리는 대부분 공짜거나 터무니없이 싸다. 게다가 실제 음식보다도 더 쉽게 구할 수 있다. 거의 0에 가까운 비용으로 순식간에 구하고 유포된다. 둘째, 그것 때문에 생겨난 부작용이나 물리적인 경고 신호가 뚜렷이 드러나지 않는다.

소비자들은 대부분 마치 10대가 게임중독에 빠지는 것처럼 아주 뚜렷한 사회 문제로 드러날 때까지는 무슨 일이 일어나고 있는지 이해조차 못하고, 디지털 소비와 과잉 연결성에 대해 아무런 걱정도 하지 않는다. 한번 디지털 비만이 되고 나면 삶의 패러다임을 재조정하기란 아주 어렵다.

지금은 정교하면서도 유동적인 공공 정책과 새로운 사회 계약, 글로벌 디지털 건강 표준, 지역 특성에 맞는 규제, 책임 강화, 마케터와 광고주의 참여 등이 시급히 필요한 상황이다. 기술을 제공하는 기업은 디지털 권리 혹은 디지털 건강에 관한 균형 잡힌 글로벌 선언을 지지해야 한다. 그와 함께 적극적인 자율 규제 방안을 강구하고, 실질적으로 사람을 우선하는 전일적 사업 모델로 옮겨 가야 한다. 무엇보다도 초연결성이 최종 목적지가 되어서는 안 된다. 초효율성이 사업의 유일한 목표가 될 수 없는 것과 마찬가지다. 사람을 우선한다는 말은 행복을 우선한다는 의미다. 이것이야말로 사업은 물론 사회에도 지속적인 혜택을 창출하는 유일한 방법이다.

기술과 노예의 가장 큰 차이는, 자신이 자유롭지 않다는 사실을 노예는 충분히 자각하고 있다는 것이다. _나심 니컬러스 탈레브[140]

데이터 쓰나미가 온다

우리가 접하는 데이터와 정보, 미디어의 양이 기하급수적으로 늘어나면서 디지털 비만 문제는 점점 크게 다가온다. 그만큼 심각하게 여기고 대처해야 한다. 디지털 비만에 따른 긴장은 신체 비만보다 훨씬 더 큰 손상을 초래하기 때문이다. 현대는 이미 커뮤니케이션과 정보가 과잉이다. 사실상 무한정이다. 곳곳에서 선택의 역설이 난무하고 있다.[141]

언제 어느 곳에서든 무엇이든지 할 수 있는 것이 차고 넘친다. 모든

신이 되려는 기술

것이 너무나 맛있고 값도 싸다. 풍성하기까지 하다. 하루도 빠짐없이 새로운 서비스가 생겨나고, 점점 늘어나는 친구들에게서 더 많은 최신 정보가 쏟아진다. 온갖 플랫폼에서 보내오는 끊임없는 새 소식 알림 신호가 우리의 일상을 방해한다. 소비할 때의 선택지도 기하급수적으로 늘고 있다.[142] 더 많은 뉴스, 더 많은 음악, 더 많은 영화, 더 많은 염가의 모바일 기기가 쏟아지면서 겉으로 보기에는 사회가 완전한 연결 상태에 이르렀다.

인간은 앱의 바다에 익사할 지경이다. 데이트 전문 앱, 이혼 전문 앱, 도로 구덩이 신고 앱, 심지어 생리대 모니터 앱까지 나와 있다.[143] 우리는 온종일 i비콘(애플의 실내 측위 시스템)이나 디지털 쿠폰, 공짜 메신저, 하루 5억 개씩 올라오는 트윗,[144] 1분마다 400시간 분량이 업데이트되는 유튜브 동영상[145] 같은 곳에서 보내는 위치 기반 알림 신호와 커뮤니케이션에 시달린다. 이어지는 목록은 끝이 없다. 입력 사항은 쓰나미처럼 밀려들고 겉으로는 차고 넘치는 듯 보이지만, 실상 인간의 내면에는 의미의 결핍 내지 부재가 자리 잡고 있다. 다시 말해, 인간은 점점 더 낮은 비용으로 점점 더 많은 선택지를 갖지만 마음속으로는 늘 가지 않은 길처럼 '우리가 할 수 있던 것'에 대해 더 많이 아쉬워한다. 이 길이 향하는 곳은 어디일까?

외부는 풍요, 내부는 결핍

우리는 요즘 밀려드는 정보의 홍수 속에 산다. 대부분의 정보를 한

때 9.99달러면 뭐든 먹을 수 있었던 라스베이거스 뷔페처럼 먹어치운다. 디지털 음식을 쏟아내는 주역은 바로 구글이나 중국의 바이두, 알리바바 같은 기업이다. 구글의 천재성은 G메일과 구글 맵, 구글 플러스, 구글 나우, 유튜브, 안드로이드, 구글 검색 엔진같이 대단히 흡입력이 높고 전파력이 뛰어난 수많은 플랫폼을 활용해서 단절 없는 교차 소비의 천국 또는 적어도 왕국을 만들어낸 데 있다.

이렇게 구축된 구글이라는 우주는 효율성이 매우 높고 편리할 뿐만 아니라 중독성이 강한 나머지 우리의 뇌와 눈, 귀, 심지어 심장과 영혼까지 디지털 비만으로 만들 만큼 치명적이다. 이런 상황을 '외부 풍요와 내부 결핍' 혹은 '정신에는 자전거지만 영혼에는 총탄'의 딜레마로 비유할 수 있다. 인간의 정신은 구글 같은 것에서 힘을 받아 초고속으로 질주하는 반면, 혈관은 논스톱 디지털 포식과 함께 밀려드는 불량식품으로 동맥경화에 걸려 있고, 가슴은 무의미한 수많은 관계와 스크린에만 존재하는 간접 연결들 때문에 한없이 무겁기만 하다.

진정으로 "구글이 내 아내보다 나를 더 잘 안다"라고 생각한다면 우리는 누가 누구를 섬기는 것인지 고민해야 한다.[146] 인류가 디지털 비만 신세가 되어 시스템 안으로 편입되는 상황은 지금 디지털 생활을 지배하는 몇몇 주체의 숨은 의제일까, 아니면 의도하지 않은 결과일까?

신이 되려는 기술

신경학적으로 봤을 때 우리는 우리의 생각대로 된다. _니컬러스 카[147]

"환자가 자기 증후군에 집중하면 할수록 증후군은 그의 신경회로 안으로 더 깊이 각인된다." 니컬러스 카는 『생각하지 않는 사람들』에서 이렇게 썼다.

최악의 경우 정신은 자신이 병들도록 길을 내기도 한다. 많은 중독 증세 역시 가소성 있는 뇌의 신경회로를 강화하는 방식으로 더욱 심해진다. 심지어 중독성 약물의 극소량만으로도 한 사람의 시냅스에서 신경전달물질의 흐름을 극적으로 변화시키면 뇌의 신경회로와 기능에 장기적 변화를 초래한다. 특별한 경우 쾌감을 일으키는 아드레날린과 비슷한 도파민 같은 특정한 신경전달물질이 쌓이면 실제로 특정 유전자의 스위치를 켜고 끔으로써 그 약물을 더 갈망하게 만든다. 이 경우 생명의 활기를 위한 경로가 치명적인 것으로 변한다.[148]

증강·가상 현실과 같은 새로운 인터페이스의 도전

연결성이 강화되고 각종 기기와 앱의 가격이 기하급수적으로 낮아지는 반면 속도는 더욱 빨라지고 있다. 또한 정보에 접근하는 새로운 인터페이스가 계속해서 등장하고 있어 균형 잡힌 디지털 소비 생활을 영위하는 것이 쉽지 않다. 스크린으로 읽고 보는 것에서 기계에 말을 거는 식으로, 그다음에는 생각만으로 기계에 지시하는 단계로 나아갈 것이다. 요컨대 GUI(시각적 유저 인터페이스)에서 NUI(자연스러운 사용자 인터페이스)로 이동하고 있다.

가까운 장래에 이런 궁극의 질문을 할지도 모른다. 우리가 기계 안에 사는 걸까, 아니면 기계가 우리 안에 사는 걸까?

새로운 원유, 데이터 값을 내라 아니면 콘텐츠가 돼라

앞에서도 여러 번 이야기했지만 다시 반복할 필요가 있다. 데이터는 새로운 원유다. 빅 데이터와 네트워크로 연결된 사회를 먹여 살리는 회사가 차세대 엑손-모빌이 될 것이다. 이들은 대중에게 새로운 마약을 열심히 공급한다. 각종 디지털 먹거리, 완전한 인터넷 연결, 강력한 모바일 기기, 무료 콘텐츠, 클라우드에서 봇으로 연결되는 소셜-로컬-모바일(SoLoMo) 슈퍼접착제, 지능형 디지털 비서(IDA) 등이다. 이들은 이전까지 소비자로 알려진 사용자가 그들의 플랫폼에 출석하고 참여하도록 유도하는 방식으로 실제로 사용자가 만들고 공유하는 여러 공급물을 다른 사용자에게 제공한다.[149]

그럼에도 인간은 대부분 구글, 페이스북, 웨이보, 링크드인과 같은 회사가 만들어놓은 근사한 정원 안에서 점점 더 큰 편안함을 느끼고 있다. 기꺼이 타인을 위한 섭취물이 되어가는 동시에 자신도 가능한 한 많이 소비하고 있다. 저자 스콧 깁슨이 최근 포브스 블로그에 쓴 것처럼, "값을 내지 않으면, 자신이 콘텐츠가 된다".[150] 우리는 유례없는 방식으로 서로를 먹여준다. 이 중 상당수는 믿을 수 없을 정도로 풍부하고 만족스러우면서 중독성도 높다. 이것은 우리가 꿈꾸던

열반의 세계, 혹은 영특한 파우스트와 악마의 거래일까? 아니면 재앙을 만드는 요리법일까? 결국 모든 것은 누가 이런 질문을 하느냐에 달린 문제인가?

디지털 비만을 위한 2020년의 지평

시스코는 2020년에 세계 인구의 52%가 인터넷으로 연결될 것으로 내다봤다.[151] 사용자가 약 40억 명에 이른다는 얘기다. 그때가 되면 연결된 사람들의 모든 정보와 사진, 동영상, 데이터 운영 체계, 위치 정보, 발언 등을 모니터링하고 수집하고 연결해서 미디어와 빅 데이터, 사업용 지능 속으로 정제해 유입할 가능성이 높다. 그렇게 되면 양자 인지 컴퓨터로 가동되는 인공지능이 제타바이트(1024의 7제곱 바이트)에 이르는 실시간 데이터를 토대로 놀라운 통찰을 산출해낼 것이다. 그 어떤 것도 관찰되지 않는 상태로 오래 방치되는 일은 없다.

만약 당신이 그런 임무를 다루는 마케터이거나 판매상, 혹은 열정적인 정부 요원이거나 천재 프로그래머라면 이런 상태는 분명 천국이다. 하지만 그렇지 않다면 오히려 지옥이다. 똑같이 강력한 정보 수집 능력이 영원한 글로벌 감시를 가능하게도 만든다. 이 같은 사실은 2013년 스노든의 폭로로 명백해졌다. 따라서 충분히 가능한 시나리오다.[152]

우리는 정보 과잉과 더불어 디지털 비만이 될 수 있을 뿐만 아니라 우리 자신이 벌거숭이로 노출될 수도 있다는 의미다. 결코 보기 좋은 그림은 아니다.

'할 수 있다면'이 아니라 '해야 한다면'

'기술로 무엇을 할 수 있는지'를 묻는 질문은 조만간 '기술로 가능해진 것을 해야만 하는가' 하는 더욱 절실한 질문으로 대체해야 한다. 이것은 최근에 일어난 많은 혁신과 트렌드에도 해당된다. 소셜 미디어를 비롯해 개인의 바이오 측정 기기와 앱, 구글 글래스, 3D 프린팅, 또 일부에서 임박했다고 이야기하는 특이점(제1장 참조) 등도 포함된다.

디지털 비만과 관련한 결론은 이것이다. 모든 미디어와 데이터, 지식, 심지어 지혜까지 바로 무료로 이용할 수 있다고 그 속에 내내 빠져 있어야 할 필요가 있을까? 누군가와 데이트를 하기 전에 상대 유전자를 교차 점검하는 과정이 정말 필요할까? 걸음 수까지 계산해서 몸 상태를 소셜 네트워크에 업데이트하는 것이 정말 필요할까?

'많을수록 좋다'에서 '적은 것이 최선'으로

마지막은 이것으로 귀결된다. 비만 증세가 겉으로 드러나는 음식을 대할 때와 마찬가지로, 디지털 식단에서도 서둘러 개인의 균형을 찾아야 한다. 우리가 수용하는 정보와 관련해서도 언제 어떤 것을 얼마만큼 취할 것인지를 조절해야 한다. 언제 섭취를 줄이고 소화할 시간을 가질 것이며, 어떤 때는 섭취를 멈추고 단식해야 할까? 여기에서도 역시 사업 기회가 생긴다. 앞으로는 오프라인이 새로운 사치품이 된다.

향후 몇 년 안에 인간의 디지털 소비 습관은 전통적인 오프라인과 인터넷 1.0 시대의 '많을수록 좋다' 패러다임에서 '적은 것이 최선'이라는 개념으로 옮겨 갈 것이다. 이처럼 무지와 전지 사이에서 결정적 균형을 잡는 과정에서(양극단은 바람직하지 않기 때문에) 우리는 알베르트 아인슈타인이 한 말에서 힌트를 얻을 수 있다.

"모든 것을 최대한 단순하게 만들어야 한다. 좀 더 단순하게가 아니다."[153]

제8장

예방 대 전향적 대응

가장 안전하면서 유망한 미래는 혁신을 미루지는 않되 기하급수적으로 늘어나는 위험을 '남의 일'로 여기지 않는 것이다.

 기술의 힘이 기하급수적으로 강해지는 현대의 핵심 문제는 예방 (precaution)과 전향적 대응(proaction) 사이에서 지속 가능한 균형을 찾는 일이다. 예방이란 과학적 탐구와 기술 개발의 주어진 경로에 따라 나아가기 전에 장차 무슨 일이 일어날지, 가능한 결과와 의도하지 않은 부산물까지를 포함해서 적극적으로 내다보는 것이다. 반면에 전향적 대응이란 모든 잠재적 위험과 파생 문제가 확연하게 드러나기 전까지는 기술 진보에 유리한 방향으로 나아가는 태도를 말한다.

 만약 어떤 기술의 결과가 인간성에 현저하게 부정적인 영향을 끼칠 가능성이 높다면 과학자와 발명가 그리고 기업가 등을 규제해야 할까? 단연코 그렇다. 보편적으로는 사회에 이롭지만 균형 잡힌 결과를 이루기 위해 적절한 규제가 필요하다면 과학의 도약을 지연시키거나 중지해야 할까? 단연코 아니다. 과학의 진보를 금지하는 것은 가능하지도 않다.

물론 해법은 두 입장 사이에서 현명하고 전일적인 균형을 취하는 것이다. 다시 한 번 말하지만 우리는 보다 나은 미래의 관리자가 되어야 한다. 그러려면 예방과 전향적 대응, 두 가지 입장을 좀 더 상세히 살펴볼 필요가 있다.

예방의 원칙은 환경 문제에 대한 생각에서 발전했다. 이 원칙에 따르면 일을 하는 사람이 재앙적 결과가 예상될 때 결과를 통제할 수 있다고 입증하기 전까지 그 일을 진행해서는 안 된다. 다시 말해 어떤 사람이 실험을 할 때 모험적 시도가 해롭지 않다는 사실을 입증해야 하는 것이다.

이 원칙은 DNA 재조합 연구(아실로마 콘퍼런스)에도 적용되었고, 유럽입자물리연구소(CERN)의 대형 강입자 충돌(Large Hadron Collider) 실험에도 직접 영향을 주었다. 당시 연구진은 강입자 충돌 실험 과정에서 의도하지 않은 블랙홀이 발생할 수도 있다는 우려를 해소하는 조치를 취해야만 했다.[154, 155] 대형 강입자 가속기의 실험에서 볼 수 있는 것처럼, 인류에 실존적 위험을 초래할 수 있는 잠재력을 가진 치명적 혁신은 인류의 집단적 우려를 먼저 고려해야만 한다.

윙스프레드 선언문(1999, 미국 위스콘신 주 윙스프레드에서 열린 환경 회의에서 채택)은 예방의 원칙을 다음과 같이 요약한다.

어떤 활동이 인간의 건강과 환경에 해악을 끼칠 우려가 있다면 반드시 예방 조치를 취해야 한다. 비록 어떤 인과 관계가 과학적으로 확정되지 않아도 그렇다. 이런 맥락에서 입증의 책임은 대중이 아니라 그 활동을 주창한 쪽에 있다.[156]

1992년 리우 선언은 훨씬 더 강력한 조항을 제시했다.

아주 심각하거나 돌이킬 수 없는 피해가 생길 위험이 있다면, 과학적으로 완전히 확실하지 않다는 이유를 들어 비용-효과 측정을 미뤄서는 안 된다.[157]

두 선언문은 인간이 인공지능과 기계 지능, 자율 시스템, 인간 유전자 편집, 기후공학 문제를 다루는 과정에도 적용할 수 있다.

이에 반해, 전향적 대응 원칙을 취하는 쪽에서는 인류가 항상 기술을 발명해왔고 그 과정에서 언제나 많은 위험을 감수해왔다고 주장한다. 따라서 사람이 발명할 수 있는 것과 없는 것에 부당한 제약을 가해서는 안 된다고 말한다. 또한 잠재적 제약에 따른 비용과 사장된 기회비용도 감안해야 한다고 주장한다.

전향적 대응 원칙은 트랜스휴머니스트 철학자인 맥스 모어가[158] 처음 제의했고, 영국 사회학자 스티브 풀러가[159] 더 정교하게 다듬었다.

트랜스휴머니즘 자체가 인간의 생물학적 한계를 넘어선다는 개념, 즉 인간이 적어도 부분적으로는 기계가 될 가능성에 기반을 두고 있기 때문에 이들 입장에서는 방해받지 않는 전향적 대응이야말로 당연지사가 된다.

사려 깊은 인간주의적 균형

내가 제안하고 싶은 내용은 이것이다. 예방 작업이 지나치면 두려움 때문에 모든 것이 마비될 수 있고 스스로 억제를 증폭하는 악순환을 야기할 수 있다. 첨단 과학, 기술, 공학, 수학(STEM) 분야의 연구 활동이나, 판도를 바꿔놓을 수 있는 발명을 지하로 밀어 넣게 되면 연구자들을 범죄 집단으로 만들 우려가 크다. 이런 접근법은 좋은 대응 방안이 아니다. 암의 완치 가능성을 높이는 사례만 보더라도 연구를 심화하는 것은 인간의 책무이기도 하기 때문이다. 인류 번영을 돕는 연구까지 제약해서는 안 된다.

그렇지만 순전히 전향적 대응으로만 접근하더라도 인간에게 이롭지만은 않다. 지금 경험하는 기술 발전의 기하급수적, 조합적, 상호의존적 본질을 감안하면 거기에는 너무나 많은 문제가 걸려 있다. 한 가지 우려하는 것은 지금 설정되어 있는 전향적 대응의 접근법을 그대로 따라가더라도 결국에는 기술이 인간성을 추월할 것이 확실하다는 점이다. 과도한 예방적 조치가 진보와 혁신을 질식시킬 위험이 있는 것과 마찬가지로, 지나친 전향적 대응은 통제 불능의 위험성이

신이 되려는 기술

커서 당분간은 묶어둬야 하는 어떤 강력한 힘을 풀어놓는 것과 같다.

늘 그렇듯이 과제는 판도라의 상자와 알라딘의 램프 사이에서 균형을 찾고 유지하는 것이다.

지금 우리는 STEM과 관련된 많은 분야에서 기하급수적이고 조합적인 경로를 그대로 따라가고 있다. 이 과정에서 지금까지 취해온 전통 방식의 안전 조치는 상당수가 쓸모없는 것으로 밝혀질 것이다. 4에서 5가 아닌 8로 증가하기 시작한 2016년 변곡점 이후로 변화의 속도와 잠재적 위험의 규모가 너무나 극적으로 증가하기 때문이다. 0.01에서 0.02로 커지거나 1에서 2로 늘어날 때까지는 잘 작동했던 접근법도 더 이상은 효과가 없게 된다. 4에서 128로 배가되는 단계에 들어섰기 때문이다. 내기에 걸린 판돈이 워낙 커서 그 결과 역시 인간의 정신으로는 이해하기가 더 어렵게 되었다.

인공지능과 지구공학, 인간 유전자 편집 기술이 너무 전향적으로 나아가면 어떤 결과를 불러올까? 인간이 감독하지 않아도 살상할 수 있는 인공지능 통제 무기와 군비경쟁을 시작한다고 상상해보자. 불량 국가나 국가가 아닌 주체가 기후를 통제하는 실험을 해서 대기에 돌이킬 수 없는 피해를 초래했을 때를 상상해보자. 투명하지 않은 한 나라의 연구실험실에서 초인(superhuman)의 설계 공식을 만들어낸다고 상상해보자.

제임스 배럿은 『파이널 인벤션: 인공지능, 인류 최후의 발명』에서 이런 딜레마를 잘 요약했다.

인간은 인공지능이 인류의 단기 목표(굶주림의 종식)를 해결하면서도, 장기적으로는 해가 되는 것(지구상의 모든 닭을 요리해 먹어버리는 것)에 대한 해결책이나 반대하는 것(다음 식사를 마친 후 살해되는 것)에 대한 해결책을 갖고 있기를 바란다.[160]

기술에 대한 무제한적 열광에 취해 앞으로만 나아가기에는, 그리고 그것이 불가피하다거나 인류의 운명이라고 말하고 넘어가기에는 걸려 있는 게 너무 많다.

이 대목에서 트랜스휴머니스트인 맥스 모어가 2005년에 발표한 선언문을 읽어보자.

예방 원칙의 주창자들 다수는 선의에서 했겠지만, 본질적으로는 의사결정 기관이 현재의 기조를 유지하는 쪽으로 이끌 뿐만 아니라 나아가 기술 진보에 대해 지나치게 반동적이고 비관적인 관점을 갖고 있다. 반면, 전향적 원칙의 당사자는 모든 행동의 결과(좋은 것은 물론 나쁜 것까지)를 능동적으로 받아들이도록 촉구하는 한편 인간이 직면한 진정한 위협에 대해서도 예방 조치를 취할 수 있게 해준다.

예방 자체는 선견지명을 발휘해 가능한 위협을 예견하고 대비하자는 뜻을 함축하고 있지만, 그 주변을 둘러싸고 형성된 원칙은 인간의 웰빙을 위협한다. 예방 원칙은 이미 많은 국제 환경 협약과 규제에 포함돼 있으며, 대안적 원칙과 일련의 기준을 제공하는 것으로 진행되고 있다. 우리가 예방 원칙의 결함을 이해한다면

신이 되려는 기술

전향적 원칙의 필요성은 명백해진다.[161]

어떤 점에서는 모어가 주장한 내용의 상당 부분을 반대할 수 없다. 특히 나 또한 과거 실리콘밸리에서 인터넷 기업가로서 혁신을 추진하려 애썼던 사실을 감안하면 더욱 그렇다. 그럼에도 맥스가 이 글을 쓴 시기가 2005년이었다는 점을 감안해야 한다. 기하급수적으로 발달하는 기술이 변곡점에 이르기 약 10년 전의 일이었다. 그때는 이런 입장이 꽤 합리적이고 아주 약간만 기술중심적으로 들렸을 수도 있다. 하지만 지금 상황에서 그런 태도는 위험한 결정으로 이어지기 쉽다. 당신은 진정 인간의 미래를 불투명하고 책임질 수 없는 정부, 실리콘밸리의 지배자, 탐욕스러운 벤처캐피털리스트, 혹은 방위고등연구계획국(DARPA) 같은 군사 조직이 결정하기를 바라는가?

제 9 장

우연성을 제거한 행복

기술이 순간적 쾌락까지 복제하는 시대에 어떻게 해야 공
감, 연민, 의식 등이 동반되는 보다 깊은 차원의 행복을 보호
할 수 있을까?

행복(Happiness): 좋은 운, 인생 혹은 특정 사건에서의 행운, 성공, 번영

우연(Happenstance): 우연한 사건, 우연의 일치 _ 옥스퍼드 영어 사전

행복은 도대체 뭘까?

나는 이 책에서 줄곧 기술 발전의 핵심 목표는 인간의 행복을 최
대한 추구하는 것이어야 한다고 주장했다. 행복을 위한 노력이야말
로 우리를 인간이게 하고 우리를 묶어주는 핵심 요소다. 우리 모두
가 종교까지는 아니더라도 도덕률을 갖고 사는 것처럼, 행복의 추구
는 문화나 신앙 체계와는 상관없이 인류가 공유하는 보편 준칙에 해

당한다.

사람은 살아가면서 끊임없이 행복을 추구한다. 일상에서 매 순간 내리는 모든 결정도 즐거움을 주는 흡족한 경험으로 채우려는 충동에서 비롯된다. 그것이 순간적 쾌락의 탐닉이 됐든, 장기적 혜택을 위한 만족의 지연이 됐든, 아니면 의식주의 기본 욕구를 넘어 보다 고차원적인 충족이 됐든 모두 마찬가지다.

다가올 인간과 기계의 융합에 대비해 운과 행복을 혼동하지 않는 것이 중요하다. 운은 우발적이지만 행복은 올바른 삶의 틀을 설계하는 데 관한 것이다. 인간 대 기계를 논할 때 행복과 인간 번영의 추구를 중심에 둬야만 한다. 기술이 인간 번영에 이바지하지 않는다면 어떤 다른 목적에 봉사하겠는가? 물론 미래를 설계하면서, 단지 운에만 의존하지 않고 행복을 위한 최선의 환경을 만드는 것도 가능하다.

행복을 정의하는 것은 쉽지 않다. 추상적이고 주관적 개념이기 때문이다. 위키피디아는 행복을 이렇게 정의했다.

행복, 기쁨, 혹은 즐거움은 긍정적이거나 기분 좋은 감정이 규정하는 정신이나 감정의 웰빙 상태로서, 만족에서부터 강렬한 즐거움까지를 아우른다.[162]

실제로 행복에 대해 조사하면서 두 가지 다른 유형의 행복을 반복해서 접하게 되었다. 하나는 쾌락적 행복으로 정신이 긍정적으로 고조된 상태이며 보통 일시적이며 단순히 쾌락이라고도 불린다. 이것

신이 되려는 기술

은 스쳐 지나가기도 하며 순간적일 수도 있는데 종종 습관으로 바뀐다. 예를 들어 쾌락적 즐거움 중 어떤 것은 우리를 탐식이나 음주, 흡연 같은 중독으로 이끈다. 페이스북 같은 소셜 네트워크도 쾌락주의적 자기 현시와 쾌락 조장의 기제라는 뜻에서 종종 '쾌락의 덫'이라 불린다.

두 번째 유형의 행복은 에우다이몬(eudaimon)이다. 보다 깊은 유형의 행복이자 만족감이다. 위키피디아는 에우다이모니아(Eudaimonia)를 행복 혹은 복지로 공히 번역되는 그리스어라고 설명한다.[163] 이 말은 흔히 '인간 번영'으로도 해석되는데 이 책의 목적에 부합하는 훨씬 정확한 용어다. 나는 1980년대 초 본(Bonn)에서 루터 신학을 공부했는데 당시 고대 그리스 철학자 아리스토텔레스의 가르침에 심취했다. 약 2300년 전에 아리스토텔레스는 에우다이모니아를 이렇게 설명했다. "행복은 인생의 의미이자 목적이며 인간 존재의 궁극적 목표다." 물론 아리스토텔레스 철학에서 에우다이모니아는 '아레테(arete, 뛰어남)'와 '프로네시스(phronesis, 실천적, 도덕적 지혜)'와 더불어 중심 개념이다.

그 뒤로 에우다이모니아와 아레테, 프로네시스는 나의 작업에서 항구적 목표가 되었다. 이 개념이야말로 인간이 기하급수적 기술에 짓눌리는 상황에서, 인간성이 어디로 가야 할지를 알려주는 등대와 같다. 지금 우리는 일찍이 인간성이 한 번도 와본 적이 없는 지점에서 길을 잃었다. 하지만 우리에게는 실낱같은 옛 지혜가 있다. 이것이 점점 현실감을 더해가는 기술 중심의 미로 속에서 빠져나갈 수 있도록 도와줄 것이다.

우리를 행복하게 하는 것은 뭘까?

인간 번영이라는 말이 기술에 근거한 즐거운 삶, 효율적인 경영, 더 많은 수익, 착실한 성장 정도만을 가리킨다면, 기계와 알고리즘을 사용해서 그런 목표를 달성하려는 것에도 얼마든지 동의한다. 지금처럼 불가피하게 초효율을 향해 돌진하는 경로에 휘말려들어 자본주의적 절대 풍요에 이르는 동안에는 큰 문제가 되지 않을 수도 있다.

GDP, GNH, GPI: 행복의 정직한 기준인가?

그렇지만 인간 번영이라는 개념을 너무 협소하게 - 경제적 혹은 금전적 의미로 - 국한하면, 국내총생산(GDP)이나 국민총생산(GNP) 같은 시대에 뒤떨어진 지수를 기준으로 삼게 된다. 그보다는 포괄적 척도 국민총행복(GNH)이 있다.

국민총행복이라는 개념은 1970년대에 부탄에서 처음 만들었다. 이 개념은 한 나라의 상황을 진단할 때 훨씬 더 폭넓고, 보다 전일적인 생태학적 접근법을 적용한다. 국민총행복은 가끔씩 정치적 행복의 맥락에서 경제성장, 투자 산출, 투자 수익, 고용 같은 지표를 준거로 삼는 국민총생산이나 국내총생산 같은 전통적 서구의 가치 대신에 전통 불교의 가치에 기반을 둔다. 국민총행복의 네 가지 기본 철학은 국민총생산이나 국내총생산과는 아주 다르다. 네 가지는 바로 지속 가능한 발전, 문화적 가치의 보존과 증진, 자연 환경의 보존, 좋은 거버넌스(governance) 확립이다.[164]

국민총행복은 앞으로 기술과 인간성 관계에 관한 결정을 내릴 때에도 적용할 수 있을 만큼 아주 흥미로운 접근법이다. 기술의 발전과 가치를 측정할 때에도 인간의 행복을 중심에 두기 때문이다. 행복에 관한 이슈가 경제 요인에 묻혀서는 안 된다. 경제 효율을 인간성보다 더 중요하게 여겨서는 안 된다. 이것은 이 책 말미에서 제시한 10가지 핵심 원칙 중 하나다.

국가의 성공을 측정하는 또 다른 방법은 참진보지수(GPI, Genuine Progress Indicator)다. 경제, 사회, 환경 분야에서 진보와 관련된 26개 변수를 측정해 산출한 지표다.[165] 참진보지수는 외부효과까지 충분히 감안하기 때문에 그만한 가치가 있다. 지표를 산출하는 방정식에는 활동에 따른 결과를 평가하는 내용도 포함하는데, 이것은 의도하지 않은 기술의 결과 때문에 생기는 문제에 대처할 때 꼭 필요하다. 참진보지수의 경제 지표에는 불평등과 실업 비용이, 환경 지표에는 공해 비용과 기후 변화 및 비재생 에너지 자원이, 사회 지표에는 가사 노동 가치와 고등교육 및 자원 봉사 등이 포함된다.

인간 중심적 진보 정도를 측정하려면 참진보지수와 국민총행복을 조합해서 적용하기를 제안한다. 이 제안은 앞으로 더욱 중요해질 것이다. 지표를 계속 잘못 측정하면 인간의 행동도 계속해서 잘못된 방향으로 나아가기 때문이다. 이것은 기하급수적으로 발전하는 시기의 기술에는 치명적 실책이 될 수 있다. 여기서 파생되는 실수는 의도하지 않은 결과를 무한정 크게 만들 수 있고, 그럴 경우 기술은 점점 더 강해지는 반면 인간은 더욱더 왜소해지기 때문이다.

우리가 사용하는 측정 지표가 모두 특정 행동을 생산하는 데 필요한 하드 데이터(확정적으로 수치화한 정보 - 옮긴이)에 의존한다면, 예컨대 직원의 판매 실적 같은 것이라면 거기서 나오는 결론 역시 심한 편향을 보이게 된다. 사실 인간이 갖는 고유한 변수는 계량하기 어렵다. 예를 들어 직원이 핵심 고객과 관계를 얼마나 잘 유지하는지, 고객이 제기하는 문제나 이슈에 얼마나 공감하는지를 측정하기 어려운 것과 같다. 현재 갖고 있는 데이터가 인간적인 측면에서 100% 완벽하다고 믿을수록 이 시스템에서 나오는 결론은 더 큰 오류에 빠질 수 있다. 지름길과 단순화만 너무 좋아하다가는 점점 알고리즘에 끌리고 안드로리즘은 외면하기 쉽다.

어떤 기업이나 국가의 입장에서 디지털화와 자동화의 효율성만을 측정하면 아주 유망한 전망을 만들어낼 수 있다. 하지만 모든 과정이 자동화하고 로봇화한 후에 회사 직원이나 시민이 얼마나 행복할지를 측정하면 아주 다른 전망이 제시될 수 있다.

이미 1968년에 미국 로버트 케네디 상원의원은 국내총생산을 두고 "삶을 가치 있게 해주는 것만 빼놓고 모든 것을 측정하는" 빗나간 척도라고 비판했다.[166] 이 말은 중요한 맥락을 짚었다. 즉, 알고리즘은 인간에게 정말 중요한 것을 제외하고 난 모든 것을 측정하거나 심지어 복제도 할 수 있다. 물론 알고리즘과 기술이 인간에게 기여할 수 있는 부분까지 묶어 한꺼번에 폄하해서는 안 된다. 다만 기술을 제자리에 두는 것이 중요하다. 적정한 곳에서는 얼마든지 활용하되 해로운 곳에서는 분리하자는 말이다.

인간 번영에 대한 잘못된 정의는 기계의 권한을 강화할 뿐이다

걱정스러운 것은 인간 번영에 대한 정의를 오랫동안 잘못 내리고 있었다는 사실을 너무 늦게 깨닫는 것이다. 인간은 그동안 쾌락주의적 즐거움만으로도 충분히 좋다고 받아들였다. 그런 것은 종종 기술로 손쉽게 제작하고 조직하고 제공할 수 있기 때문이다. 소셜 네트워크가 좋은 사례다. 사람은 실제로 다른 사람들이 나를 좋아한다는 신호를 보면 즐거움을 느낀다. 이것 역시 일종의 쾌락주의, 디지털 쾌락의 덫이다. 하지만 이런 행위로는 의미 있는 인간적 접촉에서 오는 행복을 경험하지는 못한다. (이것은 마틴 셀리그먼이 말하는 일종의 PERMA 류의 방식으로 아래에서 설명한다.)[167]

우리는 인간적 특성이 모두 초효율적이고 순응만을 유발하는 기술로 대체되거나 거의 사라지는 마지막 시점에 이르러서야 두 가지 행복의 차이를 진심으로 이해하게 될지도 모른다. 그때가 되면 인간은 혼자 힘으로 어떤 것을 영위할 수 있는 기술을 완전히 잊거나 잃어버린 상태가 되어 있을 것이다. 그런 일이 없기를 바라지만, 지금처럼 기하급수적으로 발달하는 기술 변화의 상황에서는 지금부터라도 '번영'의 개념을 '건강한 방식의 성장'이라는 뜻으로 분명히 규정해야 한다. 이 말은 인간의 미래를 내다보는 데 있어서 기술주의자가 선호하는 기계적, 환원주의적, 쾌락주의적 행복이라는 접근법을 넘어 보다 전일적 관점으로 발전시켜야 한다는 뜻이다.

심리학자 마틴 셀리그먼은 진정한 행복은 외부의 순간적인 즐거움에서 오는 것이 아니라고 말했다. 그는 긍정심리학 연구에서 얻은 핵심 결과를 다음과 같은 PERMA 분석틀로 요약했다.[168] 즉, 인간이 가장 행복한 순간은 다음의 것을 가졌을 때다.

● **쾌락**(Pleasure: 맛있는 음식, 따뜻한 물로 하는 목욕)
● **참여**(Engagement: 혹은 몰입, 즐겁고 도전적인 활동에 빠져 있을 때)
● **관계**(Relationships: 사회적 유대가 가장 신뢰할 만한 행복 지표다)
● **의미**(Meaning: 자신보다 큰 무엇을 추구하거나 거기에 속해 있다는 인식)
● **성취**(Accomplishments: 손에 잡힐 듯이 뚜렷한 목표를 실현했을 때)

기술은 위에서 말한 항목 중에서 쾌락과 성취를 가능하게 하고 나아가 참여에 기여할 수도 있다는 점에서 중요한 가치를 더할 수 있다. 그렇지만 진실한 관계를 깊게 하거나 어떤 목적이나 의미를 확립하는 데 실질적 도움을 주지는 못한다. 아니, 그 반대가 진실이기 쉽다. 가족끼리 식사하는 동안에도 모바일 기기에 빠져 있는 것처럼, 기술은 종종 인간관계에 유해한 것이 되곤 한다.

기술은 데이터 과부하와 부주의한 자동화로 의미와 목적을 흐린다. 또한 사람들이 좋아하는 콘텐츠만 집중적으로 공급한 결과 더욱 극단적인 필터 버블을 만들거나 미디어 조작을 심화한다. 물론 목적이 아닌 수단으로서의 기술은 영역을 불문하고 인간에게 도움이 되고 앞으로도 그럴 것이다. 하지만 그 정도가 기하급수적 규모로 심각하게 발전하면 남용과 의존성에 따라 해악을 끼칠 우려가 높다.

기하급수적 기술이 한번 작동하기 시작하면 어떤 일이 일어날까? 인간의 삶은 더 쾌락주의적으로 변할까, 아니면 삶의 의미가 더 깊어지는 쪽으로 갈까? 기계가 우리의 경험을 지배하고 중재하는 공간에 빠져 얕은 즐거움의 희생물로 전락해갈까? 아니면 인간 고유의 행복을 찾으려고 더 애쓰게 될까?

연민: 행복에 연결된 독특한 특성

이런 맥락에서 고려해야 할 중요한 인간적 요소는 바로 연민이다. 달라이 라마는 2015년 『세계를 향한 달라이 라마의 호소: 윤리가 종교보다 더 중요하다』에서 행복과 연민의 관계를 이렇게 설명했다.

만약 당신이 행복해지고 싶다면 연민을 실천해야 한다. 또한 타인이 행복해지기를 바란다고 해도 마찬가지로 연민을 실천해야 한다.[169]

연민(타인의 고통이나 불행에 대한 동정적 관심)은 파악하기가 쉽지 않은 개념이며 그만큼 실천에 옮기기도 힘들다. 영리함이나 지적 위업보다 달성하기 훨씬 어려운 것이 바로 연민이다.

컴퓨터, 앱, 로봇, 소프트웨어가 연민의 능력을 가질 수 있을까? 기계가 당신의 느낌을 이해하고, 당신의 감정에 공명하고, 당신이 아플 때 함께 아파할 수 있을까? 물론, 미래의 기계가 인간의 감정까지 이해하고 심지어 인간의 표정과 몸짓에서 연민을 읽어낼 수 있을 거라는 예측은 할 수 있다. 또한 기계가 인간의 행동을 보고 복제하거나 학습해 인간 감정을 흉내 내거나 감정을 실제로 느끼는 것처럼 보이게 하는 것 정도는 상상할 수 있다.

그렇지만 기계와 인간 사이에는 본질적인 차이가 있다. 기계는 존재에 대한 감각을 결코 가질 수 없다는 사실이다. 기계는 실제로 연민을 느낄 수 없다. 그렇게 보이도록 흉내를 아주 잘 내기를 바랄 뿐이다. 이것이야말로 인간을 삼킬 듯 몰아치는 기술 쓰나미를 논할 때 아주 깊이 생각해야 할 결정적 차이다. 알고리즘으로 생성된 감각과 실제 의식을 구분하지 못하고 잘 구현된 시뮬레이션과 실제를 혼동하면 인간은 심각한 곤경에 처한다. 이런 혼동이야말로 트랜스휴머니즘의 가장 큰 결함이다.

앞으로 기계는 인간의 특성을 시뮬레이션하거나 복제하는 능력이 극도로 좋아지고 속도는 빨라지며 값은 내려갈 것이다. 하지만 실제로 인간적 존재가 되지는 못한다. 인간 앞에 놓인 진짜 도전은 이런 기계적 시뮬레이션만으로도 '충분히 좋은' 것이라며 받아들이게 하고, 그것으로 인간 고유의 상호작용을 대체하려는 유혹에 저항하는 것이다. 기계가 제공하는 쾌락주의적 즐거움을 어디서나 클릭 한 번으로 누릴 수 있다는 것 때문에, 정말 인간적으로 충만한 행복의 경험을 저버린다면 그것이야말로 어리석고 위험한 행보다.

제임스 배럿은 『파이널 인벤션: 인공지능, 인류 최후의 발명』에서 이렇게 썼다.

강력한 인공지능 시스템에 당신의 안전을 책임지라는 임무를 부여하면, 당신을 집에만 가둬놓을 수도 있다. 당신이 행복을 요구하면, 인공지능은 당신을 생명보조 장치에 연결하고 뇌의 쾌락중추를 쉴 새 없이 자극할 수도 있다. 인공지능에 당신이 선호하는 모든 행동을 모아놓은 거대한 도서관이나 그것에서 당신이 선호하는 행동을 추론할 수 있는 완벽한 수단을 제공하지 못한다면, 당신은 인공지능이 제공하는 것은 무엇이든 꼼짝없이 수용해야 하는 신세가 될 수 있다. 그리고 그것은 고도로 복잡한 시스템이어서, 이해 능력이 아무리 뛰어나도 그것을 제대로 파악했는지 확신하지 못한다.[170]

행복 대 돈: 경험 대 소유

물질적 소유나 금전적 조건이 충족해주는 행복에는 한계가 있다고들 한다. 연구 결과를 봐도, 이른바 선진국의 경우 돈을 많이 벌수록 행복감도 대체로 증가하지만 어느 선까지만 그런 것으로 알려졌다.

또 다른 연구를 보면 연소득이 5만~7만 5000달러를 넘으면 행복감은 소득에 비례하지 않는다. 경제적 수입과 웰빙의 상관관계를 그래프로 그리면 비스듬히 기우는 모양이 된다.[171]

행복은 얻거나 구매할 수 없다. 앱이나 봇, 다른 어떤 기계에 행복을 채워 넣는 것도 불가능하다. 대부분의 연구 결과를 보면 소유보다 경험이 인간의 전반적인 행복에 훨씬 더 지속적인 영향을 준다. 경험은 개인적이고 맥락적이며 시간과 결부되고 체화한 것이다.[172] 경험은 인간을 인간이게 하는 고유의 특성, 즉 안드로리즘에 기초한다.

호프랩(HopeLab, 미국의 비영리 연구소)의 상품혁신국장인 잰신 리우는 2015년 『허핑턴 포스트』 블로그에 이렇게 썼다.

버지니아대학과 브리티시컬럼비아대학, 하버드대학 학자들이 2011년 수많은 학술 논문을 검토한 결과를 발표했다. 그것은 다음과 같이 일견 모순처럼 보이는 명제에 대한 답변이었다. 자신의 인생 전반을 돌아보는 질문을 받았을 때 응답자는 돈이 많은 사람일수록 만족도가 높았다. 그러나 답을 하는 바로 그 순간 얼마나 행복한지를 묻는 질문에 대해서는 부자나 가난한 사람이나 별반 차이가 없었다.[173]

기술의 본질적 목적은 인간 행복이어야 한다

기술이라는 뜻의 영어 단어 technology는 그리스어 '테크네

(techne: 방법, 도구, 기술 혹은 솜씨)'와 '로기아(logia: 지식, 신으로부터 온)' 에서 유래한다. 어원에서도 알 수 있듯 기술은 옛날부터 지금까지 항상 인간 자신의 삶을 개선하기 위해 개발돼왔다. 하지만 기술은 조만간 인간 자신을 개선하는 데 사용될 것이다.

이전까지는 삶의 조건을 개선하도록 기술을 발전시켜 행복의 가능성과 범위를 확장할 수 있었다. 예컨대 스카이프와 구글 토크, 그 외 다양한 메시지 앱 덕분에 거의 모든 사람과 언제 어디서든 무료로 연결할 수 있었다. 하지만 이제는 기술이 기하급수적, 조합적으로 진보하기 때문에 기술 자체가 저절로 목적이 되어가는 상황에 이르렀다. 우리는 어느새 페이스북의 '좋아요'를 더 많이 얻으려 애쓰고, 끊임없이 뜨는 알림과 신호에 반응한다. 그런 식으로 시스템이 우리의 주의를 요구한다.

페이스북에서는 이미 현실이 되었다. 한갓 도구가 의미라는 자리를 차지한다면 어떤 일이 벌어질까? 도구를 멀리하기가 너무 어렵고, 사용이 너무 편리한 나머지 그 자체가 목적성을 갖게 되면 어떻게 될까? 한걸음 더 나아가 스마트폰과 스마트스크린, 스마트워치, 가상현실 안경 그 자체가 인지력을 갖게 되어 단순한 도구 이상의 존재가 되면 어떤 일이 벌어질까? 우리의 외장 두뇌가 우리 뇌의 신피질과 직접 연결되면 어떻게 될까?

기술은 도덕이 없다
허무주의 클라우드라는 믿음 없는 공간에서 살아갈 뿐이다

사람은 대부분 기술을 무던히도 좋아한다. 하지만 정작 기술은 가치와 믿음, 윤리를 생각하지 않는다. 앞으로도 그럴 것이고 또 그래야만 한다. 그 점을 염두에 두어야 한다. 기계는 인간 행동을 설명하는 데이터 공급원으로서만 인간의 가치를 평가한다.

봇과 지능형 디지털 비서는 나에 관한 수천만 건의 데이터를 빨아들여 읽고 분석한다. 내가 남긴 디지털 부스러기까지 남김없이 수거할 것이다. 그렇지만 그런 식으로 나에 관한 데이터를 아무리 많이 모으고 분석해도 소프트웨어와 기계가 내 가치와 윤리를 진정으로 이해할 수는 없다. 나와 같은 인간일 수는 없기 때문이다. 그것은 어디까지나 근사치이고 시뮬레이션이고 단순화한 것에 지나지 않는다. 유용하긴 할 테지만 실제는 아니다.

기술의 발전은 윤리적 문제를 낳는다. 그 몇 가지 사례를 보자.

많은 과학자가 처음 원자폭탄의 이론적 기반이 되는 과학과 수학의 과제를 연구하기 시작했을 때만 해도 폭탄 제조는 이들의 안중에 없었다. 아인슈타인은 자신을 평화주의자라고 생각했다. 그럼에도 아인슈타인은 미국 정부를 향해 히틀러보다 먼저 폭탄을 개발해야 한다고 권고했다. 앞서 말한 대로 원자폭탄의 아버지로 널리 알려진 로버트 오펜하이머 박사도 히로시마와 나가사키에 원자폭탄이 투하된 후에야 비로소 자신의 행동을 후회했다.[174] 하지만 이미 두 사람은 자신이 속한 군사-정치 복합체의 행동 윤리에 따라 대량살상무기 개발의 공로자로 남았다.

사물인터넷 역시 또 다른 좋은 사례다. 수천억 개의 사물을 웹으로 연결해 막대한 데이터를 모으고 연결하고 조합하면 틀림없이 엄청난 혜택과 이익이 생길 것이다. 그것을 이용하면 기후 변화라든가 환경 감시 문제 같은 지구 차원의 수많은 과제에 대한 잠재적 해법을 찾을 수도 있다.

이런 생각의 바탕에는 모든 것이 스마트하고 연결만 되면 전 과정이 더 효율적이고 비용도 낮아지고 환경 보호에도 큰 도움이 될 거라는 계산이 깔려 있다. 스마트한 생각이지만, 현재 제시된 사물인터넷 실현 구상을 보면 인간적 고려와 안드로리즘, 윤리적 고민에 대한 관심은 거의 찾아볼 수 없다. 예를 들어 클라우드가 구현할 글로벌 브레인 시스템 속에서 인간의 프라이버시는 어떻게 유지할 수 있는지, 개인을 무제한으로 감시하는 것을 어떻게 막을 수 있는지, 모든 새로운 데이터의 부작용에 대한 책임은 누가 질 것인지가 불투명하다. 지금 당장은 관심의 초점이 효율성과 초연결성이 보여주는 놀라운 성과에만 있다. 의도하지 않은 결과와 부정적 외부효과에 대해서는 아무도 걱정하지 않는다.

헬스케어 분야에서 실리콘밸리의 기하급수적 풍요의 전문가로 꼽히는 피터 다이어맨디스가 유전학의 개척자인 크레이그 벤처와 함께 휴먼론제비티(인간 장수) 스타트업을 설립했다. 그는 회사가 인간의 수명 연장과 불사(不死)의 가능성에 공헌할 수 있다고 자신했다.[175] 하지만 그는 노화와 장수, 죽음에 관한 토론에서 종종 제기되는 대부분의 윤리적 문제를 아예 무시한다.

그런 시술 비용을 부담할 수 있는 사람은 과연 누구일까? 부자만 100세 이상을 살게 되는 것은 아닐까? 죽음을 극복한다는 것은 무슨 의미일까? 정말 다이어맨디스가 말하는 것처럼 죽음은 하나의 질병일까? 아니면 인간 존재의 변할 수 없는 핵심일까? 질문은 넘쳐나지만, 마치 원자폭탄 연구의 초기와 비슷하게도 지금 실리콘밸리의 기술주의자들은 자신의 혁신이 어떤 문제를 야기할지 조금도 성찰하지 않은 채 최대한 빨리 그리고 최대한 멀리 내달리고 있다.

죽음은 거대한 비극이며…… 심대한 손실이다. ……나는 받아들이고 싶지 않다. ……나는 사람들이 죽음에 대해 아무렇지도 않다고 말하는 것은 자신을 속이는 것이라고 생각한다. _레이 커즈와일[176]

돈과 마찬가지로 기술은 선도 악도 아니다. 단지 수단으로 존재할 뿐이다. 1950년대의 위대한 멕시코 시인 옥타비오 파스(1914~1998)는 이를 잘 요약했다.

기술 허무주의는 힘이 갖는 의지의 가장 완벽한 표현이라는 사실에만 있는 것이 아니라 의미를 결여하고 있다는 사실에도 기인한다. '왜?'와 '무엇을 위해?'는

기술이 스스로 제기할 수 없는 질문이다.[177]

   기하급수적 기술이 낳는 허무주의도 기하급수적으로 커질까? 수천 배 더 허무주의적이면서, 그만큼 더 자아도취적이기도 할까? 다가오는 기계 시대에 안드로리즘의 여지가 없다는 이유로 우리는 결국 의식이나 신비, 영성, 영혼 따위가 완전히 사라진 종이 되고 마는 걸까?

   이런 맥락에서 다음 두 가지 사항을 생각해볼 필요가 있다.

1. 진정으로 위대한 기술은 성장과 수익의 결산에만 연연할 것이 아니라 인간 행복의 심화를 최우선으로 설계해야 한다. 기하급수적 성장과 수익에만 골몰하다가는 머지않아 인간도 스스로 기계처럼 될 위험이 높기 때문이다. 이런 새로운 패러다임은 모든 회사와 조직에 극적 전환을 제시할 것이다.

2. 지구공학이나 일반인공지능(AGI)처럼 재앙적 결과를 초래할 위험이 있는 기술은 고대 그리스인들이 '프로네시스(phronesis)'라고 부른, 실천적 지혜를 가졌다고 공인된 사람들이 지휘하고 감독해야 한다. 그런 기술의 관리를 기술 개발자나 기업, 군 관료, 벤처캐피털리스트, 세계 거대 인터넷 플랫폼의 손에 맡겨둬서는 안 된다.

이 모든 기술적 진보가 인류 차원의 번영으로 이어지는 것이 아니라면, 또 모두를 고차원의 행복으로 끌어올리는 데 기여하는 것이 아니라면 다 무슨 소용이겠는가?

신기술이나 STEM(과학, 기술, 공학, 수학) 분야의 새로운 발전 조류를 평가할 때, 우리는 항상 혁신이 구현되었을 때 영향을 주는 당사자의 집단적 웰빙을 실질적으로 증진하는지를 물어야 한다.

더 값싸고 속도가 빠른 기술, 더 편리하고 풍요로우며 쉬워진 소비, 초인적인 힘, 경제적 이득의 증가 등이 인간을 정말 행복하게 할까? 더 좋은 앱과 봇, 지능형 디지털 비서, 강력한 증강현실과 가상현실, 새로운 두뇌-컴퓨터-인터페이스(BCI)를 통한 글로벌 브레인 즉석 접속이 실제로 인간을 종 차원에서나 개인 차원에서 진정한 번영으로 이끌까? 아니면 그런 도구와 플랫폼을 만들고 소유하고 제공하는 사람에게만 보상이 돌아가는 것은 아닐까?

인간 웰빙이 목적이어야 한다

기술의 미래를 논할 때 나는 특히 웰빙이 핵심 단어라는 사실을 절감한다. 웰빙은 편안하고 건강하거나 행복한 상태를 뜻한다. 이 말은 인간의 신체 기능이나 정신의 계산 능력 혹은 두뇌의 시냅스(신경세포의 연결) 수를 측정하는 것을 넘어 보다 전일적 접근법을 함축하고 있다. 그 안에는 체화와 맥락, 적시성, 연결성, 감정, 영성, 그 밖의 우리가 아직까지 완전히 설명하거나 이해하지 못한 수많은 것이

담겨 있다. 웰빙은 알고리즘적인 것이 아니라 안드로리즘적인 것이며 신뢰와 연민, 감정, 직관 등과 같은 복잡한 인간적 특성에 기반을 두고 있다.

기술은, 사랑하는 사람에게 언제 어디서나 연락할 수 있도록 만들어준 것처럼, 일상 속에서 멋진 순간을 만들어내는 데 아주 뛰어나다. 하지만 웰빙이란 그런 기술적 편의를 제공하는 차원을 훨씬 넘어서는 것이다. 보다 전일적인 웰빙은 사람 사이의 관계와 의미, 목적과 맥락에서 나온다. 행복은 결코 자동화할 수 없다.

기술이 행복을 만들 수 있을까?

인공지능처럼 기하급수적으로 발달하는 기술은 인간의 행복이나 웰빙까지 깊게 하는 조건을 만들려고 한다. 어떤 이는 더 적극적으로 인간을 위한 웰빙이나 디지털 유사품을 직접 제조하기도 한다. 더 나아가 행복도 프로그램될 수 있다거나 초지능 기술로 조직하거나 편성할 수 있다는 주장을 접할 수도 있다. 기술진보주의 사상가들이 주장하는 핵심 내용은 인간의 행복도 결국 적시에 적정 종류의 신경세포가 올바른 배열로 발화한 결과일 뿐이라는 것이다. 그러니 이 모두가 생물학이나 화학, 물리학의 문제일 뿐이며 따라서 컴퓨터로 완전히 이해하고 학습하고 복제할 수 있다고 추론한다.

사회가 점점 기계에 의존하면서, 기계를 만들거나 심지어 효과적으로 사용하

는 능력까지도 점차 줄어드는 상황이 목격되고 있다. _ *더글러스 러시코프 『통제하거나*

통제되거나』[178]

아마도 사람을 조작하고 통제하고 프로그램하는 일종의 행복 기계를 만들 수 있을지도 모르겠다. 이를 위한 앱도 있을 수 있다. 최소한 그런 것이 있어야 한다고 생각하는 사람도 있다.

인터넷의 www.happify.com을 방문하면 행복을 조직하는 아이디어가 이미 상품으로 나와 있다. 여기서는 행복을 가르쳐주는 소프트웨어 툴도 판다. 이것이 2025년에는 어떻게 변해 있을까? 아마도 두뇌-컴퓨터-인터페이스나 소형 임플란트를 통해 뇌와 연결된 앱이 늘 행복하게 느낄 수 있게, 바꿔 말해 늘 행복을 소비할 수 있게 해주지는 않을까?

가끔 이런 행복 생산을 추구하는 기업가들이 인간의 감정이나 가치, 믿음을 STEM의 기하급수적 발전에 훨씬 더 종속시켜야 한다고 생각하는 것처럼 보일 때도 있다. 이들은 불안해하는 사람에게는 결국 길을 따라 끝까지 가면 모든 것이 우리가 만드는 프로그램에 복종하게 될 것이라고 설득한다. 하지만 우리 자신까지 프로그램에 종속되고 말 것이다. 그러고 나면 우리는 그들 말대로 모든 생물학적 제약에서 벗어나 진정으로 보편적 존재가 될 수 있을 것이다. 너무나 기다려진다!

신이 되려는 기술

무드 봇과 기술 쾌락

기술은 이미 즐거운 순간, 즉 쾌락적인 행복을 만들 수 있고 조작도 할 수 있다. 이것은 분명 가까운 미래에 큰 인기를 끌 사업이다. 이미 페이스북 뉴스피드에서 일어나고 있다. 여기에는 우리가 기분 좋게 느끼거나 좋아하는 것만 게시된다. 신경과학자들을 대거 채용해 새로운 디지털 순간-만족 메커니즘을 미세 조정해놓은 결과다. 이런 일은 쇼핑 사이트와 전자상거래에서도 똑같이 일어나고 있다. 헬스케어 분야도 마찬가지인데 누트로픽스가 그런 곳이다. 여기서 파는 이른바 스마트 약과 인지력 향상제를 복용하면 단번에 비상한 지력을 경험할 수 있다고 선전한다.

이런 식으로 인간의 감각을 조작하는 일은 조만간 무소부재의 존재가 될 디지털 비서와 서로 주고받는 음성과 동작 대화를 통해 더 정교해질 것이다. 페이스북의 오큘러스 리프트라든가, 새로운 유형의 인간-컴퓨터 인터페이스와 신경 임플란트 같은 가상·증강 현실 기기를 통해 일어날 수도 있다. 어떻게든 컴퓨터는 인간이 행복하게 만들려고 애쓸 것이다. 인간의 친구가 되려고 노력하고, 인간도 자기를 좋아해주기를 바랄 것이다. 상황은 이런 식으로 점점 악화될(혹은 다른 관점에서는 점점 좋아질) 것이다.

미국 저널리스트 애덤 피오어가 2015년 9월 과학 잡지『노틸러스』에 기고한 글을 보면 무드 봇의 작동 방식에 대한 설명이 잘 나온다.

하트퍼드에 있는 트리니티대학의 사회학자이자 미래학자인 제임스 휴즈는 가까운 미래의 어느 날을 이렇게 상상한다. 우리는 세로토닌, 도파민, 옥시토신 같은 핵심 신경전달물질의 유전 결정자를 해명하고, 로봇학과 전통 약리학을 결합한 나노 규모의 정밀 기술을 이용해 행복 유전자(세로토닌 수송 단백질인 5-HTTLPR 혹은 그다음으로 그와 비슷한 것)를 조작할 수 있을 것이다. 이런 '무드봇'을 복용하면 뇌의 특정 영역까지 직접 도달해서 유전자를 작동시키고, 행복 수치를 올리거나 낮추는 방식으로 인간의 경험 방식을 채색한다.

현재 윤리와 신기술 연구소 소장이자 2004년에는『시티즌 사이보그: 왜 민주 사회는 미래의 인간 재설계에 응답해야 하나』라는 책을 쓴 휴즈는 "나노 기술이 점점 정교해짐에 따라 정밀한 방식으로 보통 사람의 기분에 영향을 미칠 수 있을 것이다"라고 말한다.[179]

디지털 기술은 이미 사용자에게 다양한 쾌락주의적 즐거움을 안겨주는 데 능숙해졌다. 요즘 나오는 앱과 디지털 개인 비서, 소셜 미디어만 봐도 그렇다. 이런 곳에서 사람들이 다른 사람과 연결하는 목적을 가만히 보면, 대부분 완전히 낯선 사람의 반응을 토대로 순간적인 도파민 상승의 쾌감을 얻는다. 어떤 면에서 소셜 네트워크는 이미 꽤나 놀라운 '쾌락주의적 행복 발생 기계'라 할 수 있다.

결국 관건은 이런 기하급수적 기술의 성과가 보다 차원 높은 행복인 에우다이모니아를 증진하거나 지원하려면, 혹은 고상한 목표를 향한 노력이나 삶의 의미 발견을 도우려면 무엇을 할 수 있느냐는 것

신이 되려는 기술

이다. 하지만 이것은 불가능한 임무다. 기술은 목적을 묻지 않기 때문이다. 아예 관심조차 없다. 기술이 그런 문제에 관심을 가져야 할 필연적 이유가 없다.

그렇다면 에우다이모니아적인 행복은 디지털이든 아날로그든 미리 계획하고 편성하거나 사전에 조정할 수 있는가 하는 질문을 제기할 수 있다.

오스트리아 심리학자이자 로고테라피(logo-therapy, 의미 치료)의 창시자인 빅토어 프랑클은 1946년 『삶의 의미를 찾아서』에서 이 문제를 탐구했다.

행복은 추구하는 것이 아니다. 결과로 뒤따라오는 것이다. 대의에 헌신할 때 뜻하지 않은 부수적 효과로, 혹은 내가 아닌 다른 사람에 빠져들 때 부산물로 온다. 남성이 성적 능력이나 여성이 오르가슴에 도달하는 능력을 보여주려고 애쓸수록 더 성공하기 어렵다. 즐거움은 부수적인 효과이거나 부산물이며 그런 것으로 남아야 한다. 그것 자체가 목표가 되면 오히려 그만큼 무너지고 훼손된다.[180]

쾌락주의적 즐거움이 더 큰 번영(에우다이모니아)의 부산물이라는 생각은 매우 설득력이 있다. 인간은 기술을 포용하되, 즉 기술의 즐거움을 경험하되 자신이 기술이 되어서는 안 된다. 그랬다가는 진정한 에우다이모니아를 경험할 수 없기 때문이다.

무엇을 바랄 것인지 신중히 생각하라

인간의 수명을 획기적으로 연장해야 할까? 이 문제를 두고 벌어지는 논란은 특정 기술이 발전할 때 인간 번영으로 귀결될 것인지를 판단하는 것이 얼마나 어려운지를 잘 보여준다. 또한 이 문제는 조만간 직면할 수 있는 최대 딜레마이기도 하다. 어떤 일을 할 수 있다는 것은 꼭 그렇게 해야만 한다는 뜻까지 포함하는 것일까? 그것이 인간 번영에 해로운 작용을 초래한다면 실행하지 않아야 한다고 생각해야 하지 않을까?

크리스퍼(CRISPR) 같은 획기적인 유전자 편집 기술은 암과 알츠하이머병을 퇴치하는 데 도움을 준다. 그렇게 되면 인류의 집단적 웰빙에도 확실히 기여한다. 하지만 이런 과학적 마법은 다른 한편으로 맞춤 아기나 수명의 획기적인 연장, 심지어 죽음마저도 극복하게 만들지 모른다. 문제는 이런 시술의 혜택을 상당한 재산을 가진 소수만 누릴 수 있을 거라는 사실이다. 어떻게 하면 그런 기술 발전의 혜택을 대다수 인류가 누릴 수 있을까? 어떻게 하면 그로 인한 사회적 파탄이나 테러리즘, 혹은 기하급수적으로 늘어나는 불평등의 부작용을 방지할 수 있을까?

인간-기술 융합의 진원지인 실리콘밸리의 혁신 기업가 피터 다이어맨디스는 이런 말을 즐겨 한다. "문제는 건강한 인생을 20, 30, 40년 동안 추가로 누릴 수 있는 이 엄청난 기회를 얻기 위해 얼마를 지불할 용의가 있느냐는 것이다."[181] 이 말은 실리콘밸리의 철학을 여실히 보여준다. 그들에게는 모든 것이 사업 기회다. 심지어 인간 행복조차도.

과학 작가 에이미 맥스맨이 2015년 『와이어드』에 기고한 글 중에서 사람들의 관심을 끈 단어가 있다. 이른바 '천지창조 엔진'이라는 개념인데, 인간 DNA를 편집한다는 뜻이다.[182] 이것을 현실화하는 단계는 다음과 같다. 첫째 인간이 가진 수십억 개의 DNA를 분석하는 일이다. 분석 결과를 통해 어떤 유전자가 사람 사이에 서로 다른 신체 조건과 질병을 유발하는지 파악할 수 있다. 이 과정에서는 엄청난 컴퓨팅 파워와 함께 이런 생각에 동의하는 폭넓은 대중의 지지가 필요하다. 둘째, 어떤 유전자가 암과 같은 유해한 질병의 원인인지를 파악하고 나면 다음 단계는 그 유전자를 제거하거나 억제하는 방법을 찾는 일이다. 질병의 발현을 차단하기 위해서다. 셋째 단계는 사실상 인간을 프로그램하는 구상이다. 결함을 모두 제거한 다음 거기에 훌륭한 특성을 더하는 것이다. 오늘날 우리가 소프트웨어나 앱을 프로그램하는 것과 같다.

인간의 미래에 대한 이런 구상이 바람직한 걸까? 대대수의 사람은 소리 높여 "그렇다!"고 대답한다. 믿기 어려울 정도로 근사하게 들리기 때문이다. 하지만 그런 과학의 눈부신 위업이 더 크고 넓은 맥락에서는 어떤 의미인지 생각해보면 주저하게 된다. 그런 시술은 어떤 사람이 누릴까? 그런 기술을 적용할지는 누가 규제할까? 돈 많은 잘난 사람에게는 이런 혜택을 누리도록 모든 문을 열어주면서 평범

한 노인에게는 그 문을 매몰차게 닫아야 할까? 유전자를 프로그램할 수 있게 되면서 자칫 점점 더 기계처럼 되는 길로 발을 들여놓는 것은 아닐까?

그뿐 아니다. 인간 유전자 편집 기술이 질병 퇴치가 목적이라지만 이것이 반드시 인간의 웰빙과 행복을 증진하는 결과를 보장할까? 똑같은 능력이 내전이나 테러리즘으로 귀결될 우려는 없을까? 슈퍼리치만 모든 질병을 피해 150세까지 살 수 있는 반면에, 대다수 나머지 사람들은 90세나 그전에 노쇠해지고 심지어 기본 건강보험도 감당할 경제적 여유가 없다면 어떻게 될까? 이들의 심리적 박탈감과 좌절감이 사회 불안으로 이어지지는 않을까? 이런 갖가지 골치 아픈 윤리적·사회적 문제를 먼저 고려하지 않은 채 어떻게 기술의 혜택부터 제시할 생각을 할 수 있을까? 왜 막대한 돈을 STEM에 쓰면서, 인류의 핵심 자질인 창의성, 연민, 상호성, 책임성, 공감 같은 것에는 그토록 인색한 걸까?

긍정적 사례

디지털로 중재된 인간 경험에 대한 찬반 논의를 위해 굳이 극단적 사례까지 들 필요도 없다. 위키피디아만 봐도 충분하다. 비영리 글로벌 지식 기반인 위키피디아는 기술이 집단적 웰빙 증진에 기여하는 긍정적 사례다. 위키피디아는 실제로 더 좋은 사회를 만드는 데 아주 큰 기여를 했다. 지식과 정보에 대한 사람들의 접근이 쉽지 않은 상

신이 되려는 기술

황에서 이 웹사이트는 옛날 사전이나 도서관, 상업 광고와 정부 데이터베이스에 비용을 치르지 않고도 누구나 어디에서나 지식과 정보에 접근할 수 있는 길을 열어주었다.

지구 곳곳의 사람들은 확실히 위키피디아에 매우 만족하고 있으며, 공동 창설자인 지미 웨일스는 혁신을 통해 사회의 집단적 진보에 기여한 인물로 널리 존경받고 있다. 그 과정에서 『브리태니커 백과사전』의 인쇄본이 퇴출된 것은 위키피디아가 의도하지 않은 결과로 웬만큼 무시해도 좋다. 이렇게 볼 때 위키피디아는 웰빙과 인간 번영에 기술이 기여한 좋은 사례다.

반면 틴더(Tinder: 유명한 데이팅과 메시지 앱)나 구글 맵 혹은 애플 와치 같은 혁신물은 다르다. 위키피디아와 같은 방식으로 인류의 집단적 웰빙에 기여한 것이 아니다. 그저 라이프스타일 기술에 대한 "그래, 우린 할 수 있어" 하는 식의 철학을 상업적으로 표현했을 뿐이다. 그럼에도 모두 꽤나 요긴하게 이용하고 좋아한다. 유용성 측면에서는 확실히 '그렇다'이지만, 일반적 웰빙의 심화 측면에서는 아무래도 아니다. 최소한 위키피디아와 같은 정도는 아니다.

기술이 주는 쾌락주의와 행복의 교환?

이런 상상을 해보면 어떨까? 외모가 준수하고 세련된 인공지능 구동 섹스 로봇을 사용해서 인간 섹스 파트너와 육체적 관계를 시뮬레이션할 수 있다면? (궁금해할까 봐 답을 하자면, 당연하게도 이 산업 분야는

현재 아주 빠르게 성장하고 있다.)[183]

어떻게 보더라도 로봇과 섹스를 즐기는 것은 쾌락주의적 경험의 범주에 잘 들어맞는다. 만약 그것이 가능해진다면, 그때 가서도 인간은 실제 현실에서 인간과의 관계에서 진정한 행복과 완전한 성적 만족을 추구하는 데 여전히 관심을 가질까? 인간과의 관계에서 성공하려면 실제로 무던히 애를 써야만 하는 상황인데도? 아니면 편리하다는 이유로 섹스 로봇을 손쉽게 이용할 수 있는 현실에 적응하게 될까? 섹스에서도 그처럼 소비자중심주의적 태도로 빠져들게 만드는 유혹은 얼마나 강렬할까? 자신이 원하면 무엇이든 즐길 수 있는 권리를 누가 거부할 수 있을까?

물론 여전히 현실과 시뮬레이션의 차이를 금방 알 수 있다고 주장할 수 있다. 분명 다소의 차이는 있다. 하지만 섹스 로봇을 부단히 사용하면 정신에도 변화가 일어나지는 않을까? 그것이 두뇌를 교란하고 현실 지각, 즉 현실 세계가 실제로 어떤지에 대한 시야를 왜곡하지는 않을까?

포르노를 습관적으로 시청하는 사람들을 연구한 결과를 보면, 포르노를 너무 많이 보면 발기에 필요하거나 오르가슴에 도달하는 데 필요한 자극에 중대한 영향을 미친다는 사실을 알 수 있다.[184] 이런 문제가 아주 스마트하고 저렴하고 믿을 수 없을 만큼 인간 같은 섹스 로봇이 출현하면 얼마나 증폭될지 상상해보자. AMC(미국의 영화관 체인 - 옮긴이)에서 상영하는 포르노물 「휴먼스」 몇 편만 보더라도 결과

신이 되려는 기술

를 쉽게 짐작할 수 있다.[185]

그렇다면 비인간적 습관을 야기한다는 이유로 섹스 로봇을 금지해야 할까? 차세대 인간형 로봇을 금지해도 사회적으로나 다른 어떤 쪽으로도 아무런 해가 없다. 그렇다고 해도 사용을 막을 수는 없다. 섹스 로봇은 기하급수적 기술의 성과(이 경우에는 인공피부, 로봇학, 인공지능)가 쾌락주의적 행복의 경로를 따라 훨씬 더 빠른 속도와 낮은 비용으로 사용 범위를 확대해갈 수 있음을 보여주는 한 가지 사례에 불과하다.

핵심 질문은 이것이다. 기하급수적 기술은 인간의 웰빙을 북돋워줄 것인가? 그렇다면 그것이 부주의하게든 설계에 따라서든 다른 방향으로 튀지 않게 제어할 책임은 누구에게 있는가? 어떤 것이 인간적인지 아닌지에 대한 판정은 누가 내리는가? 인간이 만든 도구와 인간 자신을 구분하는 경계선을 넘어가는지를 누가 판정하는가?

이것은 인간과 기계 사이에 내재된 긴장이며 기술이 해결할 수 없는 문제다. 앞으로 인간의 두뇌 전체와 1000억 개의 신경세포를 전부 시뮬레이션할 수 있다고 해도 마찬가지다. 연민과 행복은 의식과 같이 단순한 생물학적 혹은 화학적 조건 속에 존재하지 않는다. 인간적인 모든 것이 상호작용하는 전체 속에 존재한다.

기계나 소프트웨어가 이런 경지까지 도달할 수 있을 것 같지는 않다. 물론 어느 정도까지 그런 상태를 시뮬레이션하면 빠르게 좋아질 수 있다. 이미 컴퓨터 프로그램은 얼굴 인식 기술을 이용해 연민의 감정을 측정하거나 감지할 수 있는 수준까지는 왔기 때문이다. 소프트웨어는 아마도 수만 가지의 다양한 얼굴 표정 변화와 언어상 지표를 학습한 후 연민의 감정을 표시하는 것까지 시뮬레이션할 수 있을 것이다.

연민 같은 인간의 특성이나 인간의 의식이 무엇인지 먼저 규정하고 그다음 그것을 프로그램하려는 시도는, 적어도 예견할 수 있는 미래에는 실현 불가능한 개념 같아 보인다. 하지만 반복해서 말하지만, 시뮬레이션이 엄청나게 좋아져서 대부분의 사람이 그 정도면 '충분히 좋은' 것으로 여긴다면 이야기는 달라진다. 이것이야말로 진짜 위험한 상황이 될까? 조만간 우리는 충분히 비슷하기만 하면 아무 문제가 없을 거라고 여길 가능성이 크다. 그 점이 걱정이다.

기술을 제자리에 돌려놓기

컴퓨터와 소프트웨어 프로그램, 알고리즘, 그리고 로봇 등이 사람과 같은 공감이나 연민의 특성을 갖게 될 확률은 아주 낮다. 로봇과 인공지능을 조력자와 수행원으로 삼는 것은 얼마든지 좋다. 하지만 주인으로 받아들여서는 안 된다.

감성적 결과물을 최적화하려고 수학 모델이나 기계 지능을 실험하고 활용해야 할까? 사회적·정치적 문제를 해결할 때도 기계적 사고의 맥락에 입각해서 더 나은 기술을 동원해야 할까? 예를 들어 테러리즘을 근절하기 위해 강압적인 감시 기술을 사용해야 할까?

신이 되려는 기술

기술이 아무리 좋아지더라도 복잡한 안드로리즘적 가치는 인간의 영역에 계속해서 남아 있어야 한다. 인간적 가치를 표현하는 미묘한 일에는 인간이 훨씬 더 낫기 때문이기도 하지만, 이런 문제에는 인간이 직접 관여하는 것이 에우다이모니아, 즉 보다 심층적 행복을 키워갈 수 있는 열쇠이기 때문이다.

현재의 기하급수적 기술은 기적처럼 눈부신 기계를 만들어내고 있다. 하지만 그것을 소유하고 수익을 차지하는 1%의 사람을 넘어 인간에게 행복을 기하급수적으로 선사할지는 의문이다. 과연 모든 결함과 비효율성에서 자유로운 완벽한 인간 기계를 만들고, 종국에는 인간 스스로 신이 되는 것이 그토록 고상한 목표일까? 그것이 무엇을 뜻하는지 제대로 알고 있기는 한 것일까?

적어도 내가 원하는 세상은 아니다. 그 길을 추구해야 한다고 제안하는 것은 우리의 미래를 가지고 도박하는 것과 같다. 다음 세대의 우물에 독을 타는 일이 될 수도 있다.

행복은 프로그래밍할 수 없다. 자동화하거나 판매될 수도 없다. 복제하거나 코딩 혹은 딥 러닝으로 처리할 수도 없다. 인간 내부와 인간 사이에서 발산되고 자라나야 한다. 기술은 인간을 돕는 도구로서 존재한다. 우리는 기술을 사용하는 종(species)이지, 기술이거나 기술이 되도록 운명 지어진 종이 아니다.

행복이라는 영어 단어 happiness의 어원은 바이킹어로 행운을 뜻하는 happ이다. 이 말은 우발적 사건, 운이라는 개념과 관계있다. 기술을 옹호하는 사람은 자신이 인간의 삶에서 부정적 요소를 제거하고 있다고 할지도 모르겠다. 알다시피 부정적 요소를 꼽자면 질병과 빈곤부터 죽음에 이르기까지 많다. 그렇지만 부정적 요소를 제거하는 과정에서, 보다 깊은 차원의 행복을 경험하는 인간의 능력을 체계적으로 바꿔놓을 수도 있다. 깊은 차원의 행복은 계량적인 환경에 달려 있지 않다. 물론 우리가 지구상에서 인간으로 살아가면서 직면하는 위험 요소를 제거하는 데 기술과 도구를 사용하는 것은 얼마든지 환영한다. 하지만 우리 자신이 '우리 도구의 도구'로 전락해서는 안 된다. 하찮은 장신구 더미와 값싼 쾌락을 얻으려고 인간의 발랄한 의식과 주권적 자유의지를 넘겨주는 일은 없어야 한다.

제 10 장

디지털 윤리

기술은 윤리가 없다. 하지만 인간성은 윤리에 의존한다.

　기하급수 풀이를 한번 해보자. 만약 인간이 지금 경로대로 계속해서 간다면 8~12년 사이에 전반적인 기술진보지수는 현재를 전환 포인트 4로 잡았을 때 128까지 도약할 것이다. 반면 같은 기간에 도덕성이 계속해서 높아진다고 가정하더라도 인간개선지수는 4에서 5, 운이 좋으면 6 정도에 불과할 것이다. 왜냐하면 새로운 도덕적 틀에 적응하다 보면 개선의 여지가 그리 많지 않기 때문이다.

　기술 진보를 견인하는 무어의 법칙도 언젠가는 마이크로칩에 관한 한 성장세가 멈춘다 하더라도, 통신 광대역부터 인공지능과 딥 러닝에 이르기까지 많은 기술 영역은 여전히 기하급수적으로 조합적 효과를 발휘하며 성장을 이어갈 가능성이 크다. 특히 여러 방면의 변화는 서로 강화되어나간다.[186]

10년을 앞당겨 볼 때 인간은 95%까지 자동화하고 초연결 상태가 되며 가상화하고 초고효율 사회로 변해 지금 상상하는 것보다 훨씬 더 비인간적으로 바뀔 것이다. 앞에서 말한 대전환(제3장 참조)의 기하급수적 성장 경로를 마치 몽유병 환자처럼 따라 걷는 사회, 그것이 인간의 가치와 믿음과 윤리에 어떤 결과를 미치는지 잠시 걸음을 멈추고 생각해보지 않는 사회, 기술론자와 벤처캐피털리스트 그리고 주식시장 등에 의해 방향이 결정되는 사회가 되면서 명실상부한 기계 시대로 진입한다.

그렇다면 윤리란 무엇일까? 단순한 문제가 아니다. 어떻게 살아야 하는지에 관한 문제다. 윤리의 그리스 어원인 에토스는 관습과 습관을 의미한다.[187] 오늘날 우리는 윤리를 모럴, 가치, 가정, 목적, 믿음과 동의어로 쓰거나 줄임말 정도로 쓴다. 하지만 윤리의 주요 관심은 주어진 상황에서 어떤 것이 옳은지 아닌지를 묻는 것이다.

어떤 것을 옳다고 느끼는지 여부는 자신의 윤리에 의해 지배된다. 하지만 많은 경우 왜 그것이 옳다고 느끼는지 설명하기는 어렵다. 지금처럼 기하급수적 시대를 눈앞에 둔 상황에서 가장 기초적인 윤리 원칙을 합의하는 것조차도 쉽지 않을 것이다. 그럼에도 나는 아래에서 윤리 규범-기술 발전을 인도할 몇 가지 원칙을 도출하고자 한다.

오늘날 필요한 작업은 자신을 기계와 구분하는 것이다. 예컨대 모든 지식은 인간에 대한 지식이다. 이상이라고 부를 만한 가치가 있는 모든 것은 공학적으로 만든 세계에서 발견할 수 없다. 오직 우리 안에서만 발견된다. _스티브 탤벗[188]

생명윤리학자 래리 처칠은 "윤리와 도덕적 가치를 비판적으로 사고하고 그런 가치에 입각해서 행동을 지도하는 능력으로 이해되는 윤리야말로 인간 고유의 능력"이라고 말한다.[189]

만약에 도덕적 가치를 비판적으로 사고하고 그에 따라 행동을 지도하는 윤리가 진정한 인간 고유의 능력이라면 (a)기계나 컴퓨터가 자기 이해력을 갖는 것을 결코 기대해서는 안 되는 걸까? 기계가 자기학습 능력을 향상하는 것에는 아주 신중을 기해야 하는 걸까? 아니면 (b)모종의 기본적 윤리 규범을 소프트웨어에 코드로 입력하고, 기계도 최소한 서로 이해하고 존중하도록 기계 윤리의 주제를 가르쳐야 할까?[190] 이것은 중요한 질문이며 답을 한다면 다음과 같다.

기계가 자기학습을 하면 인간 윤리에 어떤 일이 일어날까?

기술이 기하급수적으로 좋아지면 곧바로 여러 윤리 문제가 제기될 것이다. 예를 들어 자율주행차가 교통사고를 도저히 피할 수 없는 상황에 처했다면 누구를 치고 가야 할까? 가사 도우미 로봇이 돌보는 환자가 투약을 거부할 때 어떻게 해야 할까?

기계가 사전 프로그램된 결정 경로를 따르지 않고 자율 학습을 시작하면 인간이 표현하거나 코딩하기 어려운 것까지 배울 수 있을까?

인간은 "만약 이 환자가 의학적으로 치명적 문제를 일으킬 확률이 35%라면 강제로라도 이 약을 복용시켜야 한다"는 식으로 강하게 코딩하지 않는다. 그러다 실수를 저지르기도 한다. 그렇다면 우리는 로봇한테서 배워야 할까? 로봇이 처방하는 대로 수용해야 할까?

과학소설 작가 아이작 아시모프는 1942년 단편 소설「런어라운드」에서 지금은 유명해진 로봇의 3대 수칙을 만들었다.

1. 로봇은 인간에게 상처를 입혀서는 안 되고, 부작위로 인간이 해악에 이르게 해서도 안 된다.
2. 로봇은 인간이 내리는 명령에 복종해야 한다. 다만 그 명령이 첫 번째 원칙과 충돌하지 않을 때 한한다.
3. 로봇은 자신의 존재를 보호해야 한다. 그 보호가 첫 번째와 두 번째 원칙과 충돌하지 않을 때 한한다.

이 법칙은 지금도 여전히 적절할까? 아니면 자율학습이 가능한 기계가 출현하면 곧바로 폐기해야 하는 걸까? 간호 로봇은 인간에게 단기적 해를 입힐 때가 있을 수 있다. 왜냐하면 또 다른 더 권위 있는 인간, 예를 들어 의사가 강제 투약을 지시할 수 있기 때문이다. 이때 로봇은 자율 판단으로 행동을 언제 시작하고 언제 그만둬야 하는지 알 수 있을까? 내가 다이어트를 열심히 하고 있는 동안에 로봇은 냉장고 문을 잠가둘까? 피자도 주문하지 못하도록 전화와 인터넷까지 차단할까? 식단에 없는 음식을 먹었는지 단서를 찾느라 화장실까지 감시하려 들까?

이런 상황을 생각해볼 때 로봇에 어떤 윤리적 지침 모듈이 없다면 진정한 지능형이라고 부를 수 없다. 그런 윤리적 지침이 내장돼 있지 않으면 인공지능은 인간이라면 고려할 윤리적 퍼즐의 마지막 조각을 놓치고 가장 중요할 때 매번 문제를 일으킬 가능성이 높다.

설사 로봇을 학습과 자율적 의사결정 면에서 지능적으로 만드는 데 성공한다 하더라도 감성적·사회적 지능의 측면에서는 여전히 영⑼점에 가깝다. 감성적·사회적 지능, 이 두 가지는 그 자체만 해도 설명하거나 측정하기가 대단히 어렵다.

기계가 스스로 학습 능력을 갖추는 것은 로봇 윤리 문제에서 가장 우려하는 사항 중 하나다. 딥 러닝은 2015년부터[191] 최대 규모로 투자된 영역이다. 앞으로도 상황은 비슷하게 전개될 가능성이 높다. 과거 인공지능에 대한 기대는 실망으로 바뀌곤 했지만 앞으로는 상황이 다르다. 투자자가 인공지능 벤처가 한 약속에 비해 실적이 기대에 미치지 못했다고 판단해 자금 지원을 중단하는 이른바 '인공지능 겨울'은 반복되지 않을 것이다.

무한한 잠재력을 지닌 기계와 슈퍼컴퓨터가 사전 지시나 프로그램 없이 실시간 데이터의 막대한 유입에만 의존해서 거의 모든 문제를 해결하는 법을 배울 수 있다면 어떻게 될까? 구글 딥마인드가 제작한 알파고의 승리는 앞에서 이야기했듯이 그런 기계 학습 능력이 실

제로 구현된 대표적 사례다.[192]

강력한 기계는 딥 러닝으로 미세한 기반 규칙과 가치, 원리를 찾아낼 수 있고 그것을 이해해서 심지어 거의 그대로 따라 할 수도 있다. 이런 것이 컴퓨팅에서 다음에 일어날 대혁신으로 예정돼 있다면 (IBM이 '인지 컴퓨팅'이라고 부르기 좋아하듯이) 인간은 인공지능이 추천하는 것이 옳은지조차 제대로 가늠할 수 없을 것이다. 왜냐하면 그때 기계의 컴퓨팅 능력은 인간을 훨씬 능가하기 때문이다.

인간보다 능력이 몇 배 이상 되는, 예를 들어 지능지수가 5만인 기계가 출현한다면 이것을 신뢰할 수 있는지를 인간이 어떻게 알 수 있을까? 나아가 그런 기계가 결국에는 어떤 새로운 방식의 지각 능력까지 있다면? 일련의 바람직한 인간 윤리를 그 속에 심어줘야 할까? 그것이 가능할까?

미첼 월드롭은 1987년 『인공지능 매거진』에 쓴 「책임의 문제」에서 이렇게 말했다.

분명한 한 가지 사실은…… 지능형 기계가 가치와 가정, 목적을 체화할 거라는 점이다. 프로그래머가 의도했든 아니든 마찬가지다. 컴퓨터와 로봇이 지능적으로 변해갈수록 우리는 그 기계에 내장된 가치가 무엇인지 반드시 신중하게 그리고 명시적으로 생각해야 한다.[193]

기하급수적 시대로 진입하면서 이 문제의 적실성은 훨씬 더 커지

신이 되려는 기술

고 있다. 따라서 인공지능과 지구공학, 인지 컴퓨팅은 물론 인간 유전자 편집을 포함한 모든 기하급수적 기술에 어떠한 윤리 체계가 필요한지 지금부터 고민해야 한다. 여기에는 인간 발명가나 제작자가 주의 깊게 혹은 부주의하게 기계에 입력한 프로그램뿐 아니라 기계 스스로 학습하고 진화할 가능성까지 모두 포함된다.

IBM의 왓슨이 진짜로 생각하는 기계라면, 사람들 사이에 오가는 불분명하거나 모호한, 그리고 말로 명확히 표명되지 않은 인간적 척도나 가치를 왓슨은 어떻게 처리할까? 이런 인공지능 윤리는 사전 프로그램으로 기계 내부에 고정적으로 입력해야 할까? 아니면 뇌가 새로운 정보를 얻는 방법을 본떠 만든 딥 러닝 신경망을 활용해서 스스로 진화하고 적응하도록 해야 할까? 만약 기계가 자기학습을 한다면 인간은 어떻게 기계를 검증하고 통제하고 조종할 수 있을까? 이런 인공지능 시스템은 인간 윤리의 수많은 문화적 변형에 어떻게 부응할 수 있을까?

새로운 기계 지능을 통제한다는 것이 기술적으로 가능한지는 좀 더 심층적인 과학적 질문이므로 이 책의 범위를 넘는다. 그러나 현재로서는 엄청난 과제가 우리 앞에 놓여 있다는 사실만은 분명하다. 실로 아주 가까운 미래에는 디지털 윤리 전문가가 데이터 과학자와 더불어 가장 인기 있는 직종으로 부상할 가능성이 높다. 자녀 세대에도 여전히 좋은 직업일 수도 있다.

종교도 사라질까

윤리가 종교와 똑같지는 않음을 염두에 둬야 한다. 달라이 라마는 2011년 사람들을 깨우치는 책 『종교를 넘어서』에서 윤리는 모든 사람에게 있지만 종교를 믿는 사람은 단지 일부라면서, 인간에게 가장 기본적 결정을 인도해줄 글로벌 세속 윤리를 확립해야 한다고 촉구했다. 이런 결정이 필요한 사안으로 인간이 감독하지 않아도 사람을 죽일 수 있는 자율무기체계 문제를 예로 들었다.[194] 인간 유전자 편집이나 인간의 비생물학적 증강 같은 뜨거운 쟁점을 논의할 때 윤리와 종교는 반드시 구분해야 한다. 이런 논쟁에 종교를 끌어들이는 것은 가능한 한 피해야 한다. 종교에 대한 견해는 기본적인 윤리와 가치만큼 단일하고 보편적이지 않은 데다, 너무나 많은 역사와 과거의 경험이 전면에 부각되기 때문이다.

아서 클라크는 1999년 인터뷰에서 종교와 윤리를 왜 구분해야 하는지 그 중요성을 다음과 같이 강조했다.

사람들은 종교와 도덕이 연결되어 있다고 가정한다. 하지만 도덕의 기초는 정말이지 아주 단순하다. 따라서 종교는 조금도 필요하지 않다.[195]

글로벌 디지털 윤리 위원회 창설
기하급수적 시대에 맞는 윤리를 어떻게 정립할까

디지털 윤리와 관련해 가장 큰 문제는 두 가지다. 첫째, 기하급수적 디지털 시대에서 전 세계가 동의할 만한 윤리를 규정하는 것이다. 둘째, 국제 사회의 최우선 의제로 남은 인간의 안녕과 윤리적 염려가 기계적 사고에 따라 대체되지 않으려면 무엇이 필요한지 확정하고 이를 위해 노력하는 것이다.

우선 디지털 시대에 부합하는 윤리의 핵심 준칙을 정할 필요가 있다. 이것은 기술 진보에 제동을 걸거나 혁신을 방해하지 않을 정도로 개방적이되 인간성을 효과적으로 보호할 수 있어야 한다. 이는 모든 것을 상세하게 안내하는 지도가 아니라 방향을 알려주는 나침반이어야 한다. 기술의 힘이 점점 강력해져서 처음에는 우리에게 힘을 주다가 다음에는 증강을 낳고 그다음에는 인간성까지 위협하는 미래 세상에서 안내자 역할을 할 수 있어야 한다.

이런 문제를 해결하려면 글로벌디지털윤리위원회를 창설해야 한다. 위원회의 임무는 전면적 디지털화로 인해 극적으로 달라진 사회 규범과 가장 기초적이고 보편적인 사회 가치를 결정하는 것이다.

예를 들어 불량 국가는 핵무기 개발 능력이 있어도 결코 허용해서는 안 된다는 데 국제 사회가 합의한 것과 마찬가지다. 물론 현실은 아주 복잡하고 거짓말과 속임수로 가득하다. 이런 상황도 늘 가변적이다. 하지만 핵심적인 공통의 이해는 유지되고 있으며, 다른 대안을 제시하면 심각한 위험이 따를 수 있기 때문에 그대로 강제되고 있다.

마찬가지로 이제 미래 인공지능과 유전자 편집, 기타 기하급수적인 기술의 범위와 진전도 일정한 한계를 두고 독립적으로 감시 활동을 하는 데 합의해야 한다.

이 문제를 대화로 해결하기 위해 다음과 같은 몇 가지 시험적 제안을 한다. 제안 내용은 실제로 힘겨운 과제이며, 이런 제안 자체가 주제넘은 것일 수도 있다. 그렇지만 우리는 어떻게든 논의를 시작해야만 한다.

먼저 글로벌디지털윤리위원회를 만들기 위해 디지털 윤리에 관한 간단한 선언문을 작성해야 한다. 이를테면 디지털화하는 세계 속에서 반드시 있어야 할 기하급수적 인권에 관한 세계 협약이다. 선언문과 후속 협약은 기술을 발명하고 만들고 파는 기업(혹은 그 나라 정부)에 지침을 주고 책임을 지우는 데 도움이 된다. 이것은 정말 중요하다. 기하급수적 기술 변화가 인간 존재에 갖는 함의가 너무나 큰데도 그것을 유발하는 이들은 주요 관심사가 아니라 단순히 외부효과나 부작용 정도로 간주하기 때문이다.

글로벌디지털윤리위원회에는 시민사회와 학계, 정부, 비즈니스, 기술 분야는 물론 독립적인 사상가와 작가, 예술가, 여론 지도자층에서 선별한 개인도 포함해야 한다. 물론 이들은 모든 관련 사안을 깊이 이해하고 사고할 수 있어야 한다. 글로벌디지털윤리위원회는 시작 단계부터 세계적 기구일 필요가 있으며, 결국에는 현재 유엔인권위원회 특별보고관의 권한(감시하고 조언하고 중요 사안과 위반 사실을 공적으로 보고하는 권한)과 유사하거나 훨씬 더 큰 권한을 갖게 될 수 있다.

과거 지속 가능성의 문제에서도 보았듯이, 국제적 논의에서 윤리 문제는 항상 더 급한 뭔가가 등장하면 언제든지 뒷전으로 밀려나거나, '갖고 있으면 좋은' 최하위 의제로 다뤄진다. 이런 태도는 인간의 미래를 지키는 데 근본적 결함이 되고, 아주 위험한 접근법이다. 중대한 기술 발전이 '조금씩 그러다 갑자기' 진행하는 시대에 진입하기 때문에 시간을 두고 윤리를 생각할 만큼 충분한 여유가 없다. '두고 보자'는 태도는 앞으로 인간이 기계에 밀려나는 상황을 그대로 방치하는 것과 같다.

새로운 윤리적 셈법

우리는 기하급수적 기술에 투입하는 만큼의 시간과 자원을 디지털 윤리에도 쏟아야 한다. 즉, 작금의 변화를 몰아가는 과학에 보내는 만큼의 지원이 기하급수적 기술의 의도하지 않은 결과를 검토하고 인간성의 피해를 막는 데에도 필요하다. 인간성에 대한 피해는 실존적 위험의 범위를 훨씬 넘는다. 과학만큼이나 인간적인 요소에도 자금 지원과 홍보를 해야 한다. 앞서 강조했듯이 CORE(창의성, 독창성, 상호성, 공감) 없이는 STEM(과학, 기술, 공학, 수학)도 있을 수 없다.

『뉴욕타임스』존 마코프 기자는 2015년『사랑할 줄 아는 기계의 은총』에서 새로운 윤리적 셈법의 필요성을 강조했다.

낙관주의자들은 인공지능과 유전공학, 로봇학을 연구하고 적용할 때 알고리즘보다 인간에 더 관심을 기울이면 컴퓨터 시스템을 악용하는 잠재적 위험을 최소화할 수 있다고 생각한다. 그러나 기술 산업이 도덕적 계몽을 증언한 적은 한 번도 없다. 만일 실리콘밸리에 있는 한 회사라도 도덕적 이유로 수익성 높은 기술을 거부했다면 정말 놀라운 일이 될 것이다. 오늘날 기술의 실행 여부를 결정하는 기초는 주로 수익성과 효율성이다. 필요한 것은 새로운 윤리적 셈법이다.[197]

디지털 시대의 새로운 인권 다섯 가지

디지털 시대의 핵심 인권으로 다음과 같은 다섯 가지를 제안한다. 미래의 디지털윤리선언문에 포함되는 내용일 수도 있다.

1. 인간이 자연적인 생물 상태로 남아 있을 권리: 우리는 증강하지 않은 채로 존재할 선택권이 있어야 한다. 신체나 내부에 기술을 장착하지 않고도 아무 문제 없이 회사에 취직하고, 공공 서비스를 누리고, 물건을 사고, 사회생활을 할 수 있는 권리가 있어야 한다. 이런 #WiredOrFired(기술을 수용하지 않으면 해고된다는 뜻 - 옮긴이)에 대한 공포는 모바일 기기와 소셜 미디어에서 이미 쟁점으로 등장했다. 아직까지는 상황이 심각해 보이지는 않는다. 하지만 가까운 미래에는 증강·가상 현실용 안경이나 가리개 또는 헬멧 등을 착용해야만 취직할 수 있다거나, 더 나쁘게는 채용 조건으로 특정 앱 사용이나 체내 이식을 요구하는 상황을 쉽게 상상할 수 있다. 단지 인간이라는 사실만으로는 채용 요건이 충분치 않을 수 있다. 이런 상황은 바람직한 미래가 아니다.

2. 인간이 비효율 상태로 남아 있을 권리: 우리는 기술보다 느리게 살 권리를 선택할 수 있어야 한다. 기술의 효율성을 인간성보다 더 중시해서는 안 된다. 앞으로는 진료를 받으러 의사를 찾아가는 것보다 스캐나두 같은 의료 플랫폼에서 디지털 건강 검진 시스템을 이용하는 것이 훨씬 효율이 높고 비용도 저렴해진다. 이런 기술은 대체로 긍정적이고, 의료 비용을 낮추는 핵심 요소가 된다. 하지만 이것 때문에 다른 방식을 택하는 사람에게 불이익을 주거나 자신의 건강 데이터를 클라우드에 두고 싶지 않은 사람에게 강요해서는 안 된다.

3. 연결을 끊을 권리: 연결을 끊고 네트워크에서 '사라질' 권리가 있어야 한다. 또한 커뮤니케이션과 추적, 감시를 거부할 수 있어야 한다. 가까운 미래에 많은 고용주와 회사가 초연결 상태를 기본 요건으로 할 것이다. 그렇게 되면 고용 후에 자신과 차량이 네트워크에서 추적되지 않으면 무단 연결 이탈에 대한 책임을 져야 할 수도 있다. 개인의 선택에 따라 특정 시간에 혼자만의 독립성을 누리고 기술과 단절할 수 있는 것은 근본적으로 중요한 권리다. 단절하는 순간 매개되지 않은 환경에 다시 주의를 집중하고 순간에 몰입할 수 있기 때문이다. 그만큼 디지털 비만의 위험도 낮아지고 의도하지 않은 감시의 범위도 줄어든다. 앞으로는 오프라인이 새로운 사치품이 될 수도 있다. 하지만 이것은 우리 모두의 기본권으로 남아야 한다.

4. 익명으로 남아 있을 권리: 다가오는 초연결 세계에서도 우리는 함부로 신원이 파악되거나 추적되지 않을 수 있는 선택권이 있어야 한다. 예컨대 디지털 앱이나 플랫폼을 사용할 때 혹은 의견을 올리거나 비판할 때 타인에게 해를 입히거나 권리를 침해하지만 않는다면 익명성을 보장받을 수 있어야 한다. 물론 진정한 익명성이 불가능하고 심지어 불합리할 때도 분명히 있다. 특히 디지털 뱅킹이 그렇다. 그렇더라도 완전한 추적이 필요하지 않은 곳에서는 보호받을 수 있어야 한다. 예를 들어 정치적 의견을 표명하거나 개인 사진을 공유할 때, 혹은 의료 상담을 받을 때다. 익명성과 신비, 뜻밖의 발견, 실수는 인간의 핵심적 특성이다. 기술로 제거해서는 안 된다.

5. 기계 대신 사람을 채용하거나 참여할 권리: 기업이나 고용주가 기계 대신 사람을 쓴다고 해서 불이익을 받는 일이 없어야 한다. 인간이 기계보다 더 비싸고 효율성이 낮더라도 마찬가지다. 오히려 그렇게 하는 기업이나 고용주에게 세제 혜택을 주어야 한다. 그리고 기계와 소프트웨어를 선호해서 직원 수를 줄이는 회사에는 자동화세를 부과해야 한다. 자동화세 수입은 기술의 발전에 따른 실업의 희생자를 위해 써야 한다.

앞서 말한 디지털 권리의 핵심 쟁점은 좀 더 효율적이고 안전해지기 위해 인간의 자유를 얼마나 희생할 것인가다. 그런 의미에서 인간의 안전을 위해 어떤 윤리가 필요하며, 기술은 이런 결정적 문제를 어떻게 다룰 것인지를 질문할 수 있다.

15계명

이제는 전 세계가 일관되고 명확하게 적용할 수 있는 디지털 윤리를 만들어 정착시켜야 한다. 이 과정에서 인간성의 우위를 유지하려면 어떻게 해야 할까?

논쟁을 하려고 생각하면 앞서 제시한 다섯 가지 제안이 너무 이상적일 수도 있다. 다만 겸허한 자세로 논의를 촉발한다는 취지에서 다음과 같이 좀 더 구체적이고 단순한 15가지 명제를 제시한다.

1. 기술이나 기술 기업이 만족하거나(혹은 그와 동시에) 성장을 촉진한다는 이유로 인간이 기계가 되도록 요구하거나 계획해서는 안 된다.
2. 인간이 인공지능이나 사물인터넷, 로봇 같은 기술에 지배되거나 본질적으로 지시받아서는 안 된다.
3. 기술의 도움으로 새로운 생명체를 프로그램하거나 제작해 인간 본성에 변형을 주어서는 안 된다.
4. 인간과 기계 사이의 분명한 구분을 없앨 만큼 초자연적 힘을 가지려고 인간을 증강해서는 안 된다.
5. 기계가 스스로 힘을 부여해 인간의 통제를 벗어나는 능력을 갖

게 해서는 안 된다.

6. 기술 덕분에 무소불위로 추적할 수 있다고 해서 모든 커뮤니케이션과 관계를 추적의 대상으로 삼아서는 안 된다.

7. 완벽한 보안이 필요하다고 완전한 감시 체계를 계획하거나 정당화하고 기대해서는 안 된다.

8. 인간이 실제로 수행해야 하는 사회의 민주적 기능을 봇과 기계, 플랫폼 혹은 기타 지능형 기술에 맡겨서는 안 된다.

9. 알고리즘이나 증강 혹은 가상의 시뮬레이션으로 실제 인간 문화를 약화하거나 대체해서는 안 된다.

10. 단지 더 좋은 기분을 위해 기술을 이용해 인간의 결함을 최소화하려고 해서는 안 된다.

11. 실수, 신비, 우연, 행운 같은 것을 예측하거나 방지할 수 있는 기술을 만들어 사용해서는 안 된다. 기술로 할 수 있다는 이유만으로 모든 것을 명확히 드러내려고 해서는 안 된다.

12. 중독을 유발하려는 목적으로 기술을 만들거나 설계, 유포해서는 안 된다.

13. 로봇이 도덕적으로 판단하거나 인간의 결정에 도전하게 해서는 안 된다.

14. 인간의 본성마저 기하급수적이 돼야 한다고 요구하거나 이를 계약 조건으로 삼아서는 안 된다.

15. 선명한 알고리즘을 인간 실재와 똑같은 형상이라고 혼동해

서는 안 된다. 소프트웨어는 세계를 속이고 있다. 또한 경제적으로 혜택이 있다고 기계에 필요 이상의 힘을 부여해서는 안 된다.

모든 것이 명확히 드러나는 문제는 이미 소셜 네트워크에서 좋은 교훈을 얻었다. 소셜 네트워크가 확산되자 과거에는 밝혀지지 않았던 것들(행간의 것들)이 미묘하게 관심의 초점이 되고, 아주 명확하게 언급되며, 집단사고로 더 증폭되고 있다. 예를 들어 어떤 인권 단체나 정치 조직, 사회적 대의에 지지 의사를 밝힐 때 과거에도 그것을 명시할 수는 있었지만 정보가 모든 사람에게 폭넓게 전달되지는 못했다. 반면 이제는 '모든'것이 연결되어 '모든' 발언이 곧바로 '모든' 사람이 보고 검토하고 수집할 수 있게 되었다.

인간성보다 효율성을 우위에 두고 이를 추구해서는 안 된다

기하급수적 기술이 효율성을 극대화하자 주변의 모든 것이 서비스가 되고 클라우드 안에 자리하며 스마트형으로 구현되고 있다. 스마트형과는 가장 거리가 먼 하드웨어에도 센서가 장착되면서 글로벌 데이터 쓰나미를 만드는 데 기여한다. 이렇게 모인 데이터는 인공지능과 짝을 지어 현실의 거의 모든 문제에 해법을 제시하려 들 것이다.[198]

2030년쯤 세계가 이런 식으로 온통 클라우드화하면 어떤 모습이 될까? 말 그대로 모든 것을 추적하고 측정하며 초효율화한다면 쉽사리 정량 분석되지 않는 것은 어떻게 될까? 감정, 놀라움, 망설임, 불확실, 명상, 신비, 실수, 우발적 사고, 예기치 않은 깨달음 등 인간만의 고유한 특성은 다 어떻게 될까? 알고리즘과 기계가 조금의 실수도 없이 완벽하게 24시간 365일 내내 일을 하고, 노조 같은 것도 만들지 않고 지시받은 대로 일을 잘한다는 이유로 인간적인 모든 것이 바람직하지 않은 것으로 취급받는지는 않을까? (적어도 생각과 무관한 것들은 그렇게 될지도 모른다.)

기술이 진보할수록 기계가 해독할 수 없는 특성을 많이 드러내는 인간은 시간을 낭비하는 사람 혹은 그보다 더 나쁜 것으로 취급될까?

인간 스스로 좀 더 효율적으로 보이려고, 최소한 그런 척하기 위해 행동을 바꾸고 시스템에 적응할까? 완전한 효율이라는 개념이 인간을 좀 더 단일하게 행동하도록 몰아가는 거대한 균압기가 되는 건 아닐까? 기술과 그것이 요구하는 절대적 효율성과 일관성에 대한 강박이 결국 인간의 비효율과 차이의 암묵적 수용까지 파기할까? 아무래도 그렇게 될 것 같은 생각이 든다. 비록 유럽은 좀 더 오래 걸리고, 스위스는 그보다 더 오래 걸리겠지만 말이다.

앞으로도 최고의 효율성에 도달하는 것이 최우선 관심사로 남는다면 기계의 수행력이 급상승하여 머지않아 모든 것에 인간이 개입할 필요가 없어질 수 있다. 향후 10년 내에 기술지수가 4에서 128로 옮겨가면 업무 속도는 32배 빨라질 수 있다는 뜻이다. 소매업, 은행

신이 되려는 기술

업, 수송업의 효율이 지금의 32배가 되는 것을 상상할 수 있을까? 그와 동시에 비용도 32배나 싸질까? 이것이 경제에는 어떤 영향을 미칠까?

효율성에만 너무 몰두한 나머지 인간의 일자리나 권위를 희생시키거나 인간을 자동화하고 권한을 넘기는(제4장 참조) 결정을 할 때에는 각별히 신중해야 한다.

어쩌면 우리는 두려움의 대상인 비효율성과 함께 살아갈 수도 있다. 그런 비효율성이 비록 자동화에 장애가 된다 해도 인간적 삶의 당연한 일부로 받아들여야 할 필요가 있다. 그렇지 않으면 무차별적으로 효율성을 강제하고 여기에 순응하지 않는 사람은 배척될 것이다. 예를 들어 원격 진단기기를 사용하는 대신 의사를 직접 만나고 싶어 하는 사람은 벌금을 물 수도 있다. 차량에 상시 추적 장치 부착을 거부하면 보험 대상에서 제외될 수도 있다. 체내 칩 임플란트 장착을 거부하는 사람은 일자리를 얻을 기회조차 박탈당할 수 있다.

의료 분야를 보면 앞으로 인간이 직면할 쟁점을 미리 알 수 있다. 한 예로 어떤 사람은 제왕절개가 자연분만보다 더 효율적이므로 자연분만에 주어진 특권을 모두 없애야 한다고 주장한다. 이는 효율성을 인간성보다 우위에 둔 명백한 사례다.[199] 오늘날 기술의 기하급수적 힘을 감안할 때 이런 사고방식 다음에 오는 문제는 '자궁 밖 출산'이 될 것이다. 즉, 자궁 밖에서 임신을 하고 연구실에서 아기가 태어나는 것이다.

타고 다니는 모든 차량과 다른 교통수단에 대해 온종일 속도와 방향, 가속, 실내 온도, 외부 공기 청정도 같은 지표를 추적하는 것이 과연 효율적일까? '그렇다'고 할 수 있다. 하지만 그게 인간적으로 가치 있는 목적에 기여할까? 대부분 이 질문에 '그렇다'고 답한다. 왜냐하면 자율주행차량을 사용하고 데이터를 추적 분석하는 것이 공해를 줄이고 교통사고를 줄이는 데 도움을 준다고 믿기 때문이다. 그렇지만 지속적 추적은 동시에 폐해를 초래한다. 그것은 지금껏 발명한 것 중에 가장 완벽한 감시 도구이고, 언제나 순응적 방식으로 행동하도록 강제할 수 있기 때문이다.

더 늦기 전에 우리는 타고난 인간의 섬세한 감수성과 능력을 완벽한 기계적 기능성으로 대체하고 싶어 하는 것인지, 인간적 존재로서 본질이 점점 깎여나가기를 바라는 것인지 진심으로 자문할 필요가 있다. 기술로 사물을 초효율적으로 만들 수도 있지만 인간 자신의 목적을 빼앗길 수도 있기 때문이다.

만약 최상위 부유층 2%만이 극적인 수명 연장과 장수를 약속하는 새로운 유전자 시술을 누릴 수 있고 나머지 사람은 모두 배제된다면 어떨까? 기하급수적 기술의 성취가 불평등의 골을 훨씬 깊게 만들어 사회 불안과 테러리즘을 더 야기한다면? 'DNA 교정'으로 노화를 방지하여 백만장자는 150세까지 살고 그 외 사람들은 지금 그대로 수명을 유지한다면? 효율성과 이익 극대화를 추구하는 자본주의 사회의 윤리적 패러다임으로는 이런 딜레마를 극복하는 답을 찾을 수 없다.

알고리즘보다 생명이 우위다

기술의 힘이 무한정 확대되면 인간은 무엇을 할 수 있을까? 인간은 봇을 통해 초효율의 객체가 되어 인공지능에 데이터를 공급하고, 인공지능은 역으로 인간 삶을 지시하면서 인간이 할 수 없는 것을 알려주는 상황이 오면 어떻게 막을 것인가?

이제 우리는 무엇을 할 때 그것이 기계의 효율성을 높이는 것인지, 인간 사용자에게 긍정적인지를 물어야 한다. 질문을 지금보다 더 자주 해야 한다. 예를 들어 새 법안을 두고 투표할 때, 사업을 시작할 때, 기술회사에 투자할 때 등이다. 이런 형식의 지갑을 이용한 투표야말로 디지털 윤리와 관련한 곳에서 소비자가 사용할 수 있는 강력한 수단이다. 그러나 이것은 충분히 활용되지 않았다. 역설적이게도 편리한 기술 덕분에 앞으로 이런 식의 소비자 주권 행사는 훨씬 쉬울 것이다.

윤리적 질문, 즉 목적과 의미에 관한 쟁점을 기술적 가능성과 비용의 문제보다 먼저 제기해야 한다. 앞으로 기술에 대한 주된 질문은 무엇이 실행 가능한지가 아니라 왜, 언제, 어디서, 누가 그것을 해야 하는지여야 한다.

다른 대응 방법은 어떤 것에는 분명히 "아니다" 하고 말하고, 지금껏 무심코 참여하던 것을 거부하고, 인간적이지 않으면서 알고리즘의 힘만 증폭하는 기술과 앱 및 소프트웨어의 사용을 거절하는 것이다. 오늘날 담뱃갑에 찍혀 있는 것처럼 프로그램과 앱, 기기 등에 '인간 행복 증진에 명백히 해롭다'고 알려주는 경고 스티커나 스탬프를 강제하는 것도 한 방법이다.

효율성과 이윤 증대가 때로는 가치 있는 목표이고, 궁극적으로는 자본주의의 초석이다. 그렇지만 기술의 효율성만 가장 중요하고 가치 있는 목표로 여기는 지름길, 즉 웜홀식 믿음은 더 이상 커져서는 안 된다. 이것은 장기적으로 인간에게 이롭지 않은 기계적 사고방식일 뿐이기 때문이다.

제 11 장

지구 2030
:천국일까, 지옥일까?

지평선 위로 지각 변동이 보인다. 사람들은 많은 것을 환영하고 있다. 예를 들어 생계 때문이 아니라 자신의 열정을 위해 일하는 방향으로 변화한다. 하지만 한때 우리가 당연시하던 기본적인 특권 몇 가지는 자취만 남은 메아리가 되거나 최상위 부유층의 전유물이 될 것이다. 예를 들어 소비에서 하는 선택의 자유, 라이프스타일에서 독립적 자유의사 같은 것이다. 이것은 과연 천국일까, 지옥일까?

우리는 과학소설의 내용을 현실로 체험하고 있다. 때로는 이전 세대가 내린 선택의 부작용을 겪기도 한다. 자동번역기, 자율운행에 근접한 차량, 혈관 속 나노봇, 인간 대신 사이버전쟁을 치를 수 있는 인공지능 냉장고는 우리 스마트폰에 말을 하고, 스마트폰은 우리의 데이터를 의사에게 보낸다.

2030년은 어떤 모습일까? 기하급수적 기술 변화로 나타날 세상의 있을 법한 미래상을 그려보고, 헬븐(#hellven) 시나리오는 어떤 모습인지 살펴보자. 2030년까지 일어날 수 있는 시간대별 시나리오는 다음과 같다.

2020: 초연결성과 초조작성(hyper-manipulation)

이제 모든 것이 초연결 상태가 되어, 예전 인터넷 플랫폼과 미디어 기업에서 발전한 10대 주요 글로벌 브레인들이 알고리즘을 사용해 내가 언제 무엇을 어떻게 봐야 하는지 측정하고 결정한다.

2016년에만 해도 페이스북은 알고리즘으로 내 프로필에 맞는 뉴스를 제공하는 한편, 가능한 한 오랫동안 머물러 플랫폼에 참여하고, 나와 다른 견해나 부정적 메시지는 되도록이면 차단했다.

이제는 지구상의 60억 인구가 '항시 접속' 상태에 있으면서 온종일 서로 다른 정보와 콘텐츠를 본다. 우리는 가상현실과 증강현실, 홀로그래픽 스크린, 지능형 디지털 비서와 봇, 구형 앱, 한때 웹사이트라 불린 것 등을 통해 플랫폼과 상호작용한다. 2020년에 이르면 전통적 웹사이트는 구식 휘발유 차량만큼이나 빠르게 사라질 것이다. 이제는 클라우드에 있는 인공지능이 우리를 대신해서 일을 하기 때문이다. 인공지능은 눈길을 사로잡는 그래픽 인터페이스나 기발한 디자인도 필요 없다.

인간 에디터는 퇴출된다. 빅 데이터와 스마트 클라우드, 인공지능

　　　　　　　　　　　　　　　　신이 되려는 기술

이 훨씬 효율적이고 인기 높은 것으로 판명되었고, 사실상 공짜이기 때문이다. 게다가 기계는 어떤 것도 마다하지 않는다. 광고주나 브랜드, 정당은 이 시스템을 잘 활용해 마케팅 예산을 효율적으로 쓸 수 있다.

예측 알고리즘이 범죄 예방을 돕는다. 경찰, 교통, 공공작업, 복지, 기획 부서, 도시 등에서 생산하는 활용 가능한 공공 데이터를 사용해 사건 다발 지점을 특정할 수 있다. 그런 다음에는 이 정보와 소셜 미디어에 올린 글, 이메일, 온라인 활동, 그리고 그 이상의 것들에서 추출한 데이터를 상호 참조한다. 인공지능은 데이터를 분석하고, 새로운 상관관계를 발견하는가 하면, 범죄 예방 조치를 제안한다. 예를 들어 경찰의 순찰 횟수를 늘리거나 상습범을 격려하고 잠재적 범죄자에게 그들을 관찰하고 있다는 사실을 경고하는 등의 조치다.

2020년 세계는 초연결, 자동화, 초지능화 상태가 된다.

2022: 가장 친한 친구는 클라우드에 있다

지능형 디지털 비서와 소프트웨어 봇 무리가 클라우드에 기반을 두고 수많은 반복 업무를 처리한다. 이제는 어느 식당과 호텔이 가장 좋은지 따로 검색할 필요도 없다. 여행 봇이 이미 다 해결해준다.

● 의사에게 건강 이상 상태를 일일이 알려주지 않아도 된다. 건강 봇이 다 알려준다. 전달 상대 역시 의사의 봇일 가능성이 높다.

- 여행할 때 어떻게 이동해야 하는지 교통편을 파악하느라 애쓸 필요 없다. 교통 봇이 모든 것을 예약한다.
- 검색도 필요 없다. 우리의 욕구를 알고 있는 봇이 컴퓨터 타이핑으로 묻는 것보다 더 유능하게 컴퓨터와 무한 교신해서 필요한 내용을 찾아낸다. 문자 그대로 모든 검색은 이미 예견돼 있고 대답도 준비돼 있다. 그리고 우리가 필요로 할 때 즉시 제시한다.

모바일 클라우드 기술, 개인화, 음성과 이미지 인식, 무드 분석, 감정 분석 등 빠르고 값싼 초강력 도구의 조합 덕분에 클라우드에 있는 나의 디지털 에고(ego)는 진정한 나의 복제본이 된다. 아직 신체를 갖추지는 않았지만 나의 신체 데이터를 읽는다. 그것도 24시간 내내. 진짜 감정을 갖고 있지는 않지만 내 감정도 정확하게 읽는다. 이 디지털 복제본은 '헬로미(HelloMe)'로 알려졌다.

헬로미는 내 음성을 듣고 관찰하며 실시간으로 동조하고 시뮬레이션한다. 나와 관련된 데이터는 다른 어떤 인간보다 더 잘 안다. 나의 디지털 에고는 다른 봇과 인공지능에 연결돼 있으며, 이들은 서로 아주 잘 어울린다. 내가 정보나 추천, 대화가 필요하면 나의 지능형 디지털 비서가 클라우드에 묻는다. 내가 외로우면 헬로미를 불러 말을 건다. 마치 친구에게 하듯이. 더구나 헬로미와의 커뮤니케이션은 인간과 나누는 대화와 달라서, 과거엔 서로 어땠는데 지금은 얼마나 상대에게 헌신적인지를 미리 파악해야 하는 번거로움이 없다. 모

신이 되려는 기술

바일 기기는 내가 착용하는 안경, 바이저, 콘택트렌즈 위로 투영되는 가상·증강 현실을 통해 내 신체 표면이나 내부로 통합된다. 머지않아 뇌신경 임플란트를 사용하면 모든 외부간섭까지 제거할 수 있다.

헬로미는 2015년 어린아이들에게 헬로 바비가 그랬던 것처럼 아주 가까운 존재다. 영리하고 친근하며 나를 잘 이해하고 수월한 삶을 제공하는, 하늘 어디에서나 내게 속삭이는 목소리 같은 존재다.

오랜 시간 헬로미와 관계를 맺어온 사람은 이를 소중한 친구로 여긴다. 헬로미가 더 진화해서 이제는 더 이상 만날 수 없는 사람, 예를 들어 세상을 떠났거나 옛 연인처럼 나와 연결이 끊긴 누군가의 에고를 재생할 수 있는 때를 기대할 수도 있다. 조만간 헬로미는 언제 어디서든지 그 사람을 상대하는 것과 똑같은 모습을 보여줄 것이다. 이제 따분하고 시간 낭비 같은 인간관계는 과거 이야기다.

여기에 로봇 신체까지 추가된다. 신체마비 환자도 이제는 외장 외골격을 조종해서 다시 걸을 수 있다. 비용도 획기적으로 낮아진다. 항공기와 초대형 컨테이너선 조종도 뇌-컴퓨터 인터페이스를 사용한다. 생각과 관련된 두뇌 활동만으로도 컴퓨터를 작동할 수 있어 사업과 문화의 모든 부문에서 기계와 인간의 상호작용 방식에 큰 변화가 일어난다. 우리는 그 어느 때보다 자유롭게 관조하고 창조하며 질문하고 숙고한다.

높은 콜레스테롤, 고혈압, 당뇨병처럼 인간의 건강 조건이 최악의 상태가 되었을 때 그 원인을 파악하는 능력이 유례없이 좋아진다. 핵심적인 건강 현안 해결에 나노 기술과 인공지능, 클라우드 생물학을 사용한다. 암 발병을 통제할 수 있는 유전자도 찾아낸다. 그런 유전자를 안전하게 조작하는 방법을 찾아내고 공학 기술을 사용해 질병을 피하는 방법을 제시할 것이다.

2022년 나의 디지털 에고는 클라우드로 이동한다.

2024: 프라이버시와 익명성의 작별

기술이 너무나 빠르고 강력하게 널리 퍼진 결과 사람들은 추적되고 관찰되며 기록되고 감시당하는 것을 피할 수 없다. 차량과 주택, 가사도구, 공원과 도시, 소비재, 의료, 의약, 기기와 기계는 모두 사물인터넷에 연결돼 있다. 만물인터넷은 우리의 정신마저 네트워크와 연결한다. 클라우드 속 외장 두뇌에 직접 연결되는 제2의 신피질 개념은 과거엔 미래 공상과학에 속했지만 서서히 현실이 된다. 스타트업계에서 가장 인기 있는 신천지는 기계 기반 신경망을 위한 부착과 백업 서비스를 개발하고 제공하는 사업이다. 종국에는 뇌-컴퓨터 인터페이스를 통해 우리 자신의 신피질에 직접 연결되는 것이 목표다.

모바일 기기는 이제 거의 음성이나 동작으로 조종된다. 컴퓨터는 대부분 눈에 드러나지 않는다. 언제 어디에서나 존재하면서 우리를 지켜보고 말을 듣고 지시를 기다린다.

연결성은 어디에나 존재한다. 세상의 90%가 초고속망에 초저비용으로 연결돼 있다. 아무것도, 그 누구도 온라인에서 벗어나 있지 않다. 스위스 알프스 같은 오프라인 세계 중 한 곳을 방문하는 사치를 누릴 만큼 능력 있는 사람들만 예외다. 알프스 같은 오프라인 명소는 '디지털 디톡스' 휴가 여행지로 인기가 높아진다. 오프라인은 새로운 사치가 되었다.

연결에서 벗어나거나 개인 데이터 공유를 거부하는 것은 사회적으로 용납되지 않는다. 이를 어기면 벌금이 부과된다. 벌칙으로는 위성을 이용한 길 찾기나 교통, 이동성 같은 핵심 서비스에 대한 접근이 제한될 수도 있고, 보험과 의료보건 서비스 할증료가 터무니없이 높아질 수도 있다. 데이터를 내주지 않으면 서비스를 누릴 수 없다. 인터넷 이전 시대에서나 누렸던 형태의 프라이버시는 아주 부유한 사람에게만 허용된다. 이런 소수만이 자신의 디지털 생활을 잘 편성해주는 기술을 사용할 수 있고, 무제한 감시에서 벗어날 수 있는 유료 혜택을 누릴 수 있기 때문이다. 진짜 인간을 대신한 신체까지 갖춘 봇인 디지털 대리인이 크게 유행한다. 하지만 끔찍하게 비싸고 디지털 대리인의 사회적 지위나 법률적 자격도 아직 불분명하다.

온라인에 연결돼 있지 않은 사람은 직장 생활을 할 수 없다. 주변의 모든 것이 연결되고 추적되며 감시되기 때문에 직장에서 근무하는 동안에는 완전히 연결된 상태로 있는 것이 의무다. '근무'라는 말은 이제 더 이상 어떤 건물 안에서 책상 앞에 앉아 있는 것을 뜻하지 않는다. 이런 식으로 상시 연결된 작업 환경에 의문을 제기하는 사람은 생산성 평점에서 뒤처지며 일자리에서 밀려난다. 물론 직장에서 생산성 평점을 관리 감독하는 것 역시 봇이다.

고용주는 기술을 활용한 효율성 제고의 유혹에 저항하지 못한다. 증강현실과 가상현실 기기, 각종 앱을 이용하면 대량의 데이터와 미디어를 자유자재로 섭렵할 수 있다. 과거 같으면 수십 명의 사람이 며칠 동안 해야 할 복잡한 일도 잘 갖춘 도구를 활용하면 다중감각의 심층 체험에 몰입할 수 있다. 마치 우리 뇌가 클라우드 속 제2의 신피질에 연결된 것처럼, 이전의 한계를 초월하는 완전히 새로운 신경 수행력의 단계에 진입할 수 있다.

이제 더 이상 비밀은 없다. 무엇이 됐든 인간이 하는 일은 언제 어디서든 기계에 말을 하는 것뿐이다. 그러면 기계가 답을 찾아준다. 대부분 무료지만 어떤 정보는 비싼 이용료를 내야만 얻을 수 있다. 예측을 하거나 전모를 분석하는 사업이 폭발적으로 성장하면서, 2016년에 사용하던 데이터 채집 장비는 어느새 석기 시대 것처럼 낙후돼 보인다. 안면 스캐닝 기술이 빠르게 발전하면서 불과 몇 초 만에 수천 명의 얼굴을 판독할 수 있을 뿐 아니라 감정 표현을 데이터베이스로 구축하고, 우리가 언제 어디서 어떻게 느꼈는지를 보여주는 완전한 표정 지도를 만들 수 있다.

14개의 선도적 대형 기술 기업과 플랫폼이 만든 글로벌 브레인은 그것에 연결된 60억 사용자의 데이터를 언제 어디서든 수집한다. 어마어마하게 강력한 인공지능이 우리의 신상 정보를 모은 후 우리가 어떤 사람인지를 연역하고 다음에 어떤 행동을 할지 추론한다. 이것은 보안 서비스와 경찰, 정부 입장에서 황금의 보고이고, 마케팅, 광고, 사업 전반에 큰 영향을 미치는 기반이다.

화폐는 완전히 디지털화하면서 익명성의 마지막 은신처까지 사라졌다. 현금 거래는 과거 일이며 대부분 금지된다. 작은 박하향 구취제거제나 라테 마키아토 한 잔, 버스 승차권 한 장, 위스키 한 잔을 살 때도 전부 디지털 장부(혹은 클라우드)에 남고, 어딘가에 기록되고 어딘가에서 공유하며 어딘가에서 깃발 표시가 올라오는 등 글로벌 브레인 데이터베이스에 정보를 추가한다. 디지털 머니를 사용하면서 현금은 사라진다. 밀주도, 과세에서 제외되던 팁도, 세금 환급분에 대한 거짓 신고도 이제는 모두 할 수 없다.

은행은 과거 터무니없는 송금 수수료와 거래 수수료, 요령부득한 투자 상담비로 올린 막대한 수익을 잃을 것이다. 하지만 은행은 이제 데이터와 플랫폼 사업에 뛰어들었다. 그들은 단순한 금융 서비스 이상의 것을 판매하려고 한다. 고객 데이터는 금융기관의 새로운 수익원이 되었다. 데이터는 새로운 석유(자원)일 뿐 아니라 새로운 화폐다.

범죄와의 전쟁도 대부분 디지털로 수행한다. 모든 사물과 사람이 연결되어 있어 모든 것은 실시간 데이터의 원천이 되고, 이러한 연결성에 전적으로 의존한다. 이것을 교란하는 것은 그 무엇이든 '전체 시스템'을 공격한 것으로 간주된다. 기술 기반 공격, 인가하지 않은 데이터 접속, 정보의 조작은 지속적인 위협이다. 각국은 국방비의

50% 이상을 보안 침투와 사이버범죄를 차단하고 온갖 종류의 디지털 전투를 수행하는 데 쓴다. 전쟁은 디지털에서 이뤄지고 인공지능은 새로운 군인이다.

생각하는 것까지도 개인적 행동이 아닌 상황이 된다. 값싸고 사용하기 쉬운 뇌-컴퓨터 인터페이스와 임플란트가 도처에 등장하기 시작하면서 어떤 커뮤니케이션은 인간의 뇌에서 직접 송수신되고 대뇌 신피질은 클라우드로 확장된다. 모든 생각은 뇌와 신체 부위에서 물리적 반응을 유발하는데, 머지않아 이 모든 것이 기록되고 부분적으로는 개인 건강과 오락, 보안을 위해 사용한다.

2024년 인간은 기계와 상시 연결된다.

2026년: 모든 자동화와 기본소득의 보장

블루칼라든 화이트칼라든, 육체노동이든 정신노동이든 인간이 단순 반복 업무를 하던 시대는 지났다. 기계는 언어와 이미지, 감정, 믿음을 이해하는 법까지 학습한 상태다. 말도 하고 글도 쓰며 그림도 그리고 사람의 감정을 시뮬레이션한다. 기계는 인간 같은 '존재자'라고 할 수는 없지만 자기 방식대로 생각한다. 콜센터를 비롯해 유지 관리, 회계, 법무, 소매, 제조, 금융 서비스 분야의 일자리는 기계에 넘어간다. 연구 개발 역시 이제는 기계가 수행한다. 약 10년 전에 인공지능이 과학자로 활동하는 첫 사례를 이미 봤다. 2020년에는 과학 분야의 발견 속도에서도 기계가 인간 과학자를 능가한다. 로봇은 이제 수십억 건의 입력 데이터를 소화하고 클라우드에서 실험을 수행하면서 과학의 근본 문제를 완전히 새로운 접근법으로 풀어간다.

인간만이 할 수 있는 일자리는 점점 희소해진다. 따라서 디지털화나 자동화, 버추얼화, 로봇화하기 어려운 것은 가치가 점점 올라간다. 사람과 기계가 짝을 이루는 것은 새로운 표준이 된다. 아직은 인간과 함께 일하는 기계가 인간 개입 없이 혼자 작동하는 기계보다 높은 성과를 보인다.

소득과 일은 분리된다. 월급 역시 근무 시간과는 무관해진다. 결과와 생산물, 실행에 대해 보수를 지급하는 것이 지배적 급료 계산 모델로 떠오른다. 일을 적게 하는 것이 마침내 새로운 표준이 된다. 이것만 보면 사람들에게는 천국이나 다름없다.

소비자가 이용하는 교통, 주거, 미디어, 커뮤니케이션 같은 재화나 서비스에 들어가는 비용은 획기적으로 낮아진다. 기계가 힘든 일을 다 하고, 제품과 서비스 대부분도 훨씬 더 싸게 제공하기 때문이다. 유일하게 점점 더 비싸지는 서비스는 종일 추적이나 감시망에서 벗어날 수 있는 분야다.

생계 때문에 일한다는 경제 논리는 물거품처럼 사라진다. 그 대신 우리는 목적을 위해 일하기 시작한다. 기본소득보장 제도는 이미 스위스와 핀란드를 포함한 12개국에서 시행하고 있으며, 다음 20년 안에 세계 표준이 될 것이라고 기대한다. 새로운 포스트자본주의 시대의 개막이다.

기계가 힘든 일을 다 하면서, 사람들은 공과금을 내기 위해서가 아니라 자신이 하고 싶은 것을 한다. 기본소득보장이 사회적 행복의 핵심 요소가 되면서 예술과 공예, 기업가정신, 공공지성주의가 새롭게 각광받는다.

2026년 자동화 확산으로 일자리가 줄어든다.

2028년: 자유의지는 부유층의 전유물이다

인간이 행동하고 말하고 보는 모든 것, 나아가 느끼고 생각하는 것까지 다 추적되고 측정되면서 자유의지의 중요성은 점점 줄어든다. 자유의지란 순응을 강제하는 외부 압박 없이 스스로 결정하는 능력이다. 이제는 시스템이 최선이라는 생각에서 쉽사리 이탈할 수 없다. 모든 것을 관찰당하고 있기 때문이다. 이런 시스템 덕분에 인간은 좀 더 건강하고 책임 있는 삶을 살 수 있으며, 저렴한 의료보험 비용에다 완벽에 가까운 안전을 누릴 수 있다. 하지만 이런 세상이 천국인지 지옥인지는 확실치 않다.

이제 더 이상 자신의 식단을 통제할 수 없다. 비만과 과소비가 전 세계 공공 보건시스템에 큰 부담을 준다고 판명되었기 때문이다. 설탕, 담배, 알코올, 카페인은 엄격히 통제되는 물질이다. 누구나 관례처럼 모니터링 절차에 순응해야 한다. 반입(음식)과 반출(인간이 배출한 쓰레기) 모두 해당된다.

3D 프린터는 잉크젯 프린터만큼 싸졌다. 비용에서 가장 큰 비중을

신이 되려는 기술

차지하는 것은 잉크와 용지 값이다. 음식 프린터는 이제 유기농식 건강 재료를 사용해 피자와 케이크, 빵, 디저트를 즉석 주문 제작하고, 그보다 훨씬 더 많은 음식을 인공 재료로 만든다. 음식은 정보, 음악, 동영상만큼이나 풍부해진다.

그렇지만 쇼핑은 허용된 목록만 할 수 있다. 이것은 건강 클라우드에 입력된 데이터가 결정한다. 냉장고는 사전에 정해놓은 시간이 아니면 문이 열리지 않는다. 식당에서도 금지된 음식은 내놓을 수 없다.

이런 것은 결국 대부분 사람들에게 훨씬 나은 상황이다. 즉, 사람들은 건강하고, 정부는 경비를 절감하며, 발 빠르게 움직이는 소비재 기업은 이제 100% 맞춤형 제품을 직접 소비자 개개인에게 팔 수 있는 직접적인 길을 확보한 셈이다.

다만 당신이 전체 시스템을 조작할 만큼 무제한의 자원을 갖고 있거나, 가짜 디지털 신분증을 만들거나, 정말 값비싼 3D 음식 프린터에 무단 접속할 수 있거나, 21세기 초 암시장 사이트인 실크로드의 계승자 밀크로드와 같은 다크넷 시장에서 음식을 조달받지 않는다는 것을 전제로 했을 때의 이야기다.

2028년 인간의 삶은 모두 추적되고 안내되며 큐레이트된다. 자유의지와 자유선택은 초갑부들의 전유물이다.

2030: 90세가 새로운 60세

2030년까지 기술과 제약회사는 완전히 융합한다. 암, 당뇨, 심장병,

에이즈 같은 인류 최대 질병은 고도로 발달한 생명공학이 해결한다. 이제는 병마와 그로 인한 고통을 이겨내기 위해 알약을 복용하는 일도 거의 사라진다. 대신 기술과 유전자 편집술을 활용해 질병의 발병 단계에서 사전에 관찰하고 예측하고 예방한다.

클라우드 생물학과 퀀텀 컴퓨팅의 도움으로 인간에게 연결된 수십억 개의 DNA 분석을 이미 마쳤다. 그 결과 이제는 어느 유전자가 어떤 질병을 유발하는지 아주 높은 확률로 진단할 수 있다. 그다음 5년 안에는 암을 예방할 수 있다.

장수 인구가 폭발적으로 늘어나면서 사회 체계 또한 완전히 바뀐다. 대부분이 90세까지도 아주 건강하게 살 수 있어서 모든 힘든 일은 로봇과 소프트웨어가 대신 한다. 지금 독자들은 다음 세대가 과거를 이해하고 미래를 발견하는 것을 돕는 일에 시간을 보낼 것이다. 많은 도시와 국가들이 기본소득보장을 지원하면서 부모 세대가 그랬던 것처럼 생계나 퇴직 후를 걱정할 필요가 없다.

2030년, 사회는 고령화됐지만 인간은 건강해졌으며, 일에서 해방됐고, 의미를 추구한다.

헬븐은 불가피한가

지금까지 이야기한 미래 시나리오는 충분히 그럴 법하다. 기술진보주의의 들뜬 비전과 열망에 비하면 오히려 약간 보수적으로 묘사했다고나 할까? 여기서 기술은 인간성과의 전쟁에서 이겼다. 압도적인 기술의 입장에서는 전쟁이라고까지 여기지 않을 수도 있다. 살아서 존재할 때의 위험성과 부정적인 면을 기술이 그토록 무시무시한 속도로 뿌리 뽑고 있는데 구식의 인간적인 가치와 뜻밖의 행운이 무슨 소용이 있을까?

인류가 최종적으로 자기 미래를 통제할 수 있게 된다면, 누가 또 다른 미래를 꿈꿀 필요가 있을까?

제 12 장

결정의 시간

이제 어느 편에 속할지 선택해야 할 시간이다.

이 책은 나와 비슷한 우려를 표명해온 많은 사람의 저작에서 영감을 받았다. 모쪼록 기술의 목적과 윤리, 그런 기술을 발명하고 제공하는 사람들의 윤리에 관한 토론이 전 세계에서 일어나는 데 일조하기를 바랄 뿐이다.

인간과 기술은 점차 중첩 교차한다. 심지어 융합한다는 표현도 가능하다. 어떤 단어를 선택할지는 상당 부분 자신이 그런 사실을 어떻게 느끼는지에 달렸다. 그것이 어떤 단어가 됐든 이 책의 서두에서 이야기한 것처럼 한 가지만은 확실하다. 인간성은 지난 300년보다 앞으로 20년 사이에 더 크게 변할 가능성이 크다.

다가오는 인간과 기계의 합류는 인간성을 위한 놀라운 승리가 될 수도 있지만 동시에 인간성을 위협할 수도 있다. 앞으로도 인류가 계속해서 번영의 길로 나아가려면 이제는 우리가 발명한 것과 그 결과를 훨씬 더 잘 관리해야 한다.

기술적 진보는 막을 수 없을 것이다. 테크네를 불러내고 시험하고 활용하는 것이 인간의 본성이기 때문이다. 하지만 인간 중심의 정책과 표준, 디지털 윤리, 사회 계약, 그리고 기하급수적 기술을 인간화하는 것에 대한 지구적 합의가 핵 비확산 협약만큼이나 중요한 일이 된 시점에 도달했다. 아주 가까운 미래에 인간의 관심사는 더 이상 기술이 무엇을 할 수 있느냐가 아닐 것이다. (이 질문에 대한 대답은 거의 언제나 "그렇다"이다.) 그보다는 기술이 무언가를 해야만 하는지, 왜 해야만 하는지가 되어야 한다.

우리가 알고리즘에 쏟는 시간과 자원을 안드로리즘(우리를 인간이게 하는 특성들)에도 충분히 쏟지 않으면 결국에는 기술이 인간의 삶을 경영할 뿐 아니라 강제하거나 속임수를 쓰거나 현혹해서 아예 인간 자신이 기술이 되는 위험에 처할 것이다. 인간 스스로 '우리가 발명한 도구의 도구'가 되고 만다는 얘기다.

"기술이 우리 삶을 경영한다"라는 말은 SF 영화 「터미네이터 제니시스」에 나오는 로봇 군단을 가리키는 게 아니다.[200] 그보다 우려스러운 것은 조만간 인간이 기술 없이는 완전히 무용한 존재, 즉 느리고 불완전하고 멍청하고 단순하며 게으른 디지털 비만아로 전락할 수도 있다는 사실이다.

인간이 그저 기계와 보조를 맞추기 위해 프라이버시와 신비로움,

신이 되려는 기술

익명성, 감정, 즉흥성, 경이로움, 직관력, 상상력, 영성 같은 인간 특유의 본질적 특성을 조금씩 잘라내다가 종국에는 완전히 잃어버린다면 어떤 일이 일어날까?

자신이 기술이 되고 싶지 않다면, 대전환으로 생겨난 강력한 소용돌이 속으로 점점 동화되고 싶지 않다면, 그런 마법 같은 기술의 강력한 유혹에도 불구하고 '자연스러운 인간'으로 남고 싶다면, 우리가 기능인이 되는 데 그치지 않고 진정한 행복의 주인공이 되고 싶다면 아직 빠져나갈 여지가 있을 때 행동에 옮겨야 한다. 바로 지금이다.

이제부터 질문을 시작해야 한다. '만약'이나 '어떻게'만이 아니라 '왜' 그리고 그다음에는 '누가', 그리고 '언제'를 물어야 한다. 이익만 따질 게 아니라 목적을 질문해야 한다. 우리는 산업계 전문가와 기술주의자 그리고 그들을 활용하는 기업에 더 많이 물어야 한다. 그들에게 보다 전일적 관점을 취하고, 그들이 제안하는 것의 좋은 점뿐 아니라 그다지 좋지 않은 함의를 생각해보라고 압박해야 한다. 또한 의도하지 않은 결과를 인정하고 수습하라고 요구하고, 그들이 만드는 모든 것의 외부효과까지 사업 계획과 수익 모델에 포함하라고 요구해야 한다.

미래의 창조자와 금융가는(물론 사용자이자 소비자인 우리도) 모든 것을 책임져야 한다. 사려 깊지 않은 기업에 대해서는 이용을 거부해야 한다. 우리는 우리를 자동화하려는 플랫폼을 위한 콘텐츠가 되는 것을 중단해야 한다. 편리함을 이유로 기계의 사고력 증강에 소리 없이 기여하는 것을 멈춰야 한다.

만약 앞에서 이야기한 '오펜하이머의 후회'와 같은 상황에 이르고 싶지 않다면, 인간성을 다른 무엇보다 우선하는 '인간성의 편'에 서기로 결심해야 한다.

다가오는 기계 시대를 대비해 몇 가지 기본 행동원칙을 고심해서 정했으면 한다. 현실에서 사용할 기술 중에서 어떤 것이 인간 번영을 증진하는지를 파악한 후 추구할 만한지를 결정해야 한다. 이와 함께 우리는 '언제, 왜, 누가'라는 질문을 더 자주 해야 한다. 또한 앞에서 말한 행동원칙의 관리는 누가 해야 하는지도 생각해야 한다. 이런 일들은 분명 엄청난 과업이다. 심지어 인간성을 위한 기본적인 원칙마저도 우리가 합의할 수 있을지 불확실하다.

그럼에도 이 책에서 기술한 인간과 기계 사이의 임박한 충돌에서 인간이 주인이 되고자 한다면 새로운 종류의 글로벌 관리 정신이 필요하며, 그것은 훨씬 뛰어난 선견지명의 도움을 받아야 한다. 단호하되 진보를 저해하지 않을 만큼 탄력적 행동원칙이 필요하다. 버겁게 느껴지는가? 사실이다. 불가능하다고 생각하는가? 그렇지는 않다. 다른 대안이 있을까? 없다.

9가지 원칙

앞으로 전개될 토론을 돕기 위해 9가지 원칙을 작성했다. 이 책에서 제시한 여러 주장의 핵심이다. 이 역시 아직 완결된 것은 아니며 확정적이지도 않다.

1. 기하급수성이란 무엇이며, 인간성의 미래는 어떤 의미를 갖는
지 지금보다 훨씬 더 잘 이해해야 한다.

기하급수적이며 조합적인 변화와 더불어 상상하고 그것과 함
께 사는 법을 배워야 한다. 곧 닥칠 미래를 앞에 놓고 '두고 보자'는
태도는 '일단 해보자'는 것만큼이나 나쁘다. 정말이지 이 시대 변
화의 새로운 표준은 '조금씩 그러다 갑자기'다. 미래의 변화가 수
직 상승하기 전이다. 아직까지는 우리 앞에 활주로가 놓여 있는 만
큼 그것을 낭비해서는 안 된다. 미래는 우리에게 일방적으로 닥치
는 무엇이 아니라 우리가 부단히 규정하고 만들어가는 무엇이라는
사실을 상기해야 한다.

그러기 위해서는 호기심을 가져야 하고 개방적이어야 한다. 미
래의 가상 시나리오도 생각해보고, 실제로 미래에 사는 것이 어떤
것일지 탐구도 해보고, 미래를 계획하는 사람들의 생각을 알아보
기도 하고, 우리를 둘러싼 시대정신에 대한 전체적인 이해도를 높
여야 한다. 근거 없는 추측보다는 사실 발견에 힘쓰되, 예전에 잘
작동했던 나쁜 가정은 과감히 버려야 한다. 과학의 획기적인 진보
를 포용하되 항상 인간을 목적으로 전일적 맥락에서 봐야 한다. 기
술은 천국 아니면 지옥이다. 아니면 둘 다(#hellven) 될 수도 있다.
우리는 언제, 어디에, 얼마나 많은 것이 걸려 있느냐에 따라 선제적

이면서도 예방적으로 대응해야 한다.

2. 우리가 직면한 가장 어려운 도전이 종종 가장 좋은 기회다(그 반대도 맞다).

미래는 상당 부분 기술을 사용할 때 마법과 마니아(부디 중독이 아닌) 사이의 조심스러운 균형을 유지하는 데 달려 있다. 윌리엄 깁슨이 말했듯이 기술은 우리가 사용하기 전까지는 도덕적으로 중립이다. 균형을 유지한다는 것은 발명 자체를 막거나 통제하기보다 기술의 적용과 체화를 조화롭게 편성한다는 뜻이다. 찬반 이분법적으로 미래에 접근해서는 안 된다. 상황에 따른 탄력적 태도가 중요하다. '왜?'라는 질문과 '어떤 목적을 위해?'라는 질문을 더 자주한다면 반드시 균형 있는 접근법이 생길 것이다.

3. 우리는 지금보다 훨씬 나은 휴머니티의 청지기가 돼야 한다.

모든 기업의 총수, 기술 개발자, 공무원은 인간성의 미래를 만드는 데 책임을 가지고 행동해야 한다. 시민사회와 정치 지도자도 인간성의 맥락에서 기술을 깊이 이해하고 개인적 통찰을 키워야 한다. 전 산업의 모든 분야에서 초경쟁이 아니라 새로운 종류의 초협력이 필요하다. 전통적으로 분리해온 모든 영역을 한데 아우르는 전인적 관점에서 생각할 필요가 있다.

4. 기술은 윤리가 없지만 윤리 없는 사회는 암울하다.

주변의 모든 것이 기술 진보의 쓰나미에 영향을 받는 미래를 향해 가고 있다. 그럼에도 세계를 보는 방식이나 옳고 그른 것을 평가하는 방식, 특정 기술을 채택하고 사용 여부를 결정하는 것 등은 여전히 과거 경험과 오랜 분석틀, 그리고 단선적 사고(이 점이 최악이다)에 기초한다.

윤리(그리고 법률과 규제의 상당 부분) 역시 기하급수적 곡선의 변곡점에 이르기 이전 '과거에 통했던 대로' 단선적으로 발전한 세계 위에 기초하고 있다. 인터넷이 중요한 상업적 힘이 된 후에도 우리는 그것의 경제적 잠재력만 이용해 수익을 올리는 데만 집중했을 뿐, 그것이 우리 가치와 윤리에 미치는 영향을 생각하는 데는 너무나도 적은 시간을 할애했다. 이런 사실은 마침내 우리가 인공지능과 로봇, 인간 유전자 편집 시대로 진입하면서 확연해지고 있다.

최근에는 인간의 윤리까지 시뮬레이트할 수 있는 사고 기계 제작을 논의하고 있다. 이것은 흥미로운 사고 전환이기는 하지만, 어떤 점에서는 오히려 완전히 시뮬레이트한 기계 시대로 한발 더 나아가는 것이 된다. 우리가 글로벌디지털윤리위원회를 세워야 할 또 하나의 이유다. 컴퓨터가 특이점을 향해 나아가는 동시에 거대한 글로벌 네트워크에 연결됨에 따라 우리는 다수가 동의하는 윤리적 맥락을 시급히 확립해야 한다. 물론 쉬운 과업은 아니다. 그럼에도 해결해야만 하는 중대 사안이다.

5. 경계하라. 기하급수적 기술은 종종 마법에서 마니아로 다시 중독으로 빠르게 변한다. 이 과정에서 균형을 이루는 것이 가장 중요하다.

인터넷과 게임, 스마트폰 중독이나 소셜 네트워크가 주는 '쾌락의 덫'이 큰 문제라고 생각한다면 그것은 이제 겨우 시작에 불과하다. 우리 자신이 기술 속에 완전히 빠져들 수 있고, 기술이 증강현실과 가상현실, 두뇌-컴퓨터 인터페이스, 임플란트, 신경 인터페이스를 통해 실제로 우리 몸속으로 들어오는 때가 되면 어찌 될까?

기술이 기하급수적으로 진보할 가능성은 무한대다. 우리는 인간적 방식과 욕구를 더 많이 존중하면서 전일적 관점에서 기술 사용법을 배워야 한다. 또한 그런 유혹하는 신기술의 해법을 발명하고 판매하고 공급하는 이들에게 그들이 활성화한 새로운 생태계를 책임지게 만들어야 한다. 기술이 의도하지 않은 결과에 대해서는 억제하거나 제한할 수 있는 효과적 방법을 제시하도록 해야 한다. 기술 공급자는 자신의 사업 모델에 처음부터 외부효과 항목을 포함해야 하며, 유독성 부산물을 해결할 수 있는 새로운 사회 계약을 작성하는 데 협조해야 한다.

6. 우리는 STEM과 CORE 역량을 다 가르칠 필요가 있다.

기술과 인간성이 교육 과정에 들어 있어야 한다. 실제로 과학과 철학은 동일한 교과에 속한다. 균형 잡힌 사회가 되려면 양쪽 영역의 전문성이 다 필요하다. 그렇지 않으면 우리의 경기장은 기계 사고가 커지는 방향으로 계속해서 기울 것이다. 이와 더불어 과학적 작업마저 점점 더 인공지능과 스마트 머신이 수행할 것이다. 따라서 인간 고유의 기술과 능력을 발전시키는 것을 무대 중심에 두어야 한다. 창의력과 이해, 협상, 질문, 감정, 직관, 상상 등은 과거 어느 때보다 더 중요해질 것이다. 앞으로는 디지털화, 자동화, 가상화할 수 없는 것이라면 무엇이든 극도로 귀중해질 것이다.

7. 우리는 실제와 복제 혹은 시뮬레이션을 분명히 구분해야 한다.

완전 연결성, 사고하는 기계, 스마트 클라우드, 인지 컴퓨팅은 우리의 불가피한 미래다. 하지만 우리는 시뮬레이션과 실존, 컴퓨터 조작과 감각, 기계류와 인간 사이의 구분을 포기해서는 안 된다. 놀라운 시뮬레이션 세계가 주는 몰입감이 학습이나 오락, 업무에 유용할 수도 있다. 하지만 그것이 우리 삶의 일반적 형태가 되어선 안 된다.

이런 기술이 우리에게 계속해서 세계를 더 완전하게 만들려는 갈망에 휩싸이도록 하는 만능 추구 약물 같은 것이 되는 건 아닐까? 그런 기술의 허용 범위와 접근에 한계와 규제를 둬야 할까? 기술이 사실은 우리의 목표가 아니라 그것에 이르는 방법이라면, 이런 도구와 우리의 진정한 목표를 구분하도록 도와야 하지 않을까? 따라서 앞으로도 인간과의 관계 구축이 기계와의 관계 구축보다 더 중요하게 여겨져야 한다. 기술을 포용하되 거기에 동화돼서는 안 된다.

8. 우리는 '만약'과 '어떻게'로 시작하는 질문만 할 것이 아니라 '왜'와 '누구'를 물어야 한다.

기술의 개발과 실행에 관한 미래의 전략적 결정은 가능성과 비용, 규모, 이윤, 성장 기여도에만 초점을 맞출 것이 아니라 타당성과 맥락, 목적, 의미, 적실성에 더 많은 관심을 가져야 한다. '어떻게'를 촉구하는 질문 앞에 '왜'라는 질문을 둬야 한다.

9. 우리는 국가를 막론하고 실리콘밸리와 기술주의자, 군, 투자자들이 휴머니티의 관제 센터가 되도록 둬서는 안 된다.

기하급수적 기술 개발을 위해 자금을 지원하고 이를 판매하는 이들이 기술의 힘이나 잠재적 응용의 규모를 억제하고 싶어 할 주체가 될 가능성은 거의 없다. 전쟁 기계를 만드는 사람이 인간 행복에 초점을 맞추지 않는 것과 같다. 수백 배의 수익을 내기 위해 파괴적 기술에 투자하는 사람들이 진정한 인간 사회의 미래 건설에 투자할 사람일 리가 없다. 기술 도구를 만드는 사람은 자신의 의제가 있게 마련이고 이들의 관심사는 대부분 수익과 힘에 관한 것이다. 그런 사람의 의사결정 과정에 도구 사용자의 의사가 대표될 여지가 있을까?

기하급수적 기술을 평가하기 위한 7가지 핵심 질문

이 책의 많은 부분은 임박한 기하급수적 기술과 싸울 때 어떻게 하면 인간성이 승리할 수 있을지에 관한 이야기였다. 이제 기술의 급진적 변화의 힘을 평가할 때 필요한 질문 7가지를 제시한다. 대부분 정확한 답은 '둘 다'이거나 '상황에 따라서'가 될 것이다. 하지만 잠시 멈춰 서서 이런 질문을 해보는 것만으로도 기술 때문에 나타난 득실을 보다 명확하게 이해할 수 있다.

1. 이 기술은 부주의 때문이든 설계 때문이든 인간성을 위축시킬까?

이것은 기술로 중재해서는 안 될 인간의 중요한 상호작용을 대체하려 들까? 이것은 결코 자동화해서는 안 되는 인간 고유의 것을 자동화할까? 이 기술은 우리를 불필요하고 무의미한 부담에서 해방시킬까, 아니면 본질적으로 인간적인 것을 건너뛰게 할까? 우리를 전부 빨아들이는 웜홀일까, 아니면 인간성을 자극하는 촉매제일까?

2. 이 기술은 인간의 행복을 진정으로 고양하는 것일까?

이 기술은 우리가 가진 것보다 더 만족스럽고 더 많은 에우다이모니아를 얻는 방향으로 이끌까? 이 기술은 단순한 감각적 쾌락을 제공하는 것 이상으로 우리를 이끌까? 그저 감각적 쾌락의 도구일 뿐이라면 우리를 깊은 행복과 혼동하는 쪽으로 이끄는 것은 아닐까?

3. 이 기술은 의도하지는 않았지만 재앙적 부작용을 잠재적으로 품고 있을까?

이 기술은 집단적으로 우리가 갖고 있던 권위를 빼앗아갈까? 아니면 우리에게 힘을 더 실어줄까? 이 기술은 결정적으로 중요한 생태계에 중대한 충격을 줄까? 만약 그렇다면 기술의 사업 모델에는 외부효과를 해결하는 것까지 포함하고 있을까?

4. 이 기술은 자신이나 다른 알고리즘, 봇, 기계에 지나치게 많은 권위를 부여하는가?

이 기술을 사용하는 사람은 자신의 권위를 기술에 넘겨주고 싶을까? 인간의 사고 활동을 기술에 맡기는 쪽으로 유도하지는 않을까? 이 기술은 인간에게 봉사하는 걸까? 결국 기술의 자기이익에 봉사하는 것은 아닐까? 인간에게 가치를 더하기보다 자신이 가치를 취하는 것은 아닐까?

5. 이 기술은 인간이 기술을 넘어설 수 있게 할까, 아니면 더 의존하게 만들까?

이 기술은 설계든 우발적 과정에서든 인간을 종속적인 지위로 내몰까? 이 기술은 인간의 능력보다 너무나 우월한 나머지 추호의 의심도 없이 기술의 안내와 결정을 따르게 할까?

6. 이 기술을 실제로 사용하려면 인간은 물질적으로 변화하거나 증강해야 할까?

이 기술은 인간의 신체나 감각을 기술적으로 업그레이드하는 쪽으로 이끌까? 아니면 기존 한계 내에서 작동할까? 직장이나 교육, 건강보험을 누리고 싶을 때 업그레이드하거나 증강해야 할까?

7. 이 기술은 누구나 이용할 수 있는 걸까? 아니면 소유자 개인만 사용할 수 있는 걸까?

우리는 이 기술을 편하게 다룰 수 있을까, 아니면 함부로 쓸 수 없게 제한할까? 누구나 이용할 수 있을까, 아니면 상위 1%만 이용할 수 있을까? 이 기술은 불평등을 키울까, 아니면 줄이는 데 기여할까? 이 기술이 일반적인 정보 접근을 막고 있다면 지배적 기술 공급자가 축적하는 부의 규모를 어떻게 알 수 있을까?

인간성의 편에 설 것인가?

언젠가 더글러스 러시코프에게서[202] 이 강력한 밈을 들었을 때 나는 이것이 미래를 향해 가는 우리의 여정에서 탁월한 모토가 될 것이라고 생각했다. '인간성의 편에 선다'는 말은 이렇게 해석할 수 있다.

● 인간의 집단적 번영은 다른 어떤 것보다 우선한다.

- 상상력과 우발성, 실수, 비효율 같은 인간만의 독특한 요소인 안드로리즘이 비록 기술의 관점에서는 바람직하지 않거나 양립할 수 없다고 하더라도, 앞으로도 계속 허용하는 중요한 요소로 남게 한다.
- 기술의 편의를 이유로 기계적 사고방식이 퍼지는 것에 저항한다. 즉, 인간을 대표하는 것이면서 인간에게 꼭 필요하다고 여기는 것을 바꾸지 않는다.
- 기술의 마법, 즉 실제보다 더 대단한 시뮬레이션을 더 좋아하게 만드는 유혹에 넘어가서 기술에 중독되는 일이 없도록 한다.
- 동료 인간관계보다 스크린이나 기계 관계를 더 선호하지 않는다.

서문에서 밝혔듯이 나의 목표는 인간이 직면한 도전을 부각하고, 토론을 시작하고, 열띤 반응을 불러일으키는 것이다. 이제 여러분이 속한 조직과 공동체, 가족, 친구 사이에서 이 문제를 깊이 있게 대화하기 위해 무엇을 할 것인지 생각해보기 바란다.

나는 앞으로도 강연 발표와 자문, 글쓰기, 영화 제작 등을 통해 인간성의 편에 선다는 것이 무엇인지 계속 탐구할 것이다. 이 책의 웹사이트와 마이크로사이트 www.onteamhuman.com에서 진행하는 토론에도 동참해주기를 부탁한다.

Resources

• 본문과 관련하여 더 논의하고 싶은 분을 위한 곳
Facebook: www.facebook.com/techvshuman
LinkedIn: www.linkedin.com/groups/12002283
Twitter: www.twitter.com/techvshuman
저자와 관련한 업데이트 자료: www.techvshuman.com
팀 휴먼 관련 사이트: www.onteamhuman.com

• 저자와 관련된 링크
Gerd's show reel: www.gerd.io/2016ShowReel
The Futures Agency: www.thefuturesagency.com
English Website: www.futuristgerd.com
German Website: www.gerdleonhard.de
Newsletter sign-up: www.gerd.io/getgerdsnews
Twitter: www.twitter.com/gleonhard
Facebook: www.facebook.com/gleonhard
LinkedIn https://ch.linkedin.com/in/gleonhard

이메일: gerd@thefuturesagency.com

책과 관련한 레퍼런스는 다음 페이지에서도 찾아볼 수 있습니다.
www.fastfuturepublishing.com/tech-vs-human

References

_____

1 Moore and Associates. (n.d.). Retrieved August 03, 2016, from http://www.mooreslaw.com/

2 Loizos, C. (2015). Elon Musk Says Tesla Cars Will Reach 620 Miles On A Single Charge "Within A Year Or Two," Be Fully Autonomous In "Three Years". Retrieved August 01, 2016, from https://techcrunch.com/2015/09/29/elonmusk-says-tesla-cars-will-reach-620-miles-on-a-single-charge-within-a-yearor-two-have-fully-autonomous-cars-in-three-years/

3 BMW i8 Review After 3 Months Behind The Wheel. (n.d.). Retrieved August 1, 2016, from http://insideevs.com/bmw-i8-review-3-months-behind-wheel/

4 Covert, J. (2016). Tesla Stations in NYC on Verge of Outnumbering Gas Stations. Retrieved 29 June, 2016, from http://nypost.com/2016/03/17/tesla-stations-in-nyc-on-verge-of-outnumbering-gas-stations

5 Hayden, E. (2014). Technology: The $1,000 Genome. Retrieved 29 June, 2016, from http://www.nature.com/news/technology-the-1-000-genome-1.14901

6 Raj, A. (2014). Soon, It Will Cost Less to Sequence a Genome Than to Flush a Toilet and That Will Change Medicine Forever. Retrieved 29 June, 2016, from http://www.businessinsider.com/super-cheap-genome-sequencing-by-2020-2014-10?IR=T

7 Vinge, V. (1993). Vernor Vinge on the Singularity. Retrieved 29 June, 2016, from http://mindstalk.net/vinge/vinge-sing.html

8 Webb, R. (2013). The Economics of Star Trek. Retrieved 29 June, 2016, from https://medium.com/@RickWebb/the-economics-of-star-trek-29bab88d50

9 10 Nikola Tesla Quotes That Still Apply Today. (n.d.). Retrieved August 03, 2016, from http://www.lifehack.org/305348/10-nikola-tesla-quotes-that-still-apply-today

10 Metz, C. (2015). Soon, Gmail's AI Could Reply to Your Email for You. Retrieved 29 June, 2016, from http://www.wired.com/2015/11/google-is-using-aito-create-automatic-replies-in-gmail

11 Surrogates. (2016). Wikipedia. Retrieved 29 June, 2016, from https://en.wikipedia. org/wiki/Surrogates

12 AMC Network Entertainment. (2016). HUMANS. Retrieved 29 June, 2016, from http://www.amc.com/shows/humans

13 S, L. (2015). The Economist explains: The End of Moore's Law. Retrieved 29 June, 2016, from http://www.economist.com/blogs/economist-explains/ 2015/04/ economist-explains-17

14 Booth, B. (2016, 31/05). Riding the Gene Editing Wave: Reflections on CRISPR/ Cas9's Impressive Trajectory. [Weblog]. Retrieved 2 July 2016, from http:// www.forbes.com/sites/brucebooth/2016/05/31/riding-the-gene-editing-wave- reflections-on-crisprs-impressive-trajectory

15 Bostrom, N. (2014). Superintelligence: Paths, Dangers, Strategies.: Oxford University Press.

16 Urban, T. (2015, 22 January). The Artificial Intelligence Revolution: Part 1. [Weblog]. Retrieved 2 July 2016, from http://waitbutwhy.com/2015/01/artificial- intelligence-revolution-1.html

17 Yudkowsky, E. (c2016). Quote by Eliezer Yudkowsky: By far the greatest danger of Artificial Intell. Retrieved 13 July, 2016, from https://www.goodreads.com/ quotes/1228197-by-far-the-greatest-danger-of-artificial-intelligence-isthat

18 Diamandis, P. (2015, 26 January). Ray Kurzweil's Mind-Boggling Predictions for the Next 25 Years. [Weblog]. Retrieved 2 July 2016, from http://singularityhub. com/2015/01/26/ray-kurzweils-mind-boggling-predictions-for-thenext-25- years

19 Matyszczyk, C. (2015, 01 October). Google Exec: With Robots in Our Brains, We'll Be Godlike. [Weblog]. Retrieved 2 July 2016, from http://www.cnet.com/ news/google-exec-with-robots-in-our-brains-well-be-godlike

20 Hemingway, E. (1996). The Sun Also Rises. New York: Scribner.

21 Diamandis, P. (c2016). Peter Diamandis. Retrieved 2 July, 2016, from http:// diamandis.com/human-longevity-inc

22 Istvan, Z. (2013). The Transhumanist Wager. : Futurity Imagine Media.

23 Bailey, J. (2014, July). Enframing the Flesh: Heidegger, Transhumanism, and the Body as "Standing Reserve". [Weblog]. Retrieved 3 July 2016, from http://jetpress.org/v24/bailey.htm

24 Brainmetrix. (c2016). IQ Definition. Retrieved 3 July, 2016, from http://www.brainmetrix.com/iq-definition

25 Maslow's Hierarchy of Needs. (2016). Wikipedia. Retrieved 3 July, 2016, from https://en.wikipedia.org/wiki/Maslow's_hierarchy_of_needs

26 Gibney, E. (2016, 27 January). Google AI Algorithm Masters Ancient Game of Go. [Weblog]. Retrieved 3 July 2016, from http://www.nature.com/news/google-ai-algorithm-masters-ancient-game-of-go-1.19234

27 Istvan, Z. (2014, 04 August). Artificial Wombs Are Coming, but the ControversyIs Already Here. [Weblog]. Retrieved 3 July 2016, from http://motherboard.vice.com/read/artificial-wombs-are-coming-and-the-controversys-already-here

28 Izquotes. (c2016). Iz Quotes. Retrieved 3 July, 2016, from http://izquotes.com/quote/70915

29 McMullan, T. (2015, 23 July). What Does the Panopticon Mean in the Age of Digital Surveillance?. [Weblog]. Retrieved 3 July 2016, from https://www.theguardian.com/technology/2015/jul/23/panopticon-digital-surveillance-jeremy-bentham

30 J Robert Oppenheimer. (2016). Wikipedia. Retrieved 3 July, 2016, from https://en.wikipedia.org/wiki/J._Robert_Oppenheimer

31 Barrat, J. (2013). Our Final Invention: Artificial Intelligence and the End of the Human Era. NY: Thomas Dunne Books/St Martin's Press.

32 Techne. (2016). Wikipedia. Retrieved 3 July, 2016, from https://en.wikipedia.org/wiki/Techne

33 Kuskis, A. (2013, 01 April). "We Shape Our Tools and Thereafter Our Tools Shape Us". [Weblog]. Retrieved 3 July 2016, from https://mcluhangalaxy.wordpress.com/2013/04/01/we-shape-our-tools-and-thereafter-our-tools-shape-us

34 Bailey, J. (2014, July). Enframing the Flesh: Heidegger, Transhumanism, and the Body as "Standing Reserve". [Weblog]. Retrieved 3 July 2016, from http://jetpress.org/v24/bailey.htm

35 Walton, A. (2015, 08 April). New Study Links Facebook to Depression: But Now We Actually Understand Why. [Weblog]. Retrieved 3 July 2016, from http://www.forbes.com/sites/alicegwalton/2015/04/08/new-study-links-facebookto-depression-but-now-we-actually-understand-why

36 Being and Time. (2016). Wikipedia. Retrieved 3 July, 2016, from https://en.wikipedia.org/wiki/Being_and_Time

37 Gray, R. (2016, 12 February). Would You MARRY a Robot?. [Weblog]. Retrieved 3 July 2016, from http://www.dailymail.co.uk/sciencetech/article-3366228/Would-MARRY-robot-Artificial-intelligence-allow-people-lasting-love-machines-expert-claims.html

38 Santa Maria, C. (2016, 10 February). Inside the Factory Where the World s Most Realistic Sex Robots Are Being Built. [Weblog]. Retrieved 3 July 2016, from http://fusion.net/story/281661/real-future-episode-6-sex-bots

39 Watercutter, A. (2016, 21 January). The VR Company Helping Filmmakers Put You Inside Movies. [Weblog]. Retrieved 3 July 2016, from http://www.wired.com/2016/01/sundance-volumetric-vr-8i

40 McLuhan, M. (1994). Understanding Media: The Extensions of Man. USA: MIT Press.

41 Burton-Hill, C. (2016, 16 February). The Superhero of Artificial Intelligence: Can This Genius Keep It in Check?. [Weblog]. Retrieved 03 July 2016, from https://www.theguardian.com/technology/2016/feb/16/demis-hassabis-artificial-intelligence-deepmind-alphago

42 Lanier, J. (2010). You Are Not a Gadget. : Alfred A Knopf.

43 Transhumanism. (2016). Wikipedia. Retrieved 3 July, 2016, from https://en.wikipedia.org/wiki/Transhumanism
44 Brand, S. (1968). Whole Earth Catalog. Retrieved 3 July, 2016, from http://www.wholeearth.com/issue/1010/article/195/we.are.as.gods

45 Descartes: An Intellectual Biography. (n.d.). Retrieved August 03, 2016, from https://books.google.at/books?id=QVwDs_Ikad0C

46 Leonard, G & Kusek, D. (2005). The Future of Music: Manifesto for the Digital

Music Revolution. : Berklee Press.

47 Murphy, K. (2007, 03 June). Life for a Man on the Run. [Weblog]. Retrieved 3 July 2016, from http://articles.latimes.com/2007/jun/03/entertainment/ca-mccartney3

48 Leonhard, G. (2010). Friction Is Fiction: the Future of Content, Media and Business. : Lulu.

49 Morozov, E. (2016, 30 January). Cheap Cab Ride? You Must Have Missed Uber's True Cost. [Weblog]. Retrieved 3 July 2016, from http://www.theguardian.com/commentisfree/2016/jan/31/cheap-cab-ride-uber-true-cost-googlewealth-taxation

50 Andreessen, M. (2011, 20 August). Why Software Is Eating The World. [Weblog]. Retrieved 3 July 2016, from http://www.wsj.com/articles/SB10001424053111903480904576512250915629460

51 Gartner. (2013, 12 November). Gartner Says by 2017 Your Smartphone Will Be Smarter Than You. [Weblog]. Retrieved 11 July 2016, from http://www.gartner.com/newsroom/id/2621915

52 Dick, P. (c2016). Quote by Philip K Dick: There will come a time when it isn't 'They're s. Retrieved 3 July, 2016, from http://www.goodreads.com/quotes/42173-there-will-come-a-time-when-it-isn-t-they-re-spying

53 Cisco. (2016). Cisco Visual Networking Index Predicts Near-Tripling of IP Traffic by 2020. Retrieved 3 July, 2016, from http://investor.cisco.com/investor-relations/news-and-events/news/news-details/2016/Cisco-Visual-Networking-Index-Predicts-Near-Tripling-of-IP-Traffic-by-2020/default.aspx

54 Khedekar, N. (2014). Tech2. Retrieved 3 July, 2016, from http://tech.firstpost.com/news-analysis/now-upload-share-1-8-billion-photos-everyday-meeker-report-224688.html

55 Deloitte. (c2016). Predictions 2016: Photo Sharing: Trillions and Rising. Retrieved 3 July, 2016, from http://www2.deloitte.com/global/en/pages/technology-media-and-telcommunications/articles/tmt-pred16-telecomm-photo-sharing-trillions-and-rising.html

56 Scanadu. (2016). Scanadu | Home. Retrieved 3 July, 2016, from https://www.scanadu.com

57 Eggers, D. (2013). The Circle. : Knopf.

58 Leonhard, G. (2015, 21 April). What Are These "Unicorn" Companies You Speak Of?. [Weblog]. Retrieved 3 July 2016, from http://thefuturesagency. com/2015/04/21/unicorn-companies-what-are-they-and-why-are-they-important

59 Foroohar, R. (2016, 15 June). How the Gig Economy Could Save Capitalism. [Weblog]. Retrieved 3 July 2016, from http://time.com/4370834/sharing-economy-gig-capitalism
60 Gunawardene, N. (2003). Sir Arthur C Clarke. Retrieved 3 July, 2016, from http:// www.arthurcclarke.net/?interview=12

61 McMillan, R. (2015, 25 February). Google's AI Is Now Smart Enough to Play Atari Like the Pros. [Weblog]. Retrieved 7 July 2016, from http://www.wired. com/2015/02/google-ai-plays-atari-like-pros

62 Metz, C. (2016, 27 January). In Major AI Breakthrough, Google System Secretly Beats Top Player at the Ancient Game of Go. [Weblog]. Retrieved 7 July 2016, from http://www.wired.com/2016/01/in-a-huge-breakthrough-googlesai-beats-a-top-player-at-the-game-of-go

63 Swearingen, J. (2016, 7 March). Why Deep Blue Beating Garry Kasparov Wasn't the Beginning of the End of the Human Race. [Weblog]. Retrieved 7 July 2016, from http://www.popularmechanics.com/technology/apps/a19790/what-deep-blue-beating-garry-kasparov-reveals-about-todays-artificial-intelligence-panic

64 Schwartz, K. (c2013). FCW. Retrieved 3 July, 2016, from https://fcw.com/ microsites/2011/cloud-computing-download/financial-benefits-of-cloud-computing-to-federal-agencies.aspx

65 Gillis, T. (2016, 02 February). The Future of Security: Isolation. [Weblog]. Retrieved 3 July 2016, from http://www.forbes.com/sites/tomgillis/2016/02/02/the-future-of-security-isolation

66 Duffy, S. (2014, 17 April). What If Doctors Could Finally Prescribe Behavior Change?. [Weblog]. Retrieved 3 July 2016, from http://www.forbes.com/sites/ sciencebiz/2014/04/17/what-if-doctors-could-finally-prescribe-behavior-change

67 Pande, V. (2015). When Software Eats Bio. Retrieved 3 July, 2016, from http:// a16z.com/2015/11/18/bio-fund

68 Google. (2016). Now Cards the Google app. Retrieved 3 July, 2016, from https://www.google.com/search/about/learn-more/now

69 Minority Report (film). (2016). Wikipedia. Retrieved 3 July, 2016, from https://en.wikipedia.org/wiki/Minority_Report_(film)

70 The Economist. (2016, 23 June). Print My Ride. [Weblog]. Retrieved 3 July 2016, from http://www.economist.com/news/business/21701182-mass-market-carmaker-starts-customising-vehicles-individually-print-my-ride

71 Bloy, M. (2005). The Luddites 1811-1816. Retrieved 10 July, 2016, from http://www.victorianweb.org/history/riots/luddites.html

72 Technological Unemployment. (2016). Wikipedia. Retrieved 15 July, 2016, from https://en.wikipedia.org/wiki/Technological_unemployment

73 Focus on Inequality and Growth (Rep.). (2014). Retrieved February 1, 2016, from OECD website: https://www.oecd.org/social/Focus-Inequality-and-Growth-2014.pdf

74 Rotman, D. (2013, June 12). How Technology Is Destroying Jobs. Retrieved August 1, 2016, from https://www.technologyreview.com/s/515926/how-technology-is-destroying-jobs/

75 US Bureau of Labor Statistics. (2016). Labor Productivity and Costs Home Page (LPC). Retrieved 10 July, 2016, from http://www.bls.gov/lpc

76 Bernstein, A. (2015). The Great Decoupling: An Interview with Erik Brynjolfsson and Andrew McAfee. Retrieved August 03, 2016, from https://hbr.org/2015/06/the-great-decoupling

77 Peck, E. (2016, 19 January). The 62 Richest People on Earth Now Hold as Much Wealth as the Poorest 35 Billion. [Weblog]. Retrieved 15 July 2016, from http://www.huffingtonpost.com/entry/global-wealth-inequality_us_56991defe-4b0ce4964242e09

78 Oxford Martin School. (2013). The Future of Employment: How Susceptible Are Jobs to Computerisation?. Retrieved 10 July, 2016, from http://www.oxfordmartin.ox.ac.uk/publications/view/1314

79 Metz, C. (2016, 27 January). In Major AI Breakthrough, Google System Secretly

Beats Top Player at the Ancient Game of Go. [Weblog]. Retrieved 10 July 2016, from http://www.wired.com/2016/01/in-a-huge-breakthrough-googles-ai-beats-a-top-player-at-the-game-of-go

80 Armstrong, S. (2014). Smarter Than Us: The Rise of Machine Intelligence. : Machine Intelligence Research Institute.

81 Social Security Administration. (2010). The Development of Social Security in America. Retrieved 10 July, 2016, from https://www.ssa.gov/policy/docs/ssb/v70n3/v70n3p1.html

82 The New Atlantis. (c2016). Stephen L Talbott The New Atlantis. Retrieved 10 July, 2016, from http://www.thenewatlantis.com/authors/stephen-talbott

83 Leonhard, G. (2015, 22 November). Is Hello Barbie Every Parent's Worst Nightmare? Great Debate. [Weblog]. Retrieved 10 July 2016, from http://www.futuristgerd.com/2015/11/22/is-hello-barbie-every-parents-worst-nightmaregreat-debate

84 Google. (2016). Google News. Retrieved 10 July, 2016, from https://news.google.com

85 Hern, A. (2016, 13 May). Facebook's News Saga Reminds Us Humans Are Biased by Design. [Weblog]. Retrieved 15 July 2016, from https://www.theguardian.com/technology/2016/may/13/newsfeed-saga-unmasks-the-human-face-of-facebook

86 Baidu. (2016). 百度新闻搜索——全球最大的中文新闻平台.Retrieved 15 July, 2016, from http://news.baidu.com

87 LaFrance, A. (2015, 29 April). Facebook Is Eating the Internet. [Weblog]. Retrieved 10 July 2016, from http://www.theatlantic.com/technology/archive/2015/04/facebook-is-eating-the-internet/391766

88 Warren, C. (2015, 30 June). Apple Music First Look: It's All About Curation, Curation, Curation. [Weblog]. Retrieved 15 July 2016, from http://mashable.com/2015/06/30/apple-music-hands-on

89 Brockman, J. (2014, 03 February). The Technium: A Conversation with Kevin Kelly. [Weblog]. Retrieved 10 July 2016, from https://www.edge.org/conversation/kevin_kelly-the-technium

90 Quote Investigator. (2011). Computers Are Useless They Can Only Give You Answers. Retrieved 10 July, 2016, from http://quoteinvestigator.com/2011/11/05/computers-useless

91 Kelly, K. (2010). What Technology Wants. : Viking.

92 DeSouza, C. (2015). Maya. : Penguin India.

93 Kahneman, D. (2011). Thinking, Fast and Slow. : Macmillan.

94 Turkle, S. (c2016). Sherry Turkle Quotes. Retrieved 10 July, 2016, from https://www.goodreads.com/author/quotes/153503.Sherry_Turkle

95 Barrat, J. (2013). Our Final Invention: Artificial Intelligence and the End of the Human Era. New York: Thomas Dunne Books/St Martin's Press.

96 The definition of automate. (n.d.). Retrieved August 03, 2016, from http://www.dictionary.com/browse/automate

97 Wells, H. G. (2005). The Time Machine. London, England: Penguin Books.

98 Schneier, B. (2016, 04 February). The Internet of Things Will Be the World's Biggest Robot. [Weblog]. Retrieved 11 July 2016, from https://www.schneier.com/blog/archives/2016/02/the_internet_of_1.html

99 Ellen MacArthur Foundation. (c2015). Circular Economy UK, Europe, Asia, South America & USA. Retrieved 11 July, 2016, from https://www.ellenmacarthurfoundation.org/circular-economy

100 Sophocles. (c2016). Quote by Sophocles: Nothing vast enters the life of mortals without. Retrieved 11 July, 2016, from http://www.goodreads.com/quotes/1020409-nothing-vast-enters-the-life-of-mortals-without-a-curse

101 Leonhard, G. (2015). Automation, Machine Thinking and Unintended Consequences. Retrieved 3 July, 2016, from https://youtu.be/Gq8_xPjlssQ

102 Asilomar Conference on Recombinant DNA. (n.d.). Retrieved August 03, 2016, from https://en.wikipedia.org/wiki/Asilomar_Conference_on_Recombinant_DNA

103 Internet Live Stats. (2016). Number of Internet Users (2016). Retrieved 11 July, 2016, from http://www.internetlivestats.com/internet-users

104 Clarke, A. (1964). Profiles of the Future: Bantam Books.

105 Libelium. (2016). Libelium Connecting Sensors to the Cloud. Retrieved 7 July, 2016, from http://www.libelium.com

106 Gonzales, A. (n.d.). The Effects of Social Media Use on Mental and Physical Health (Rep.). Retrieved April 1, 2016, from Robert Wood Johnson Foundation website: http://www.med.upenn.edu/chbr/documents/AmyGonzales-PublicHealthandSocialMediaTalk.pdf
107 De Querol, R. (2016, 25 January). Zygmunt Bauman: "Social Media Are a Trap". [Weblog]. Retrieved 7 July 2016, from http://elpais.com/elpais/2016/01/19/inenglish/1453208692_424660.html

108 Long, D. (c2016). Albert Einstein and the Atomic Bomb. Retrieved 7 July, 2016, from http://www.doug-long.com/einstein.htm

109 Long, D. (c2016). Albert Einstein and the Atomic Bomb. Retrieved 7 July, 2016, from http://www.doug-long.com/einstein.htm
110 Clark, R. (2001). Einstein: The Life and Times: Avon.

111 Einstein, A. (c2016). Quote by Albert Einstein: The human spirit must prevail over technology. Retrieved 7 July, 2016, from http://www.goodreads.com/quotes/44156-the-human-spirit-must-prevail-over-technology

112 Barrat, J. (2013). Our Final Invention: Artificial Intelligence and the End of the Human Era. New York: Thomas Dunne Books/St Martin's Press.

113 Kurzweil, R. (c2016). The Singularity is Near Homepage. Retrieved 7 July, 2016, from http://singularity.com

114 Quote Investigator. (2015). With Great Power Comes Great Responsibility. Retrieved 7 July, 2016, from http://quoteinvestigator.com/2015/07/23/great-power

115 Rushkoff, D. (2013). Present Shock: When Everything Happens Now: Current.

116 McLuhan, M. (c2016). Quote by Marshall McLuhan: First we build the tools, then they build us. Retrieved 7 July, 2016, from http://www.goodreads.com/quotes/484955-first-we-build-the-tools-then-they-build-us

117 Tokmetzis, D. (2015, 23 February). Here's Why You Shouldn't Put Your Baby

Photos Online. [Weblog]. Retrieved 7 July 2016, from https://medium.com/matter/beware-your-baby-s-face-is-online-and-on-sale-d33ae8cdaa9d#

118 Hu, E. (2013, 5 August). The Hackable Japanese Toilet Comes with an App to Track Poop. [Weblog]. Retrieved 7 July 2016, from http://www.npr.org/sections/allt echconsidered/2013/08/05/209208453/the-hackable-japanese-toiletcomes-with-an-app-to-track-poop

119 Jones, B. (2015, 14 February). Is Cortana a Dangerous Step Towards Artificial Intelligence? [Weblog]. Retrieved 7 July 2016, from http://www.digitaltrends.com/computing/fear-cortana

120 Precobs. (2016). Wikipedia. Retrieved 7 July, 2016, from https://en.wikipedia.org/wiki/Precobs

121 Gartner. (2013, 12 November). Gartner Says by 2017 Your Smartphone Will Be Smarter Than You. [Weblog]. Retrieved 11 July 2016, from http://www.gartner.com/newsroom/id/2621915

122 Rushkoff, D. (2013). Present Shock: When Everything Happens Now: Current.

123 NPR. (2013, 25 March). In a World That's Always on, We Are Trapped in the "Present". [Weblog]. Retrieved 7 July 2016, from http://www.npr.org/2013/03/25/175056313/in-a-world-thats-always-on-we-are-trapped-in-thepresent
124 x.ai. (2016). An AI Personal Assistant Who Schedules Meetings for You. Retrieved 10 July, 2016, from https://x.ai125 Green, C. (2015, 02 September). The World of Digital Assistants Why Everyday AI Apps Will Make up the IoT. [Weblog]. Retrieved 10 July 2016, from http://www.information-age.com/industry/software/123460089/worlddigital-assistants-why-everyday-ai-apps-will-make-iot

126 Sorrel, C. (2016, 13 January). Stop Being A Loner, It'll Kill You. [Weblog]. Retrieved 10 July, 2016, from http://www.fastcoexist.com/3055386/stop-beinga-loner-itll-kill-you

127 Digital globalization: The new era of global flows. (2016, February). Retrieved August 03, 2016, from http://www.mckinsey.com/business-functions/digital-mckinsey/our-insights/digital-globalization-the-new-era-of-global-flows

128 Microsoft. (2016). Microsoft HoloLens. Retrieved 10 July, 2016, from https://www.microsoft.com/microsoft-hololens

129 Brien, D. (c2016). Computers, the Internet, and the Abdication of Consciousness an Interview with Stephen Talbott. Retrieved 10 July, 2016, from http://natureinstitute. org/txt/st/jung.htm

130 McKinsey & Company. (2010). Why Governments Must Lead the Fight Against Obesity. Retrieved 11 July, 2016, from http://www.animate-eu.com/public/news/ active/375/McKinseyQuarterly: Why governments must lead the fight against obesity plus posts.pdf

131 Centers for Disease Control and Prevention. (2015). Adult Obesity Facts. Retrieved 11 July, 2016, from http://www.cdc.gov/obesity/data/adult.html

132 HAPI.com. (c2016). Enjoy Your Food with HAPIfork. Retrieved 11 July, 2016, from http://www.hapi.com/products-hapifork.asp

133 University of Rhode Island. (1997). Food Additives. Retrieved 11 July, 2016, from http://web.uri.edu/foodsafety/food-additives

134 Leonhard, G. (2014, 25 February). How Tech Is Creating Data "Cravability," to Make Us Digitally Obese. [Weblog]. Retrieved 11 July 2016, from http://www. fastcoexist.com/3026862/how-tech-is-creating-data-cravability-to-makeus-digitally-obese

135 Rodale, M. (2013, 19 November). Food Addiction Is Real. [Weblog]. Retrieved 11 July 2016, from http://www.huffingtonpost.com/maria-rodale/food-addiction-is-real_b_3950373.html

136 List of Largest Internet Companies. (2016). Wikipedia. Retrieved 15 July, 2016, from https://en.wikipedia.org/wiki/List_of_largest_Internet_companies
137 Transparency Market Research. (2015). Food Additives Market by Type (Flavors and Enhancers, Sweeteners, Enzymes, Colorants, Emulsifiers, Food Preservatives, Fat Replacers) and by Source (Natural and Artificial) Global Industry Analysis, Size, Share, Growth, Trends, and Forecast 20152021. Retrieved 11 July, 2016, from http:// www.transparencymarketresearch.com/food-additives.html

138 World Economic Forum. (c2016). Digital Transformation of Industries. Retrieved 11 July, 2016, from http://reports.weforum.org/digital-transformation-of-industries/finding-the-true-north-of-value-to-industry-and-society

139 Cornish, D. (2016, 12 April). Korea's Internet Addicts. [Weblog]. Retrieved

11 July 2016, from http://www.sbs.com.au/news/dateline/story/koreas-internet-addicts

140 Taleb, N. (c2016). Quote by Nassim Nicholas Taleb: The difference between technology and slavery. Retrieved 11 July, 2016, from https://www.goodreads.com/quotes/610828-the-difference-between-technology-and-slavery-is-thatslaves-are

141 Grothaus, J. (2014, 22 January). How Infinite Information Will Warp and Change Human Relationships. [Weblog]. Retrieved 11 July 2016, from http://www.fastcolabs.com/3025299/how-infinite-information-will-warp-and-change-human-relationships

142 Vanian, J. (2016). More Smartwatches Were Shipped Worldwide Than Swiss Watches. Retrieved August 03, 2016, from http://fortune.com/2016/02/19/more-smartwatches-shipped-worldwide-swiss-watches/

143 Katz, L. (2013, 08 May). TweetPee: Huggies Sends a Tweet When Baby's Wet. [Weblog]. Retrieved 11 July 2016, from http://www.cnet.com/news/tweetpee-huggies-sends-a-tweet-when-babys-wet

144 Internet Live Stats. (2016). Twitter Usage Statistics. Retrieved 11 July, 2016, from http://www.internetlivestats.com/twitter-statistics

145 Brouwer, B. (2015, 26 July). YouTube Now Gets over 400 Hours of Content Uploaded Every Minute. [Weblog]. Retrieved 11 July 2016, from http://www.tubefilter.com/2015/07/26/youtube-400-hours-content-every-minute

146 Thornhill, T. (2012, 02 March). Google Privacy Policy: "Search Giant Will Know More About You Than Your Partner". [Weblog]. Retrieved 11 July 2016, from http://www.dailymail.co.uk/sciencetech/article- 2091508/Google-privacy-policy-Search-giant-know-partner.html

147 Carr, N. (2011). The Shallows: What the Internet Is Doing to Our Brains: WW Norton.

148 Carr, N. (2011). The Shallows: What the Internet Is Doing to Our Brains: WW Norton.

149 Leonhard, G. (2010, 04 February). Attention Is the New Currency (and Data Is the New Oil). [Weblog]. Retrieved 11 July 2016, from http://www.futuristgerd.

com/2010/02/04/attention-is-the-new-currency-and-data-is-thenew-oil

150 Goodson, S. (2012, 05 March). If You're Not Paying for It, You Become the Product. [Weblog]. Retrieved 15 July 2016, from http://www.forbes.com/sites/ marketshare/2012/03/05/if-youre-not-paying-for-it-you-become-the-product

151 Cisco. (c2016). VNI Complete Forecast. Retrieved 11 July, 2016, from www. cisco.com/c/m/en_us/solutions/service-provider/vni-complete-forecast/ infographic.html

152 Leonhard, G. (2013, 27 June). The Coming Data Wars, the Rise of Digital Totalitarianism and Why Internet Users Need to Take a Stand NOW. [Weblog]. Retrieved 11 July 2016, from http://www.futuristgerd.com/2013/06/27/the-coming-data-wars-the-threat-of-digital-totalitarism-andwhy-internet-users-need-to-take-a-stand-now

153 Quote Investigator. (2011, 13 May). Everything Should Be Made as Simple as Possible, But Not Simpler. [Weblog]. Retrieved 11 July 2016, from http:// quoteinvestigator.com/2011/05/13/einstein-simple

154 Asilomar Conference on Recombinant DNA. (n.d.). Retrieved August 03, 2016, from https://en.wikipedia.org/wiki/Asilomar_Conference_on_Recombinant_DNA

155 Overbye, D. (2008). Asking a Judge to Save the World, and Maybe a Whole Lot More. Retrieved August 03, 2016, from http://www.nytimes.com/2008/03/29/ science/29collider.html?_r=0

156 Campus Compact. (c2015). Wingspread Declaration on the Civic Responsibilities of Research Universities. Retrieved 10 July, 2016, from http://compact.org/ wingspread-declaration-on-the-civic-responsibilities-of-research-universities

157 United Nations Environment Programme. (c2003). Rio Declaration on Environment and Development. Retrieved 10 July, 2016, from http://www.unep. org/documents.multilingual/default.asp?documentid=78

158 Proactionary Principle. (2016). Wikipedia. Retrieved 10 July, 2016, from https:// en.wikipedia.org/wiki/Proactionary_principle

159 Fuller, S. (2013). The Proactionary Imperative Warwick University. Retrieved 10 July, 2016, from https://www.youtube.com/watch?v=A6J8y6K178c

160 Barrat, J. (2013). Our Final Invention: Artificial Intelligence and the End of the Human Era. New York: Thomas Dunne Books/St Martin's Press.

161 More, M. (2005). The Proactionary Principle. Retrieved 10 July, 2016, from http://www.maxmore.com/proactionary.html

162 Happiness. (2016). Wikipedia. Retrieved 3 July, 2016, from https://en.wikipedia.org/wiki/Happiness

163 Eudaimonia. (2016). Wikipedia. Retrieved 3 July, 2016, from https://en.wikipedia.org/wiki/Eudaimonia

164 Gross National Happiness. (2016). Wikipedia. Retrieved 3 July, 2016, from https://en.wikipedia.org/wiki/Gross_National_Happiness

165 Genuine Progress Indicator. (2016). Wikipedia. Retrieved 3 July, 2016, from https://en.wikipedia.org/wiki/Genuine_progress_indicator

166 JFKLibrary.org. (1968). Robert F Kennedy Speeches Remarks at the University of Kansas, March 18, 1968. Retrieved 3 July, 2016, from http://www.jfklibrary.org/Research/Research-Aids/Ready-Reference/RFK-Speeches/Remarks-of-Robert-F-Kennedy-at-the-University-of-Kansas-March-18-1968.aspx

167 Seligman, M. (2012). Flourish: Atria Books.

168 Seligman, M. (2012). Flourish: Atria Books.

169 Lama, D. (2016). An Appeal by the Dalai Lama to the World: Ethics Are More Important Than Religion: Benevento.

170 Barrat, J. (2013). Our Final Invention: Artificial Intelligence and the End of the Human Era. New York: Thomas Dunne Books/St Martin's Press.

171 Weissmann, J. (2015, 14 April). This Study on Happiness Convinced a CEO to Pay All of His Employees at Least $70,000 a Year. [Weblog]. Retrieved 15 July 2016, from http://www.slate.com/blogs/moneybox/2015/04/14/money_and_happiness_when_does_an_extra_dollar_stop_making_us_more_content.html

172 Hamblin, J. (2014, 7 October). Buy Experiences, Not Things. [Weblog]. Retrieved 15 July 2016, from http://www.theatlantic.com/business/archive/2014/10/buy-experiences/381132

173 Leu, J. (2015, 24 April). One Word Could Hold the Key to Health and Happiness. [Weblog]. Retrieved 3 July 2016, from http://www.huffingtonpost.com/hopelab/one-word-holds-the-key-to_b_7070638.html

174 J Robert Oppenheimer. (2016). Wikipedia. Retrieved 3 July, 2016, from https://en.wikipedia.org/wiki/J._Robert_Oppenheimer
175 Diamandis, P. (2015, June 21). Data Mining Your Body. Retrieved June 3, 2016, from https://www.linkedin.com/pulse/data-mining-your-body-peter-diamandis

176 Kurzweil, R. (c2016). Quote by Ray Kurzweil: Death is a great tragedya profound lossI don'. Retrieved 3 July, 2016, from http://www.goodreads.com/quotes/410498-death-is-a-great-tragedy-a-profound-loss-i-don-t-accept-it-i

177 Paz, O. (1973). Alternating Current: Arcade Publishing.

178 Rushkoff, D. (2011). Program or Be Programmed: Ten Commands for a Digital Age: Soft Skull Press.

179 Piore, A. (2015, 17 September). What Technology Can't Change About Happiness. [Weblog]. Retrieved 3 July 2016, from http://nautil.us/issue/28/2050/what-technology-cant-change-about-happiness

180 Frankl, V. (1964). Man's Search for Meaning: Better Yourself Books.

181 Dashevsky, E. (2015, 6 February). Our Exciting, Weird, and Scary Future: Q&A With Peter Diamandis. [Weblog]. Retrieved 3 July 2016, from http://www.pcmag.com/article2/0,2817,2476315,00.asp

182 Maxmen, A. (2015, August). Easy DNA Editing Will Remake the World Buckle Up. [Weblog]. Retrieved 3 July 2016, from http://www.wired.com/2015/07/crispr-dna-editing-2

183 Parsons, J. (2016, 6 January). Sex Robots Could Be "Biggest Trend of 2016" as More Lonely Humans Seek Mechanical Companions. [Weblog]. Retrieved 3 July 2016, from http://www.mirror.co.uk/news/world-news/sex-robots-couldbiggest-trend-7127554

184 Knapton, S. (2014, 29 May). Watching Pornography Damages Men's Brains. [Weblog]. Retrieved 15 July 2016, from http://www.telegraph.co.uk/science/2016/03/14/watching-pornography-damages-mens-brains

185 AMC Network Entertainment. (2016). HUMANS. Retrieved 29 June, 2016, from http://www.amc.com/shows/humans

186 After Moore's law | Technology Quarterly. (2016). Retrieved August 03, 2016, from http://www.economist.com/technology-quarterly/2016-03-12/aftermoores-law

187 Dictionary.com. (c2016). Ethos. Retrieved 13 July, 2016, from http://www.dictionary.com/browse/ethos
188 Brien, S. (c2016). Computers, the Internet, and the Abdication of Consciousness an Interview with Stephen Talbott. Retrieved 13 July, 2016, from http://natureinstitute.org/txt/st/jung.htm

189 Ethics. (2016). Wikipedia. Retrieved 13 July, 2016, from https://en.wikipedia.org/wiki/Ethics

190 Machine Ethics. (2016). Wikipedia. Retrieved 13 July, 2016, from https://en.wikipedia.org/wiki/Machine_ethics

191 CB Insights. (2016, 20 June). Artificial Intelligence Explodes: New Deal Activity Record for AI Startups. [Weblog]. Retrieved 15 July 2016, from https://www.cbinsights.com/blog/artificial-intelligence-funding-trends

192 Metz, C. (2016, 27 January). In Major AI Breakthrough, Google System Secretly Beats Top Player at the Ancient Game of Go. [Weblog]. Retrieved 10 July 2016, from http://www.wired.com/2016/01/in-a-huge-breakthrough-googles-ai-beats-a-top-player-at-the-game-of-go

193 Waldrop, M. (1987, Spring). A Question of Responsibility. [Weblog]. Retrieved 13 July 2016, from http://www.aaai.org/ojs/index.php/aimagazine/article/view/572

194 Dvorsky, G. (2013, 07 February). Dalai Lama Says We Need a "Global System of Secular Ethics". [Weblog]. Retrieved 13 July 2016, from http://io9.gizmodo.com/5982499/dalai-lama-says-we-need-a-global-system-of-secularethics

195 Cherry, M. (1999). God, Science, and Delusion: A Chat With Arthur C Clarke. Retrieved 13 July, 2016, from http://www.arthurcclarke.net/?interview=4

196 United Nations Special Rapporteur. (2016). Wikipedia. Retrieved 13 July, 2016, from https://en.wikipedia.org/wiki/United_Nations_Special_Rapporteur

197 Markoff, J. (2015, August). The Transhuman Condition. [Weblog]. Retrieved 13 July 2016, from https://harpers.org/archive/2015/08/the-transhuman-condition

198 Burton-Hill, C. (2016, 16 February). The Superhero of Artificial Intelligence: Can This Genius Keep It in Check? [Weblog]. Retrieved 13 July 2016, from https://www.theguardian.com/technology/2016/feb/16/demis-hassabis-artificial-intelligence-deepmind-alphago

199 Pietrangelo, A. (2015, 17 November). Cesarean Rates Are Finally Starting to Drop in the United States. [Weblog]. Retrieved 13 July 2016, from http://www.healthline.com/health-news/cesarean-rates-are-finally-starting-to-dropin-the-united-states-111715

200 Terminator Genisys [Motion picture]. (2015). S. l.: Paramount Pictures.

201 Josefsson, D. (c1995). An Interview with William Gibson (by Dan Josefsson). Retrieved 3 July, 2016, from http://josefsson.net/gibson

202 Rushkoff, D. (c2016). Douglas Rushkoff : Official Site. Retrieved 13 July, 2016, from http://www.rushkoff.com

이 책의 원서를 발행한 패스트퓨처퍼블리싱은 세 명의 미래학자(Rohit Talwar, Steve Wells, April Koury)가 설립한 출판사입니다. 우리의 목표는 최근에 정립한 연구를 수집하고 정리하여 전 세계 미래학자와 연구자, 미래 사상가 들을 조명하는 것입니다. 그리고 이것을 독자들에게 가능한 한 빠른 시간에 폭넓게 제공하는 것입니다.

최근 패스트퓨처퍼블리싱이 미래 주제와 관련하여 출간한 책은 독자는 물론 정부와 기업, 지역사회와 밀접한 관련이 있습니다. 첫 번째 책 *The Future of Business*는 600여 쪽에 60개의 장으로 구성되어 있으며 4개 대륙 21개 국가의 미래 사상가 62명이 저술했습니다. 과거의 출판사라면 2년 이상 걸릴 일을 패스트퓨처퍼블리싱은 19주 만에 완성했습니다. 또한 과거 출판사에 뿌리내린 관행과 비효율을 줄이고, 디지털 시대의 기하급수적 사상을 빠르게 전파하기 위해 출판 프로세스와 배본 과정, 이익 공유 모델을 혁신적으로 바꾸어 비즈니스 모델을 만들었습니다. 패스트퓨처퍼블리싱의 출판 모델은 저자와 핵심 인력, 그리고 파트너 등이 책의 수익을 공유하는 것입니다. 이익은 핵심 책과 관련된 재무적 비용과 투자 재원에 따라 분배합니다. 출판과 관련한 우리의 새로운 접근법이 디지털 시대를 맞이한 출판계에 좋은 영향을 미치기를 바랍니다.

패스트퓨처퍼블리싱은 앞으로도 계속 미래학자와 미래 사상가들의 통찰력 넘치는 작품을 출간할 것이며, 출간을 생각하는 분들의 제안을 언제든지 환영합니다. 이런 관심은 편집팀과 제작팀의 노력으로 더욱 훌륭한 저작물로 탄생할 것입니다.

자세한 사항은 www.fastfuture.com에서 확인해주시기 바랍니다.